京师经管学术智库

NOTES ON PUBLIC
MANAGEMENT
—— CONTENT,TOOLS AND LOGIC OF GOVERNMENT GOVERNANCE

# 公共管理学笔记
## ——政府治理内容、工具与逻辑

程惠霞◎著

北京师范大学出版集团
BEIJING NORMAL UNIVERSITY PUBLISHING GROUP
北京师范大学出版社

**图书在版编目(CIP)数据**

公共管理学笔记：政府治理内容、工具与逻辑/程惠霞著.
—北京：北京师范大学出版社，2021.3
ISBN 978-7-303-26860-3

Ⅰ. ①公… Ⅱ. ①程… Ⅲ. ①公共管理－研究－中国
Ⅳ. ①D63

中国版本图书馆 CIP 数据核字(2021)第 050666 号

营 销 中 心 电 话　010-58802181　58805532
北师大出版社科技与经管分社　www.jswsbook.com
电 子 信 箱　jswsbook@163.com

出版发行：北京师范大学出版社　www.bnupg.com
　　　　　北京市西城区新街口外大街 12-3 号
　　　　　邮政编码：100088
印　　刷：北京京师印务有限公司
经　　销：全国新华书店
开　　本：710 mm×1000 mm　1/16
印　　张：16.5
字　　数：259 千字
版　　次：2021 年 3 月第 1 版
印　　次：2021 年 3 月第 1 次印刷
定　　价：69.80 元

策划编辑：陈仕云　　　　　责任编辑：陈仕云
美术编辑：李向昕　　　　　装帧设计：李向昕
责任校对：段立超　　　　　责任印制：赵非非

# 序 真问题与公共管理学思维
## Preface

亚明·那塞希（Armin Nassehi）认为，每日乘坐出租车穿行在不同的社会空间中看到不同的事物是一个"现代性的体验""由不同情境构成，而这些情境之间又有着这样或那样的关联"①，出现任何紧急情况都很正常。社会快速发展会带来各种现象、问题与情境，从不同角度和位置看到的世界会截然不同，甚至因此产生观点与道德冲突。

比如，为了缓解严重交通拥堵，北京先后实施了单双号限行、城六区停车费涨价、小客车指标摇号等措施。尤记得 2011 年北京小客车指标摇号政策实施之际的诸多争论，赞成者认为该政策能很好地控制北京市小汽车增量，不仅有助于缓解交通拥堵，还能减少尾气排放，有益于环境保护；而反对者认为该项政策不但无助于缓解交通拥堵，反而通过行政控制手段侵害了市民的财产权、消费权。数年过去，北京交通拥堵情况似乎并没有好转，摇号政策的负面效应却在逐步呈现。一方面是一辆车都没有的刚需家庭一直摇不上号，不得不采取挂异地车牌或者租车牌方式满足家庭用车需求；另一方面是摇上号的市民不想买车，而是把牌照租给其他人……显然，摇号购车政策不但没有实现缓解拥堵的效率目标，还导致了不公平与"车牌寻租"现象的滋生，是一个与公共利益毫不相干的政策工具。一个原本着眼解决问题的方案却滋生了另外的社会问题，其根源在于相关决策者缺乏与治理现代化要求一致的公共管理学思维。

公共管理学思维是"问题导向"思维，问题具有"真问题"和"伪问题"之分，公共管理学思维强调关注"真问题"，真问题反映了人们的基本治学态度和价值标准。"从'真问题'阐发'真学问'，不求金针度人，但求'问个明白'，

---

① ［德］亚明·那塞希：《穿行社会：出租车上的社会学故事》，许家绍译，北京，北京大学出版社，2018。

不要在'伪问题'上浪费太多时间。"①基本的公共管理学思维是要从社会的"真问题"出发去寻求公共利益的达成，并追求与问题所在地区经济社会与文化条件具有一致性的问题解决方案。寻找"真问题"及解决方案需要有社会关怀导向，还需要淡化专业畛域与学科偏见。

任何一门学科都有其相对独立且独特的知识体系和思维方式。经济学强调理性经济人假设下的有限资源优化配置、边际成本收益分析和理性选择，效率是其主旨，"天下没有免费午餐"的这一谚语最为人所熟悉。② 政治学关注一定经济基础之上的公共权力活动、形式、关系及规律，以权威、权力、乌托邦、自由民主、意识形态、多元民主、国家主义、利益团体等为核心概念③，研究政治主体权威性、合法性，以及政治制度安排、政治行为、政治决策、国家法律等现实政治问题；历史学是对过去事实做研究并总结发展规律④，鉴以往能知未来，故治史必须严谨，广搜材料，小心求证，注重批判性发展思维；⑤ 社会学是倡导通过理性思考、科学方法和追求自由平等实现人类进步的现代性产物，旨在通过科学方法对社会行为、社会系统、社会结构、社会群体做系统研究，进而对社会做适度干预，寻求改善社会福利，特别关注语言如何被利用和操控、政治议题的讨论框架如何确立等命题；⑥ 管理学研究既定条件下如何组织和配置人、财、物（包括数据）等要素，提高生产效率，注重分工协作、授权、权责一致、博弈与回溯决策等思维。"读史使人明智，读诗使人聪慧，演算使人精密，哲理使人深刻，伦理学使人有修养，逻辑修辞使人善辩"⑦，这句话形象地表明了不同学科对人们性格塑造所施加的影响，其背后正是学科思维在发生作用。

学界公认公共管理学科源自公共行政学，并受其他学科影响，学科范式发生了多次变迁。所谓范式是从事某一领域研究者群体共同遵守的信仰、价值、技术与具体行为方式，从而确立开展研究的坐标与参照系，是本体论、

---

① 秦晖：《问题与主义》，长春，长春出版社，1999。

② ［美］保罗·海恩等：《经济学的思维方式》，第11版，马昕、陈宇译，北京，世界图书出版公司，2008。

③ ［英］安德鲁·海伍德：《政治学的思维方式》，张立鹏译，北京，中国人民大学出版社，2014。

④ 葛剑雄、周筱赟：《历史学是什么》，北京，北京大学出版社，2015。

⑤ 孙晓喜：《历史的思维》，北京，中国社会科学出版社，2012。

⑥ 王小章、陈宗仕：《社会学思维》，杭州，浙江大学出版社，2018。

⑦ ［英］弗兰西斯·培根：《培根随笔》，吴昱荣译，北京，中国华侨出版社，2013。

认识论和方法论。但公共管理学研究范式一直都处在变化当中，包括：公共管理的研究对象是什么？公共管理学应该如何思考问题？如何解释社会运行中出现的公共问题？它与管理学、经济学、社会学、哲学、伦理学等学科之间的关系是什么？公共管理学思维对政府治理改善是否具有积极性？回顾、梳理公共管理学科的缘起与发展是一个很好的切入点。

公共管理学从诞生起演进至今，无论是概念界定、学科认知还是研究方法，都呈现出典型的"变形虫"轨迹，既是吸收政治学、管理学、社会学、系统论和经济学等其他学科理论营养所致，更有学科价值范式在"效率"与"公平"之间变换摇摆不定的原因，未来公共管理学依然会延续这一轨迹前行，呈现"多元典范并存的局面"。这是因为公共管理学缺乏本学科独有的基础理论，以致公共管理学内外部学科关系混乱不清，对公共管理学教育与实践产生了一定的负面影响。比如，中国公共管理学科发展深受经济学思维主导，价格双轨制、国有企业改制、教育市场化、公立医院改革、行政审批改革，等等，有观点认为这是一种"经济学中毒症"，助长了唯利是图、道德沦丧、公共品格滑坡、社会良知无所依托等不良现象。①

然而，这种不断融合其他不同学科解决个人需求溢出与外部性问题的思维正是公共管理思维的独特性与生命力。在需求溢出理论框架下，公共管理学与其他学科的密切程度，既取决于其他学科在解决需求溢出问题上的成效，也取决于该需求溢出问题在公共管理实践中的重要性和紧迫程度。② 正因如此，现在公共管理学科达成了这样一个共识：政府效率或行政绩效固然可以通过优化组织结构、优化人力资源配置、改善政策执行策略和完善管理技术来达成，但它从来就不是政府系统的内部事务，而是与市场、社会相互错综影响的结果；政府管理、公共政策与计划必须与民众生活质量相关，否则它不仅不会给人们的生活带来益处，反而会降低人们的生活质量。倘若不能正视这一关联性，那么政府造成的公共问题将比其解决的问题要多得多。

改革开放 40 多年来，中国经济、社会、政治与文化各方面均取得了长足发展，围绕每一个阶段的社会问题，政府治理实践与理论探索不断互动，邓小平理论、"三个代表"重要思想、科学发展观、社会主义核心价值观、实

---

① 刘太刚：《中国公共管理的"经济学中毒症"——反思经济学思维主导下的中国公共管理》，载《天津行政学院学报》，2014(2)。

② 刘太刚：《公共管理学基础理论与公共管理学内外部学科关系探讨——基于需求溢出理论的分析》，载《江苏行政学院学报》，2012(4)。

现中华民族伟大复兴的中国梦、习近平新时代中国特色社会主义思想等依次出现。在这些思想理论的指导下，政府治理与政策持续满足了中国现代化转型的要求，并为决胜小康社会，建设富强、民主、文明、和谐、美丽的社会主义现代化强国目标的实现夯实了治理基础，也提出了公共管理应更具有价值理性思维和系统性思维的要求。

"更具价值理性"是公共管理本土化、中国特色公共管理学科在新时代发展的价值归依。关注真实的中国问题，突破管理主义与工具理性的挤压，需要超越经济学、管理学、社会学与法学等单一学科视野，以哲学高度来引领公共管理学发展，直面真实情境与真实问题①，依托本土文化传统和治国理政实践，建构新型公共管理学知识形态，推动国家治理体系与治理能力现代化，创造"公共价值"。这一目标的达成与公共管理思维塑造互为因果。

"思维模型会给你提供一种视角或思维框架，从而决定你观察事物和看待世界的视角。"不同情境、观点与价值会创造不同世界，是因为不同人群与不同学科的思维方式在相互作用，人们头脑中都已经具有某种思维方式，并且根据直接或间接经验将其纳入其中。事实上，不同学科思维模式需要融会贯通，这不仅是私人投资的最佳决策模式，更是公共决策的最优决策模式。公共管理学者和实务践行者应当努力掌握尽可能多的经济学、管理学、政治学、社会学、财政学、金融学知识，但同时要学会不要将这些知识孤立起来，要把它们看成人类知识宝库的一部分。"用这样宽广的视角就会发现，每一个学科之间都相互交叉……一个喜欢思考的人能够从每个学科中总结出其独特的思维方式，并将其联想结合，从而达到融会贯通。"②

在实现中国式现代化的进程中，中国的政府治理实践已经为公共管理学研究提供了很多值得深入研究的经验和教训，国家治理体系和治理能力现代化命题也对中国特色公共管理学理论的建构提出了现代化新要求。此时，能够将看似复杂多样的地方政府治理实践及其创新做法与经验进行简单化、抽象化的方法总结尤其重要，回归"人的现代化"，融会贯通不同学科知识与知识建构模式，解释问题、解决问题和预测问题，无论问题基础有多复杂，无论问题情境是本土的还是世界的。解决问题的方案可能有成千上万种，但思

---

① 侯学华、王瑾慧：《以哲学思维引领公共管理学科发展》，载《中国社会科学报》，2017-11-14。

② ［美］罗伯特·G.哈格斯特朗：《查理·芒格的智慧：投资的格栅理论》，第2版，郑磊、袁婷婷、贾宏杰译，北京，机械工业出版社，2015。

维则不同，一旦建立起核心原理的思维框架，学习或拓展新知识就显得比较容易了。

《公共管理学笔记》一书以"公共管理学科缘起于危机""中国梦对政府治理提出新要求""政府公信力"为开端，对"政府做什么""政府如何做""政府为什么如此行动"等政府治理核心内容进行了详细梳理，并在此基础上对"新时代政府治理创新何处去"的问题做了初步回答，即以"公共利益"为锚，跨越"美好生活"路上的失灵陷阱，强调政府创新必须厘清"问题基础"，在"本土语境"中向"现代化方向"趋近。治理现代化理论的中国探索表明，政府治理与现代化进程相互促进，政府治理正是在为中国式现代化服务的过程中日趋现代性。

本书的整体结构反映了笔者从教以来对现实社会中真问题的努力探索，以及对公共管理思维的理性思考。建构有中国特色的公共管理概念与理论框架，实现公共管理的中国化，意味着必须突破西方公共管理学理论的强势话语地位，从中国现代化进程面临的诸多真问题出发，重新认识思考"中国人的面孔""中国人的思维""中国人的冲突化解方法"和"中国人对美好生活的期待"。这在本质上是寻找一种中国式现代化和中国政府治理之间动态契合的因果逻辑，它不仅仅是探索问题的某种解法，更是要看"其解法所诞生的过程，背后是否隐藏着更具一般性的解决问题的思路与原则"①。

在"百年未有之大变局"面前，在中国式现代化第一阶段——全面建成"小康社会"取得伟大历史性成就并迈向全面建设社会主义现代化国家新征程之际，新的治理环境会带来更多新的挑战，真伪问题并存。对于公共管理学科的长远发展而言，必须研究真问题，建构适应中国式现代化第一阶段向更高级阶段转型所需要的国家治理体系和治理能力，同样必须以真问题为取向。从整体来看，是时候形塑公共管理学思维了！

程惠霞

2020 年 10 月 9 日

---

① 刘未鹏：《暗时间》，北京，电子工业出版社，2011。

# 致　谢
## Acknowledgement

　　探索公共管理学思维离不开教学课堂上与学生的互动。教学相长是一个永恒命题，北京师范大学的年轻学子对于现实问题的关注、迷茫和思考，对公共管理学课程的专注参与，对教学过程的良好建议，都对本成果框架与体系的完成起到了积极作用，更是成为推动笔者跨越学科畛域从更高、更宽广的层面思考公共管理学思维的重要因素。在此感谢 2009—2018 年所有选修过公共管理学课程的本科生、研究生和 MPA 学员。

　　本成果的建设得到了北京师范大学政府管理学院的支持和资助，其最终面世则得益于北京师范大学出版社陈仕云老师的耐心指导与细致编辑，笔者在此一并致以真诚谢意！

程惠霞

2020 年 10 月 9 日

# 目录
# Contents

# 第 1 章
# 导 论

　　"中国梦"即"实现中华民族伟大复兴的中国梦"，是新时期中国共产党的重要执政理念，强调走中国特色社会主义道路、弘扬民族精神、凝聚中国力量，通过政治、经济、文化、社会、生态文明"五位一体"建设手段，从2021年到2049年逐步实现"国家富强""民族振兴"和"人民幸福"。"中国梦"与"中国特色社会主义道路"构成了新时期探索中国政府治理和公共管理理论中国化的愿景与支点，也为全球范围内政府治理和公共管理创新提供了新洞见。但其实现需要不同于传统人文社会科学的公共管理思维，它以问题为导向、以政府公信力维护为第一要务，这一点是由公共管理学诞生于危机之中的学科特点所决定的。

## 1.1　公共管理学科诞生与发展受危机促动

　　公共管理学与政治学、经济学、管理学、公共政策学等其他学科颇有关联，被人们视为"一门被借用的学科"，发展过程中经常主动吸收其他学科理论知识，先后呈现"公共行政学（Public Administration）"和"公共管理学（Public Management）"两种学科形态，研究范式也先后经历了传统公共行政范式、新公共行政范式和新公共管理范式，现在正处于公共治理范式向公共价值范式变迁整合的过程中。这一切都与它不断回应现实问题、挑战与危机有关，可以说，正是危机促成了公共管理学科的诞生，也是不同时期政府面临的社会问题与危机推动了公共管理学的学科形态演进和研究范式的变迁。

　　19世纪之前，西方国家普遍奉行"无法律即无行政"原则，要求政府一切活动必须遵守法律，政府自由裁量权被严格限制，受普通法院管辖。到19世纪中后期，欧美等国家基本完成工业革命并逐渐殖民扩张，一个以其为主导的世界市场基本形成。相应地，政治层面出现了一些新趋向，行政权力膨胀强化、国家机器化、政府组织结构更加完善、政治民主与代议制扩散，以英国和美国表现最为明显。英国内阁原本是执行议会决定的机构，但其权力在19世纪70年代之后逐渐凌驾于议会之上，几乎垄断立法提案权；早期形成的"委托立法"范围也日益广泛，内阁被称为立法机关的"第三院"，甚至有时还夺取议会的财政权；以往被视为议会监督和控制内阁最有效手段的"不信任票"也丧失了效用，出现"内阁专横"的政治格局。美国也不例外，立法、司法和行政的三权分立制衡格局在南北战争结束之后被打破，国会曾经在"南方重建"过程中取得压倒性优势地位，通过各种常设委员会控制诸多行政部门，一度形成了"国会政府"。但不久之后，国会将许多"自由裁定权"授予总统，总统在许多重大事务中享有独立的决策权和执行权，权力重心由此逐渐向总统方向转移，"立法否定权"经常被总统作为牵制国会立法活动的强有力武器。1789—1885年，总统行使否定权的总次数为131次，但克利夫兰总统在任期间（1885—1889年，1893—1897年）就行使了314次；总统还通过提交"国情咨文"等渠道干预国会立法，扩大总统财政权和军事权，到威尔逊总统时期已经发展为"强有力的总统统治"。

在此期间出现的许多重大事件，包括废奴运动、爱尔兰饥荒、南北战争、纽约征兵暴动、加菲尔德总统被暗杀事件等，推进了不同于以"权力"为中心的政治学范式的行政管理学科的出现。1845—1850年爱尔兰因马铃薯枯萎病而发生大饥荒，走投无路的爱尔兰人大量逃往英属殖民地，其中约500万人移民美国。与此同时，美国南北方沿着工业革命和种植园黑人奴隶制度两条发展道路前进，在西部运动中北方禁止奴隶制度扩展并开展废奴运动，而南方则力图扩展黑奴制度，双方矛盾日益激烈，各种废奴组织成立并出版了有影响力的废奴主义期刊。1852年出版的《汤姆叔叔的小屋》为废奴运动奠定了广泛的群众基础，联合战线和政治运动逐渐形成，1859年约翰·布朗起义，标志着废奴运动到达巅峰。1860年主张废除奴隶制的林肯当选总统，南方七州宣布退出联邦，成立"美利坚联盟国"，并于1861年4月中旬进攻萨姆特要塞，南北战争爆发。

1862年9月北方政府实行了包括武装黑人、清洗南方代理人、征兵法和宅地法等政策，以增强北方政府军事力量。但是，北方联邦政府征兵法案中"只要缴纳300美元即可免除兵役"的规定过于简单粗暴和严重不公平，成为1863年征兵暴动的导火线。这一政策给了富裕和特权阶层以兵役豁免权，或者由黑人替代服兵役的权利，而拿不出足够钱的普通人和穷人只能到前线去搏命。由于征兵法与废除黑奴有关，被解放的黑人被当成泄愤目标。1863年7月13日，不甘心当炮灰的低收入白人在纽约、波士顿、新泽西、俄亥俄、伊利诺、马萨诸塞发起反征兵暴动，袭击征兵人员，冲击征兵机构和其他公共部门，破坏市政建筑，烧杀掳掠黑人商店和家庭，以纽约最为严重。7月16日10 000名陆军正规部队进入纽约，在哈德逊河海军榴弹炮等重型武器的配合下，以血腥手段终结了暴动，4天死亡119人，重伤300多人。

回望那段历史，人们完全可以想象出源源不断的移民对正处于战乱中的美国社会所造成的强大冲击，炮灰前景、失业激增、政治腐败、治安混乱。面对如此混乱与无序，行政机构应当有所作为，行政管理应当发挥其在国家和社会管理中的关键作用。然而，战争、暴动、新旧移民之间的对立、政府对新移民的无情利用、贿选政治、黑帮……一切都在血与火中诞生。而受传统习俗和做法的影响，整个行政管理领域存在严重的官僚化、政治腐败、公共资源浪费与行政效率极度低下等弊端。这些现象与当时欧美诸国行政系统内盛行的强调出身和社会关系的"政党分赃制"有直接关系。

政党分赃制(spoils system)是源自英国的一种官员选拔制度①，被移植到美国之后长期盛行，其以党派关系来分配政府职务，大选获胜的政党通过任命公职报答该党的积极支持者。最能显示"分赃"特点的是它任命公职不以能力高低为准，而是以效忠程度为据。"从政治理论的观点考虑，政党分赃制就在于把所有被赋予执行法律权力的官员，主管的或从属的、委任的或选任的，都置于美国政治体制中承担协调政治与行政的功能任务的团体——政党的控制之下。"②该制度兴起于19世纪二三十年代，由1801年竞选获胜的托马斯·杰斐逊(Thomas Jefferson)总统首开先河，第七任总统安德鲁·杰克逊(Andrew Jackson)将其发展到极致，他明确主张竞选就是一场战争，谁胜利了就应分配到胜利果实，"肥缺属于胜者"；执政党可以将官职作为"胜利果实"分配给本党成员，其理由是"所有公职的内容都很简单明了，只要是

---

① 英国早在1833年就抛弃政党分赃制，对各部门实行官职考试补缺制度，规定每有职位空缺时需要至少4人参加考试，择优录用。1854年，财政部高级官员在东印度公司《用公开考试办法录用职员》的基础上，提出《关于建立英国常任文官制度的报告》，建议：初任文官通过考试录用，文官晋升根据功绩制原则，人员统一管理，区别智力工作和例行机械性工作，成为现代英国常任文官制度的基础。1855年和1870年英国政府先后颁布了两个枢密院令，规定了公开竞争考试、择优录取文官的原则，标志着西方第一个文官法规的诞生。

② [美]F.J.古德诺：《政治与行政》，王元译，北京，华夏出版社，1987。

正常智力的人都可以很快学会并掌握这些工作。让职业官僚长期占领这些公职的位子，肯定坏处大于好处"。1829 年杰克逊总统就职后，公开在联邦政府实行官职轮换制，肆意给党派亲信封官，排斥异己，使政党分赃制得以确立。国会参议员威廉·马西将之概括为："敌人之赃物应归胜利者"，因而又得名"分肥制"。

政党分赃制度是一种典型的金钱政治，它随着强调功绩的文官制度推行而逐渐走向衰落，但其影子一直存在，至今依然余毒未清。2014 年 12 月 12 日奥巴马总统任命其竞选捐赠者、肥皂剧《勇士与美人》（*The Bold and the Beautiful*）制片人科林·布拉德利·贝尔（Colleen Bradley Bell）担任美国驻匈牙利大使，而此人对匈牙利几乎一无所知。此外，奥巴马还提名了美国驻爱尔兰和挪威大使。这些被提名者均没有相应履历与资质，但却是出资在 100 万美元以上的竞选资金捐赠者。据统计，奥巴马任命政治忠诚者代替职业外交官的任命比例接近 40%，布什和克林顿等总统也做过同样的事情，类似任命占比为 30%。

以政治忠诚、资助竞选力度作为官员选拔和任命标准的政党分赃制造成用人唯党、用人唯派、任人唯亲、营私舞弊、腐败成风等严重后果，政府机构无法有效吸纳社会有识有能人士，政府能力和效率极为低下，对社会现实问题无从回应。政党之间的争权夺利、互相倾轧难以保证政治稳定性和政策延续性，政府形象和行政管理陷入危机，民众对其普遍持不满、怀疑、愤怒甚至仇恨的态度。直到加菲尔德总统被暗杀才将文官制度改革提上日程。

詹姆斯·A. 加菲尔德这样形容政党分赃制："老练的、谋求官职的人，他们像打劫路人时掏出手枪那样把求职申请书掏给我。"最终，他因党内派系斗争、官职分配不均于 1881 年 7 月 2 日在火车站被一个寻求领事职位而不得的律师查尔斯·吉特奥枪击而不治身亡。该事件成为终止政党分赃制的导火线。事实上，1872 年格兰特总统就组建了第一个文官委员会，专司监督各部门的考试与考核事务，1877 年纽约成立第一个文官改革协会，但因既得利益集团阻扰未果。加菲尔德总统遭暗杀后，时任副总统切斯特·A. 阿瑟于 1881 年 9 月 20 日就任美国第二十一任总统。之后为了挽救共和党形象，他一直采取超党派态度，推动国会在 1883 年 1 月 16 日通过著名的《彭德尔顿文官改革法》（又名《调整和改革美国文官制度的法律》），废除政党分赃制，成立美国文官委员会专司文官管理细则制定、主管文官考试录用和权益保障等事宜，明确规定：在招工制、竞争考试制、政治中立和职位任期基础上建立一种功绩制，文官考核和工资福利以实际成绩为依据；实行常任制，没有过错不得随意撤换，不以政治理由解雇文官；允许总统扩大受文官制度保护的人员比例，受到处罚的文官有权利申述，等等。

"功绩制"的政治中立原则有效地防止了那些主张政党分赃制的人谋取权力，使联邦机构逐渐走向非政治化轨道。威尔逊（Wilson）认为理想的文官制度能保持独立性、稳定性和回应性，"理想模式是通过某种方式建立一个有文化教养和自立精神的文官制度，它完全能够有理智有力量地展开活动，同时与公众的思想保持着非常密切的联系"①。以《文官改革法》颁布实施为分水岭，"功绩制"逐渐替代"身份制"，量才录用的文官制度逐渐替代政党分赃制，一个根据工作成绩和能力任命官职的现代官僚体制、一个超脱于政治斗争的高素质"文官群体"正式走上历史舞台，它适应了工业社会发展的需要，有力地改善了美国政府效率，增进了美国民众对政府的信任度。1978 年，卡特总统再一次以改革文官制度为切入点，通过了《文官制度改革法》，撤销文官委员会，强化功绩制原则，提高政府效率与效能，重新获取民众的信任和信心。

废除政党分赃制、推行文官制度的运行逻辑经过威尔逊、古德诺（Goodnow）、怀特（White）、威洛比（Willoughby）、古立克（Gulick）等学者的翔实阐释，成为一项向其他国家和地区推广的政府实践创新，进而推动了公共管理学最初形态——（公共）行政学的诞生。此后各类突发事件乃至危机在公共行政学向公共管理学演化、公共管理学科塑形与深化当中继续发挥着"推进器"作用。为了应对政府治理面临的各种新环境、新挑战、新问题甚至危机，公共管理学科不断从其他学科汲取营养，逐渐从静态、封闭与无机性走向动态、开放与有机性。

公共管理学科从科学管理运动汲取理论营养，促发了职位分类、流程管理、绩效考核和组织结构弹性设计，催生出了"新公共行政学派"；它借鉴行为科学研究成果，关注人际关系、组织冲突、非正式组织、组织成员心理对行政效率的影响，关注决策模式和公共政策的量化研究；它主动纳入系统理论思想，关注社会其他子系统与政府系统之间的相互关联，催生从生态系统角度解释现实公共问题的"公共行政生态学派"；它积极拥抱经济学最新进

---

① Woodrow Wilson, "The Study of Administration," Political Science Quarterly, 1887，2(2)：197-222.

展，开启了非市场决策和政府干预缺陷研究，从而诞生了新公共管理理论，对政府角色、政府与市场关系、政府与社会关系、府际关系等展开了深入分析；它虚心接受来自心理学、社会学和政治学的批评，发展出公共服务动机理论、"公民第一"的新公共服务理论；最后在各种学科综合影响下，它走向了多元主体参与公共事务治理、追求公共价值的公共治理新时代。到了 21 世纪，"梦想"取代"危机"成为公共管理学纵深发展的推动力，基于问题解决、立足本土、面向现代化的政府治理创新将推动公共管理学科百花齐放。

# 1.2　中国梦对政府治理提出了新要求

迄今为止，关于"梦想"最脍炙人口、最荡气回肠的演绎者是马丁·路德·金。作为一个民权运动领导者，他在《我有一个梦想》中针对黑人等少数种族遭遇不公与歧视的现实，一方面呼吁"不要陷入绝望而不能自拔"，另一方面将黑人权利争取与"美国梦"联系起来，"在此时此刻，我们虽然遭受种种困难与挫折，我仍然有一个梦想。这个梦是深深扎根于美国梦想中的。我梦想有一天，这个国家会站立起来，真正实现其信条的真谛'人人生而平等'"，没有肤色之分，没有性别差异，昔日奴隶主的儿子和奴隶的儿子"能共叙兄弟情谊""如沙漠般的地方，也将变成自由和正义的绿洲"。[①] 彼时，大多数黑人陷于贫困和文盲状态，遭遇各种排斥歧视，而现在不只是普通黑人，其他有色人种同样凭借毅力、教育和勤奋，进入中产阶层，从事医生、律师、银行家、经理、大学教授等从前被白人占据的行业和职位。这个结果得益于马丁·路德·金等民权人士持续不断争取少数族裔合法地位和合法权利的努力，得益于自我克制、适度妥协、纪律严明等"非暴力合作"斗争策略，得益于美国立宪体制、健全的法制、遵循真实和道德真理的新闻媒体，以及无数具有仁善同情心的白人，因此"美国梦"更多着眼于个体的自由与平等梦想。

作为党的十八大以来执政理念的"中国梦"与美国梦截然不同，其基本要求是 2020 年国内生产总值和城乡居民收入比 2010 年翻一番，到 21 世纪中叶实现富强民主文明和谐的社会主义现代化国家，全面建成小康社会、实现

---

① ［美］瓦莱里·施勒雷特、帕姆·布朗：《马丁·路德·金传》，汪群译，上海，世界图书出版公司，1997。

中华民族伟大复兴。强国梦、强军梦、航天梦、航母梦等演绎代表着国民对祖国强大、能寻求祖国庇护的愿望；而学有所教、病有所医、老有所养、住有所居，以及生态梦、环境梦、安全梦、民生梦则代表着人们对美好生活的向往，两者相互交织构成了"追梦之旅""复兴之路"，在中国国情、文化传统和制度实践中追求民主自由、平等公正、法治、诚信敬业等共同价值，将国家、民族和个人作为"命运共同体"，凝聚 14 亿中国人的力量，在中国共产党的领导下，寻找和实现"中国式"现代化道路，解决"人民日益增长的美好生活需要和不平衡、不充分发展之间的矛盾"，实现国泰民安、人民幸福，维护主权与领土完整、海外国民不受侵害，为世界文明做出贡献并走在世界文明前列。

## 1.2.1 中国梦实现需要政府能力

中国梦的宏大愿景要成为一种现实必然要求更高的政府治理能力，但在理解政府治理能力之前，有必要了解"国家能力"的概念。这个概念是 20 世纪 90 年代初由胡鞍钢、王绍光提出并界定为"国家将自己的意志、目标转化为现实的能力"，具体表现为国家汲取财政能力、调控能力、合法化能力和强制能力。① 这一概念有三个特点，一是将国家等同于政府，二是认为只有中央政府才代表国家意志，三是将国家能力限定为中央政府能力。周其仁认为，这一概念在 20 世纪 90 年代初财政收入占 GDP 比重和中央财政占财政收入比重持续下降的背景下无可厚非，但二十多年过去了，新经验和新问题要求重新界定国家能力，即：国家不等于政府；国家能力不等于政府能力，而是管理权力受托/授权关系的能力②；政府合法化权力来自国民授权，公权力行使受国民监督。

在疆域、国民和既定典章制度框架下，唯一拥有合法强制力的政府必须履行保护国家领土完整与主权独立、维护海外国民侨民生命财产安全、保护国民生命财产安全、维护社会公平与秩序、供给公共物品等职责，政府能力是政府实际能够履行其职责的程度与效率。相应地，政府必须有受托获取财税资源、强制规制、调控宏观经济、供给公共物品、应对突发事件和国民基

---

① 胡鞍钢、王绍光：《经济是政治的基础，经济实力决定政治权力——国家能力应予加强》，载《领导文萃》，1993(11)。
② 周其仁：《突围集：寻找改革新动力》，北京，中信出版社，2017。

本价值引领等能力，作为中国特色社会主义制度及其执行力的有力保障。

1. 财税资源获取与配置能力

现代国家的政府管理方式各不相同，但都必须通过提供公共物品和公共服务，如公共安全、生态环境、食品药品监管、社会保障、公共交通、就业等来证明其存在价值。然而，政府不事生产，其收入主要来自合法性权威授予的财税权，即"政府不挣钱，那些钱都是老百姓自己挣来的……"。政府财政资源获取能力意味着政府收税水平能够维持自身系统正常运行和服务于纳税人的同时，不会给纳税人带来很大负担。严格来讲，税收是政府与公众针对财富分配和责任分担达成的协调机制，是政府从民众手里拿走多少钱、需要做多少事的一种机制，一种契约。

政府通过征管手段获取税收总量的财税能力堪称"国家的神经"①，是其他政府能力得以发挥的基础。如果政府不能通过有效方式征管到足够税收，那么它既不能支撑维持自身权威和秩序的军队和警察，也无法回应民众的公共物品诉求。税收是现代国家的一项通用职能，正因如此，熊彼特把现代国家命名为"税收国家"。各级政府的税收征管能力与政府税收资源获取总量呈正相关，反之亦然。

税收之外，贷款、罚没、行政事业收费、公营收入也可被视为公共财政收入渠道，不过从总量、稳定性和可持续性来看，唯有税收能够支撑国防军队、基础设施、科学研究、医疗卫生、文化教育、赈灾救灾、环境保护等公共职能，也只有税收才能够促进平等竞争、维持经济稳定、促进产业结构调整、调节收入分配等。政府财税资源获取能力取决社会整体的税收遵从度，通常受到三个因素影响，即：纳税人对政府合法性与权威性的认同程度；税收征管机构的执行力度与监控程度；征税机构及其人员是否清廉。

税收在本质上减少了生产者剩余，纳税者通常很难自愿积极缴税。纳税者范围判断失误、税收规则模糊、税负计算不科学，都很可能导致纳税者隐瞒其财务信息或者提供虚假信息（如"两套账本"），一旦监控系统失察，不能有效打击偷税漏税行为，则很容易打击积极纳税者积极性，后者甚或加入逃税行列。

---

① Rudolf B，"Taxation，Sociopolitical Structure and State-building：Great Britain and Brandenburg-Prussia，"in *The Formation of National States in Western Europe*，ed. Tilly C，Princeton：Princeton University Press，1975：243.

为了抑制逃税动机，明确税收规则、创新税收征管方法、有效监控并惩罚逃税者，提高税收遵从度对国家能力建设意义重大。戈登（Gordon）认为，理想的均衡点是国家进一步加强征税力度所获得的边际收益等于边际成本。[①] 但实际上，不同国家在征税手段和打击逃税方面均会根据国情与法律规定施行，采取最有效的手段迫使纳税者照章纳税。比如，美国虽然实行自愿报税制度（填写 1099 表），但税务机构有一套完整健全的涉税信息收集系统，逃税是一件很危险的事情。在执行上，美国国税局（IRS）权力很大，掌握所有美国人的社会安全号和银行账号，除上门稽查外还实行随机抽查报税，可以不经法庭审判就冻结逃税者财产。在执行手段上，美国国税局监控社交媒体，从 Facebook、Twitter 上收集数据，与社保账号、医疗记录、银行账户和其他财产信息对比，用大数据技术分析判断是否逃税；它还掌握美国税务居民海外账户资料。在后果上，如果纳税者被查出逃税漏税，少缴税或晚缴税，不但可能面临巨额罚款，还可能锒铛入狱，个人信用和社会声誉随之丧失。再如，中华人民共和国成立初期为了快速有效汲取资源，通过税收制度引导、强制、命令、禁止、惩罚、许可等形式改变了纳税人的相对收益，将大部分财政收入集中到了中央政府。

当前，中国政府财税资源获取能力已经得到了超常发展。①从纵向趋势看，1994—2012 年，财政收入和税收收入增速持续高于名义 GDP 增速；生产税净额占 GDP 比重从 1994 年的 13% 上升到 2016 年的 16%；2008—2018 年非税收入整体增长 5 倍，专项收入涨幅 5.6 倍，土地出让金接近翻一番；②从横向比较看，税收占 GDP 比重已经高达 17.5%，明显高于俄罗斯、印度、巴西等新兴经济体，广义宏观税负高达 27.6%，与大部分发达经济体持平，表明各种非税费用负担较严重。一些学者认为，中国不管是家庭还是企业的税负都已经很重，因此主张减税。[②]

这些减税呼吁与财税资源获取并不矛盾，中国税收现阶段存在三个问题：①非税收入增幅大，尤以土地出让金突出；②企业税负过重，已经超过 80%，特别是增值税、消费税等间接税占比过重，相当一部分转嫁给居民承担；③个税对资本利得税征税偏低，对财产性收入的课税低于工资性收入，

① Richard K. Gordon，"Income Tax Compliance and Sanctions in Developing Countries,"in *Taxation in Developing Countries*，4th ed. Richard M. Bird，Oliver Oldman，Baltimore：Johns Hopkins University Press，1990：455-465.

② 潘英丽：《户均税负近 5 万 减税已刻不容缓》，新浪财经，2018-08-28。

高收入群体收入结构以财产性收入为主，低收入群体则以工资性收入为主，个人所得税对收入分配差距的调节效应较弱。[①]

从政府能力建设角度看，财税资源获取除了增强税收征管、打击逃税外，还应当动态性调整税制结构，降低间接税比重，避免税负过高导致实业凋敝、税源流失；调整财产性收入和工资性收入课税比重，充分发挥居民税的收入调节效应；将税收作为一种治理工具，约束和限制"负外部性"企业，激励和支持"正外部性"产业发展；将财政职能调整到公共物品的有效供给，精简财政供养机构与人员、减少政府规制和财政补贴等。

### 2. 政府规制能力

政府规制是各级政府部门为了实现某些社会经济目标，依据相关法律直接规范、约束和限制微观主体及其活动，优化资源配置，促进社会经济效率和社会福利最优化，通常有准入规制、价格规制、产业规制、环境保护规制、关税壁垒、非关税壁垒等，以弥补市场经济运行和社会秩序的先天缺陷。它是一种直接行政性手段，以合法性权威为后盾，以政府限价、经济立法、法定允许或法定禁止等形式达到目标。

政府规制能力是政府能力的核心部分，是各级政府特别是监管机构正确运用规制权力、采用适当规制工具、有效履行规制功能、实现规制目标的能量和力量[②]，受到规制资源、文化、习俗与风俗的影响，与规制对象对规制权威、规制机构能力的认可程度有直接关联。"要使调控有效率，调控者就必须拥有可供灵活运用的大量信息（或其他资源）……而且还必须具有监控已完成事情的能力。"[③]

无论是政府对企业价格、产量、准入与退出等方面的经济性规制，还是为保障劳动者和消费者安全健康卫生、保护环境、防止灾害等目标而实行一定标准并禁止、限定特定行为的社会性规制，抑或是禁止限制性协议或协同行为、禁止滥用独占行为和监控并购行为等反垄断性规制，都涉及配置使用各种资源。总体看来，政府规制资源有权力资源、信息资源、财力资源、规制工具及文化资源等。

---

① 姜超：《中国宏观税负高在哪里 从哪里降》，凤凰国际智库，http://www.china.com.cn/opinion/think/2018-09/06/content_62492995.htm，2018-09-06。

② 吴佳惠：《政府规制能力的解读与探析》，载《福建行政学院院报》，2013(5)。

③ ［美］约瑟夫·E. 斯蒂格利茨：《政府为什么干预经济》，郑秉文译，北京，中国物资出版社，1998。

斯蒂尔曼强调"公共行政的生命线就是权力"[①]，规制机构必须关注权力获取、保有、增长或削弱、丧失的问题。拥有合法的规制权力是政府规制能力的基本前提，运用规制权力的水平直接决定了规制能力的高低，迄今为止，"'统一、稳定、充分的法律支持、足够的权力'是促进行政部门强而有力的公认诀窍"[②]，但必须同时具有公正性和有限性。财力资源和信息资源构成了政府规制能力的支撑条件，财力资源的核心是财税，通常财税资源获取能力更强的政府有更强的规制能力实现其规制目标，而信息资源收集与处理能力更强的政府同样更能有效发挥规制能力。一个国家的政府治理要实现现代化，就必须致力于发展电子政务和数字治理，畅通政府与市场、政府与社会之间的多元双向信息渠道，降低规制过程中的信息不对称。

除权力和信息外，规制人员、规制机构和规制手段等也直接影响着政府规制能力的高低。具体而言，政府规制人员数量应当与规制目标相匹配，规制手段应当与规制对象、规制范围相匹配，规制人员的专业知识与技能、规制机构法律地位和独立程度，以及规制手段如法律工具、市场工具或行政工具的选择与组合，都会影响政府规制目标的达成。

尽管政府规制来自合法性权威，但其能力高低不仅受到信息资源、规制工具等客观条件的制约，还会因为行政意识、机构作风而出现不确定结果。"执行者对政策的认同、对政策执行行为的投入、创新精神、对工作的负责、较高的政策水平和管理水平是政策得以有效执行的重要条件所在。"[③]如果规制机构及其工作人员对规制行为或措施的态度、观念、价值观是积极、正面、公正、激励性的，相应地，规制客体对合法性权威的认可度会比较高，更有意愿服从规制要求。"权威关系是支撑政府的基石。权威对政府之要紧，如同交换对市场制度之要紧一样。"[④]规制机构较高的权威认可度和服从度会带来更有效的规制效力，而公信力破损的规制机构容易被怀疑、被抵制，不利于规制政策落实，政府规制能力的下降将对政府合法性权威造成不利

---

① ［美］理查德·J.斯蒂尔曼：《公共行政学》，李方、潘世强译，北京，中国社会科学出版社，1989。

② ［美］亚历山大·汉密尔顿、约翰·杰伊、詹姆斯·麦迪逊：《联邦党人文集》，张晓庆译，北京，商务印书馆，2009。

③ 陈振明：《政策科学》，北京，中国人民大学出版社，1998。

④ ［美］查尔斯·林德布洛姆：《政治与市场》，王逸舟译，14～15页，上海，上海人民出版社、上海三联书店，1994。

影响。

在合法性权威前提下，提升政府规制能力的关键在于财税资源获取能力、降低信息不对称和改善规制人员执行能力。特别地，规制人员能力、素养、态度等直接作用于规制对象，并影响其对规制/合法性权威的认可度与服从度，有必要考虑对规制者实施规制和监督。按照规制俘获理论的观点，政府规制是为了满足产业对规制的需要而产生的，规制设计与实施主要是为了被规制产业的利益服务的。[1] 然而，"自由裁决权的存在，使规制者有可能滥用职权，不按社会福利最大化原则规范行事，而是出于某一集团的利益，或凭主观意愿行事"[2]。基于规制者和被规制者的"经济人"属性，后者可以向前者游说寻求干预或管制以维护自身利益，而前者通过行政干预设租，既可以增加后者利益也可以损害后者利益。其结果是权力寻租或行政垄断，造成政府规制失灵，因此有必要对规制者实施规制和监督，防止公权力异化损害政府规制公信力。

3. 宏观经济调控能力

宏观经济是整个国民经济总体运行状态，包括 GDP 及增长速度、物价与通货膨胀、充分就业率、货币发行及增长速度、进出口贸易规模及其结构变化等。国家宏观经济调控手段通常包括财政政策（补贴、税率、债务、信贷等）、货币政策（利率、公开市场业务、存款准备金、再贴现、汇率）、产业政策、消费政策和收入分配政策（个人所得税率、个人所得税起征点）等。宏观经济调控能力是政府使用各种政策工具促进经济增长、增加就业、稳定物价和保持国际收支平衡的效果，既有政府干预手段也有市场调节机制，在不同国家因为国情差异，政府干预程度和干预方式千差万别，学者观点也众说纷纭。以产业政策为例：

标准教科书的"产业政策"是国家制定的、引导国家产业发展方向、推动产业结构升级、协调国家产业结构、使国民经济健康可持续性发展的经济政策，主要通过制订国民经济计划、产业结构调整计划、产业扶持计划、财政投融资政策、货币手段、项目审批来实现。但学者对产业政策的认知存在根

---

[1] ［美］乔治·J. 施蒂格勒：《产业组织和政府管制》，潘振民译，上海，上海三联书店，1989。

[2] 陈富良、万卫红：《企业行为与政府规制》，北京，经济出版社，2001。

本差异，进而引发了很多辩论，尤以林毅夫和张维迎展开的"世纪之辩"①及引发的学术争议最受人关注。

张维迎旗帜鲜明地提出"产业政策不过是穿着马甲的计划经济""是政府出于经济发展或其他目的，对私人产品生产领域进行的选择性干预和歧视性对待，包括市场准入限制、投资规模限制、信贷资金配给、税收优惠、财政补贴、进出口关税和非关税壁垒、土地价格优惠等"，会阻碍企业家精神的发挥和市场经济发展。由于人类认知能力限制、激励机制扭曲、创新的不可预见性，以及产业政策创造出的权力租金机会，产业政策必然会失败。不仅以往失败案例比比皆是，许多打着创新旗号从政府拿钱的企业根本不是真正的创新企业，而是寻租企业，典型的有光伏产业和新能源汽车产业。中国经济持续存在的结构失调、产能过剩均是产业政策主导的结果。因此主张废除一切形式的产业政策，政府不应该给任何企业、任何行业以任何特殊政策，呼吁企业家争取平等权利而不是特权。

而林毅夫则认为"产业政策是中央或地方政府为促进某种产业在该国或该地区发展而有意识地采取的政策措施，包括关税和贸易保护政策、税收优惠、工业园和出口加工区、研发工作中的科研补贴、垄断和特许、政府采购及强制规定等"，并表示支持产业政策，不能因为过往失败或害怕未来失败而反对一切产业政策。因为产业政策是帮助企业家解决自身难以克服的外部性和基础设施等问题，如专利保护、基础研究和公用技术投资，提高劳动生产率既需要"有效市场"创新技术，也需要"积极作为的政府"，只有对努力创新的企业家提供风险补偿或风险分担激励、基础设施、法律制度环境，才能引导其他企业家跟进。至于产业政策失败是因为政府执行能力欠缺，以及偏离了产业政策应当支持有潜在比较优势产业的宗旨。"我没有见过不用产业政策而成功追赶发达国家的发展中国家，也没见过不用产业政策而继续保持其领先地位的发达国家。"每个国家在不同的发展阶段都存在拥有潜在比较优势的产业，政府理应帮助已经进入这些产业的企业解决交通设施落后、电力供应不足等问题。

张维迎和林毅夫两人关于产业政策的论争指向的是政府和市场之间的关系、配置资源主体是市场还是政府、政府作用如何更好地发挥等问题，很好

---

① 银昕、徐豪、陈惟杉：《林毅夫 VS 张维迎：一场产业政策的"世纪之辩"》，载《中国经济周刊》，2016(44)。

地反映出宏观经济调控的复杂性。2015年，中国开始实行以"去产能""去库存""去杠杆""降成本""补短板"为重点的供给侧结构性改革（Supply-side Structural Reform），抛开了产业政策争论，将重点放在进一步简政放权，减轻企业税费负担；增强金融对实体经济支撑能力，降低企业融资成本；推进企业创新，增强企业竞争力等方面。供给侧改革实践表明，政府干预多、干预力度大并不等于政府宏观经济调控能力强。一个积极有为的有限政府不仅要考虑采用哪一种干预手段才能够充分发挥市场的资源配置作用、尊重企业家自主经营权、激励企业家创新，更要考虑如何监管才能够避免市场的不合法、不合规。"证照分离"改革就是一种有益的尝试。2018年9月12日，国务院部署在全国范围内有序推开"证照分离"改革，持续解决"准入不准营"问题，简化工业产品生产许可证审批手续，对一家企业生产不同类型产品只发一张许可证，为市场主体减负，同时明确"该放给市场的放足放到位，该政府管的管好管到位"的原则。

### 4. 公共服务能力

公共服务是在一定社会经济条件下，为了保障全体公民最基本的权利，全体民众都应公平、平等和普遍享有的服务，具有普及性、保障性、平等性和非营利性，其范围非常广泛，常见的有天气预报、邮政公交、公共安全、公用事业、基础设施、公共医疗、环境保护、义务教育、文化娱乐等，此外还有社会保险与福利、规制性公共服务等。为公众提供公共服务是每一个现代政府的基本职责，是证明其具有存在合理性与合法性并拥有征税权的关键前提。政府能否意识到公众需求，并及时提供相应数量与质量的公共服务是判断其公共服务能力的重要指标。公共服务能力是政府为主体的公共部门生产和提供优质公共服务和公共产品、满足公众需求所具备的意愿和技能，其强弱是一个政府责任性和回应性的直接反映。

公共服务能力可分化为公共部门的组织服务能力和公务人员服务能力，前者注重政府等公共部门提供公共服务的范围、类型、覆盖广度与深度，后者则关注公务人员在业务过程中的工作态度和工作能力能否令公众满意。从组织角度看，公共服务能力既取决于地方经济发展程度、财税资源基础等客观条件，但更取决于各级地方政府回应当地公众诉求的意愿；从人员角度看，公共服务能力既受公务人员业务知识和能力的影响，但更多地与公务人员服务意识、服务意愿有关。

20世纪60年代以来，在各国政府效率普遍较低、公共财政开支庞大的同时，公共服务供给能力却难以有效满足民众的公共服务需求。20世纪80年代，全球掀起了一场"新公共管理运动"，将精简政府、放松管制、打破垄断、降低公共服务成本、及时回应民众诉求视为提高公共服务能力的不二法门。即便如此，因为经济发展不平衡、收入分配差距扩大等原因，公共服务水平呈现明显的地区失衡和城乡失衡，农村地区公共服务、就业培训指导、信用服务、信息咨询、法律援助等公共服务基本缺失，老龄人口、流动人口、留守儿童等新群体的出现产生了新的公共服务需求，但公共财政投入不足、经费缺乏保障严重制约了政府对新问题和新需求的回应能力。里根曾经宣称"政府不能解决问题，它本身就是问题"，但无论如何都无法否认政府在公共服务领域内无可替代的角色，其关键在于如何增进政府公共服务的能力，而不是把它当成一个问题来治疗。

其一，创新管理方式，增进政府组织层面的公共服务能力。比如：①采取城乡统筹、区域统筹乃至国家统筹方式，增进落后区域义务教育、公共医疗、养老保障、就业培训、公共基础设施、社会安全等基础性公共服务的供给水平，化解社会矛盾、稳定社会秩序；②进一步精简政府职能，放松管制，提高审批效率，规范行政管理程序和改善行政服务态度，将政府职能集中到宏观调控、保底线、加强市场监管、社会管理和公共服务上来，降低行政和监管成本、营造良好的市场环境和社会环境；③打破政府"大包大揽等于能力强"的虚幻认知，根据公共产品和公共服务属性，选择适合的政策工具，凡是社会组织能自主解决、市场机制能够调节、行业组织能够自律自治的公共服务需求，交给相应组织来承担；④扩大基础性公共服务项目范围、人群覆盖范围和区域覆盖范围，对待底层和弱势群体的态度不仅是衡量社会文明程度的标尺，更是衡量一个政府公共服务能力的标志；⑤积极利用计算机、互联网、电信和大数据技术成果推进公共服务技术创新，改善公共服务供给渠道，对落后地区、文化程度较低的地区采用传统方式供给公共服务，而相对发达地区则用互联网技术提供服务，提高数字治理水平。

其二，改善人力资源管理，增进人员层面的公共服务能力。公共服务能力离不开公务人员素质的提升，离开了富有服务能力和服务意识的执行队伍，任何类型的公共服务决策效果都会打折扣。根据《国家公务员通用能力标准框架（试行）》（国人部发〔2003〕48号）规定，公务人员应当牢固树立服务意识，诚信人民、守信立政；有责任心，工作认真负责，密切联系群众、关心群众疾苦、维护群众合法权益；有较强的行政成本意识，善于应用现代公共行政方法提高工作效益；愿意接受群众批评、意见和建议，积极采纳群众正确建议。但公共服务能力并不是孤立的存在，而是与其他能力密切关联的，公务人员的协调沟通能力与公共服务能力呈正相关。进一步而言，提高公共服务能力不只是一种观念，形成适应服务型政府、责任政府要求的有效制度安排更为重要，如服务承诺、政务公开、信息咨询、现场办公等制度。

5. 引领国民价值观能力

价值观是一种持久的信念，是人们认识事物、辨别是非和决策行为的认知、理解和选择依据，具有相对稳定性、持久性和主观性。个体价值观形成受家庭和社会环境的决定性影响，报纸杂志、电视电台、互联网、自媒体公众号以及公众人物观点与行为都会对其产生广泛深刻的影响。价值观能直接影响个体信念、生活目标和追求方向的性质，在同样条件下，不同价值观的人面对相同现象或行为的看法迥然不同，而相同或相似价值观背景的人则会形成一致观点和集体行动。政府机构通过各种渠道、方法、策略和技巧影响国民核心价值观的能力直接影响国家凝聚力。

个体或群体并非只受一种价值观的影响，而是受到一个按照价值观重要性程度排列而成的价值系统的复合影响，其中核心价值观是某一社会群体对社会现象、公共问题的判断标准以及采取行动时遵循的基本准则。在米尔顿·罗克奇（Milton Rokeach）看来，舒适生活、成就感、世界和平、独立自由、幸福、国家安全、自尊友谊、社会认可是人们应当追求的终极价值，而能干诚实、独立乐观、助人、顺从谦恭、负责、自我控制是实现目标所能采取的正确手段。[1] 殷谦则强调"人应当有核心价值观"，即"肯定价值"，"就是用于自我牺牲和无私的爱，就是对完善和真理的爱，对天地自然和生命中一切神圣事物的爱"。[2] 不同学者对核心价值观的表述虽然有差异，但是它们都存在四个共同特征，即：核心价值观是判断善恶是非的标准；是社会群体对其事业目标的认同；在认同基础上形成对目标的追求；达成共同境界。

转型期的中国社会价值取向非常多元，但广场舞扰民、公交霸座、扶老被讹，"网红""抖音"遍地，"修仙""宫斗"霸屏，《快乐大本营》《中国好声音》《非诚勿扰》《奔跑吧，兄弟》轮番狂欢，看似多元化的价值取向实则是国民价

---

① Milton Rokeach, *The Nature of Human Values*, The Free Press, 1973.
② 殷谦：《心灵真经》，合肥，黄山书社，2010。

值观模糊、道德素质滑坡的表现，相当多年轻人追求的是相貌、身材、家境、收入、住房、豪车等，更关注明星而不是科学家①，似乎耻谈道德人品、学识修养和社会贡献，更甚者"扮丑""审丑"，典型如"高铁霸座男"。种种现象说明政府在国民价值观引领方面的作用还没有得到充分发挥。为了聚集社会各界力量实现中国梦，应当通过教育引导、舆论宣传、文化熏陶、实践养成和制度保障等方式，增强政府对国民价值观的引领能力，将"富强、民主、文明、和谐，自由、平等、公正、法治，爱国、敬业、诚信、友善"的社会主义核心价值观，内化为生活方式、认知理念和精神追求，外化为自觉行动。②

6. 突发事件应急管理能力

在国家治理能力现代化体系当中，突发事件应急管理能力不可或缺。这是一项比较新的政府能力要求，尽管中国自1989年以来遭遇过很多突发事件，如洪涝地震等自然灾害、非典与禽流感等公共卫生突发事件，以及突发群体性事件等，各级政府对"突发事件"和"应急管理"已经从陌生到熟悉，但是政府整体突发事件应急管理能力仍然捉襟见肘，特别是在不同于传统自然灾害的公共突发事件方面尤其如此。如果政府不能妥善处理好突发公共事件，不仅会造成严重生命与财产损失，更有可能影响民众对国家能力的评判，损坏政府公信力、政府权威乃至合法性基础。"预则立不预则废"，只有公共危机管理成为一项重要的政府职能，并有实体政府组织机构负责其运行，"公共安全"才能够真正成为一项公共物品。

2018年3月，应急管理部组建设立，政府应急能力改善迎来了良好机遇。作为国务院组成部门之一，相对于以往承担协调作用的应急管理办公室，应急管理部将以往分属于国家安全生产监督管理总局、公安部、民政部、国土资源部(已撤销，划归自然资源部)、水利部、农业部(已撤销，改为农业农村部)、林业局、地震局、国家防汛抗旱总指挥部、国家减灾委员会、国务院抗震救灾指挥部、森林防火指挥部的生产安全、应急管理、消防、救灾、地质灾害防治、防火、地震救援、防汛抗旱等职责聚合在一起，并配备了消防部队、武警森林部队、安全生产救援等救援力量，初步整合并优化配置既存应急力量和资源，形成统一指挥、专常兼备、平战结合的应急

---

① 典型例子：屠呦呦是第一位获得诺贝尔科学奖项的中国本土科学家，黄晓明是中国最受欢迎男演员之一。2015年10月，前者获奖，后者举行婚礼，电视、广播、网络铺天盖地可见后者的报道，前者默默无闻，后者引全民羡慕。

② 范小莎：《以社会主义核心价值观引领国民道德素质的提升》，载《学理论》，2017(1)。

管理体制，比较适应中国当前自然灾害、重特大安全风险、公共安全风险交错的复杂情势，向应急管理能力现代化靠拢了一些。

应急管理部救灾指挥和资源调配能力在 2018 年 8 月山东寿光水灾中得到了充分展示。当月 18—19 日台风"温比亚"偏移，给寿光县带来强降雨，弥河水暴涨，20 日沿河多地村庄被淹没。应急管理部迅速启动国家 IV 级救灾应急响应机制，派遣 2 个救灾应急工作组核查灾情，一次性从天津、河北、江苏紧急调集 2 200 余人驰援灾区，最终集结了 5 570 名消防官兵和 352 名安全生产应急救援人员；投入远程供水系统、工程机械、潜水泵、浮艇泵、机动泵、冲锋舟艇等应急救援器材；调拨救灾帐篷 3 000 顶，衣被 5 万床(件)、折叠床 5 000 张、场地照明设备 20 台等中央救灾物资。① 但这次灾害同样暴露出应急管理部在防灾减灾能力方面的不足，欠缺灵活性，值得引以为鉴。未来应当加强信息捕捉和研判能力，从事后应对转换为前置性应急管理。

综上，中国梦既是中华民族伟大复兴梦，更是每个国民个体梦想的集合，"国家好，民族好，大家才会好"。要实现这一伟大构想，政府公信力、政府官员清廉勤政、依法行政、治理能力缺一不可。

## 1.2.2 国民幸福追求是政府治理的落足点

政府治理通常被理解为政府对公共事务的治理。在西方治理理论框架中，政府治理主张政府放权和对社会授权，实现多主体、多中心、多元化治理，强调弱化政治权力甚至去除政治权威，最终达成政府、市场与社会多元共治结构，注重多中心社会自我治理，以合法性、透明性、责任性、法治性、回应性、有效性为标准和规范，缓和政府与公众之间的矛盾。② 相关研究和政府治理实践不断出现新理念，如法治政府、责任政府、阳光政府、高效能政府、廉洁政府、服务性政府、回应型政府……这些新理念和新举措不断出现在中国各级政府报告当中。党的十八届三中全会《关于全面深化改革若干重大问题的决定》进一步突出了"国家治理"和"社会治理"，强调全面深化改革的总目标是完善和发展中国特色社会主义制度，推进国家治理体系和

---

① 张艳玲、仝选：《山东寿光洪灾排涝基本完成 2000 多增援消防官兵陆续撤离》，中国网，2018-09-06。

② 俞可平：《治理与善治》，北京，社会科学文献出版社，2000。

治理能力现代化……要让发展成果更多更公平地惠及全体人民。在此情况下，如何理解和使用政府治理成为一个重要问题。

### 1. 政府治理的中国含义

有观点认为，作为新兴的学术概念，政府治理、国家治理和社会治理的定义还没有形成普遍共识，认知歧异可能会给推进国家治理现代化过程中达成改革共识造成"思想困结"，导致改革实践面临路径选择和实施方案的分歧或阻碍。① 基于中国的国情、政情、社情，政府治理是指在中国共产党领导下，以行政系统作为治理主体，对社会公共事务的治理，包含政府内部管理、对市场和社会实施的公共管理活动。其中，在内部自我管理方面，政府治理涉及优化组织结构、改进工作流程和政府运营方式，其目标是建设法治政府和服务型政府；在经济活动方面，政府治理通过"科学的宏观调控，有效的政府治理"发挥社会主义市场经济体制的优势；在社会管理方面，政府治理强调在党的领导、政府负责、社会协同、公众参与和法治保障的基本格局下，对社会公共事务进行管理。从治理主体看，政府治理主体是各级政府行政机关，政府治理所涉及的社会关系主要是政府行政权力和公民权利的关系，具体体现为公共服务和社会保障，因此通常以公共政策作为治理工具。政府治理过程是政府权威机制、市场交换机制和社会组织机制的组合，以政府权力权威和授权为保障基础。

上述概念突出了中国国情、政情、社情下的政府治理主体、治理机制和治理工具，强调各级行政机关是政府治理主体，注重政府权威和权力在经济社会管理领域内的主导作用，即使政府职能精简、行政审批权取消或下放、以"放管服"为导向，也不存在"多中心治理"一说。各级行政机关在政府治理意义上达成依法治国、依法执政、依法行政，共同推进法治国家、法治政府、法治社会建设，维护社会秩序和公共安全，供给多种制度规则和基本公共服务，最终落脚于国民幸福追求，与政府治理建设"服务型政府"的本质是一致的。

### 2. 服务型政府与国民幸福感是政府治理的起点与终点

服务型政府是以人民为中心的国家治理的体现，政府职能设定与治理活动都围绕人民福祉而展开，其起点是提高公共服务水平，让全体人民共享改

---

① 王浦劬：《国家治理、政府治理和社会治理的基本含义及其相互关系辨析》，载《国家行政学院学报》，2014(3)。

革发展成果，基本内容是教育、医疗、卫生、社保、就业等基本公共服务均等化，在党的领导下以政府为主导，以公众和社会参与为基本路径，以人民满意与否为评价标准。①

服务型政府建设的过程就是公共服务水平提高的过程，是各级地方政府将重心投注到公共服务、市场监管、社会管理、环境保护等职责的过程；服务型政府建设是制约公权力、保护人民合法权利的法治政府建设过程，是职能科学、权责法定、执法严明、公开公正、廉洁高效、守法诚信政府的建设过程。

服务型政府建设情况可以通过很多指标评价，如公共服务小康指数、政府清廉指数、政府效率测度指数、民生发展指数、国民幸福感，等等。以"公共服务小康指数"和"国民幸福感"为例进行说明：

"公共服务小康指数"是指公众对公共服务的满意度。中国公共服务小康指数诞生于2005年，《小康》杂志社与相关机构专家，在全国范围内调查民众对公共安全、文化娱乐、行政管理、市政建设及环保、就业服务、教育、医疗卫生等公共服务的满意程度，然后对调查结果做加权处理，参照国家有关部门检测数据和大量社会信息后得到了这一指数。2005—2018年，中国公共服务小康指数从62.8稳步增长到86.2（表1-1），表明公共服务供给数量、质量与民众需求之间的匹配度越来越高，公共服务已经成为各级地方政府的主要职能，缺位、越位、错位现象得到极大改观。

表 1-1　2005—2018 年度中国公共服务小康指数

| 年代 | 科技 | 公共安全 | 文化娱乐 | 行政管理 | 市政建设及环保 | 社会保障 | 就业服务 | 教育 | 医疗卫生 | 公共服务 |
|---|---|---|---|---|---|---|---|---|---|---|
| 权重 | 10 | 10 | 10 | 12 | 13 | 15 | | 15 | 15 | 100 |
| 2005 | 83.5 | 77.8 | 72.3 | 61.5 | 60 | 56.8 | | 52.3 | 49 | 62.8 |
| 2006 | 85.6 | 80.1 | 79.8 | 64 | 66.8 | 58.9 | | 53.6 | 51.3 | 65.4 |
| 2007 | 86.3 | 80.9 | 81.1 | 65 | 68.5 | 59.8 | | 54.5 | 52.5 | 66.6 |
| 2008 | 86.9 | 81.8 | 81.9 | 65.4 | 69 | 60.9 | | 55.1 | 53.1 | 67.2 |
| 2010 | 87.8 | 83.2 | 84 | 66.8 | 70.6 | 66 | | 64.8 | 61.4 | 71.5 |

_____

① 郭道久：《国家治理现代化的重要推动力（势所必然）》，载《人民日报》，2018-09-09。

续表

| 年代 | 科技 | 公共安全 | 文化娱乐 | 行政管理 | 市政建设及环保 | 社会保障 | 就业服务 | 教育 | 医疗卫生 | 公共服务 |
|------|------|----------|----------|----------|----------------|----------|----------|------|----------|----------|
| 权重 | 9 | 9 | 9 | 10 | 11 | 13 | 13 | 13 | 13 | 100 |
| 2011 | 88.3 | 84.1 | 85.4 | 67.5 | 71.6 | 68.1 | 61.9 | 67.8 | 64.2 | 71.9 |
| 2012 | 88.4 | 84.7 | 87.5 | 68.1 | 73.2 | 71 | 63.5 | 70 | 66 | 73.5 |
| 2013 | 88.6 | 85.8 | 89.2 | 69.7 | 74.9 | 73.7 | 65.4 | 71.2 | 68.3 | 75.2 |
| 2014 | 88.8 | 86.3 | 89.5 | 69.9 | 75.2 | 75 | 66.1 | 72 | 69.2 | 75.8 |
| 2015 | 89.1 | 86.6 | 89.7 | 70.5 | 75.6 | 76.3 | 66.8 | 72.6 | 70.4 | 76.5 |
| 2016 | 89.4 | 87.2 | 89.8 | 71.6 | 76 | 77.6 | 67.5 | 73.3 | 71.1 | 77.1 |
| 2017 | 90.2 | 89.2 | 90.5 | 74.9 | 79.2 | 81.5 | 71.7 | 76.4 | 74.3 | 80.1 |
| 2018 | 93.5 | 93.3 | 93.2 | 82.7 | 84.9 | 87.6 | 80.3 | 83.4 | 82.1 | 86.2 |

资料来源：《小康》杂志社，2006—2019。

"统筹推进县域内城乡义务教育一体化改革发展"显著改善了农村教育不公平；《关于全面推开县级公立医院综合改革的实施意见》和《关于城市公立医院综合改革试点的指导意见》给了民众更实惠的医疗卫生红包，城乡居民大病保险制度全面实施，明显缓解了"看病难""看病贵"的问题；"公交优先即百姓优先"推动公共交通发展便利民众出行；就业服务、行政管理进步显著，但还有很多提升空间；三聚氰胺事件、假疫苗事件令人们高度关注食品药品安全问题。进一步看，不同区域、不同人群享有的公共服务范围和水平差异较大，缩小城乡差距、东西差距的均等化要求非常迫切，但受农村人口、地理条件、交通状况和资源禀赋等条件制约，医疗改革、食品安全、交通拥堵、保障房、择校、校园安全、房价、反腐倡廉、儿童安全仍然高居民众关注度排行榜。

"国民幸福感"是民众对生活质量和幸福程度的主观感受，是衡量一个国家或地区经济发展、居民生活和幸福水平的通行指标，来自不丹国王旺楚克首创的国民幸福总值（Gross National Happiness，GNH）概念。旺楚克主张政府和政策应当以实现国民幸福为目标，并以"政府善治""经济增长""文化发展"和"环境保护"为衡量指标。[1] 其后，许多研究机构提出"国民发展指数""国民幸福总值""国民幸福指数""幸福星球指数"等类似概念，并开发对

---

[1] 程国栋、徐中民、徐进祥：《建立中国国民幸福生活核算体系的构想》，载《地理学报》，2005，60(6)：883-893。

应的衡量指标。典型的是卡尼曼和艾伦·克鲁格编制的国民幸福指数(National Happiness Index，NHI)[1]，由"社会健康""社会福利""社会文明"和"生态环境"四级指标构成，每一级指标都有若干指标，指数计算采用加权平均法。联合国《全球幸福指数报告》则认为衡量一国幸福感的标准有教育、健康、环境、管理、时间、文化多样性和包容性、社区活力、内心幸福感、生活水平九大领域，每个领域又分别有3～4个分项，总计33个分项。[2]无论有多少种测算方法和测度指标，国民幸福感均强调GDP并不等于幸福程度，虽然一般而言国家财富和国民快乐有一定联系，但两者之间没有必然的内在关联。

GNH或NHI的价值在于强调政府治理和政策制定不能只注重经济增长，还应当关注经济增长带来的诸如不健康的生活方式、社会信任度下降、社会焦虑等问题，重视社会支持、政府清廉、个人自由、发展机会、安全保障、文化价值、环境等非金钱财富，将民众幸福感作为制定公共政策时的参考，能直接提高公共服务供给的适配度。在《全球幸福指数报告》《幸福中国白皮书》[3]、幸福地图、盖洛普国际民调等各类报告当中，中国国民幸福感都在逐渐提升，反映出近年来各项重大改革与政策落实在交通、医疗、社保、教育、安全、环境等公共服务上；无论是创新、协调、绿色、开放和共享发展理念，还是供给侧改革、产业结构与城市空间布局优化，都将国民健康、国民幸福感视为公共政策制定和实施的参照标杆。

服务型政府、责任政府的建设并不容易，还面临"中等收入陷阱""收入分配两极化"等约束与挑战，但是以国民幸福感为切入点，完善政府职能、管理技术和治理手段，持续回应民众诉求，增进其获得感、幸福感和安全感，不仅可以有效攻克难关，还能为国家治理现代化提供强大支撑与动力。

"中等收入陷阱"指的是一个国家人均GDP达到3 000美元左右的时候，此前经济快速增长时期积累的矛盾集中爆发，原有的增长机制和发展模式不

---

[1] Kahneman D，Krueger A B，Schkade D，et al，"A Survey Method for Characterizing Daily Life Experience：The Day Reconstruction Method，" Science，2004，306(3)：1 776-1 780.

[2] 韩茜：《联合国首发全球幸福指数报告 中国内地排名112》，http://discovery.163.com/12/0405/10/7UAR02K5000125LI.html，2020-05-18.

[3] 2017年《幸福中国白皮书》显示，过去3年，随着全面深化改革不断推进，我国国民幸福指数提升39.94%，全国年平均增长率为11.85%。

能有效处理贫富悬殊、环境恶化、政府腐败、社会动荡等问题，劳动力成本无法与低收入国家竞争，尖端技术研发无法与更富裕的国家竞争，无法从低端制造业向高精尖产业转型，只能重复投资生产低端产品，以致经济活力逐渐衰竭徘徊不前。[①]

收入分配适度拉开差距能刺激效率，但差距过大却有损社会公平，违背"共同富裕"目标，导致市场需求不足，阶层之间矛盾加剧。现阶段中国社会收入分配差距过大已经成为现实。其一，基尼系数持续多年超过 0.4 接近0.5，虽然有波动，但总体表明贫富差距扩大(表 1-2)。其二，人均实际可支配收入增速持续下降，居民收入集中度急剧扩大，1998 年收入最高 10% 人口和收入最低 20% 人口之间的收入差距是 7.3 倍，2012 年这一差距扩大为23 倍；[②] 2017 年收入最高 20% 人口的平均收入是收入最低 20% 人口的 10.9倍，考虑中位数的平均情况，收入最高 10% 人口的平均收入与收入最低10% 人口的平均收入倍数一定相当可观。其三，城乡、区域和行业收入差距较为明显，东部地区居民平均收入水平最高(图 1-1)；城乡发展仍然不平衡、二元结构问题依旧严峻，实际人口自由流动仍有障碍(图 1-2)；电力煤气、采掘、金融与信息计算机软件业等带有垄断性和资源性的知识与资本密集行业平均收入最高，而农林牧副渔行业收入则最低(表 1-3)。

表 1-2  2000—2017 年中国基尼系数

| 年份 | 基尼系数 | 年份 | 基尼系数 | 年份 | 基尼系数 |
|------|----------|------|----------|------|----------|
| 2000 | 0.409 0 | 2006 | 0.487 0 | 2012 | 0.474 0 |
| 2001 | 0.403 0 | 2007 | 0.484 0 | 2013 | 0.473 0 |
| 2002 | 0.433 0 | 2008 | 0.491 0 | 2014 | 0.469 0 |
| 2003 | 0.479 0 | 2009 | 0.490 0 | 2015 | 0.462 0 |
| 2004 | 0.473 0 | 2010 | 0.481 0 | 2016 | 0.465 0 |
| 2005 | 0.485 0 | 2011 | 0.477 0 | 2017 | 0.467 0 |

资料来源：历年《中国统计年鉴》。

---

[①] Indermit Gill, Yukon Huang, and Homi Kharas, "East Asian Visions: Perspective on Economic Development," Washington DC, *The International Bank for Reconstruction and Development*, The World Bank and the Insititute of Policy Studies, 2006.

[②] 罗旭：《调查称内地居民收入差距达 23 倍 行业差距达 8 倍》，人民网，2012-10-23。

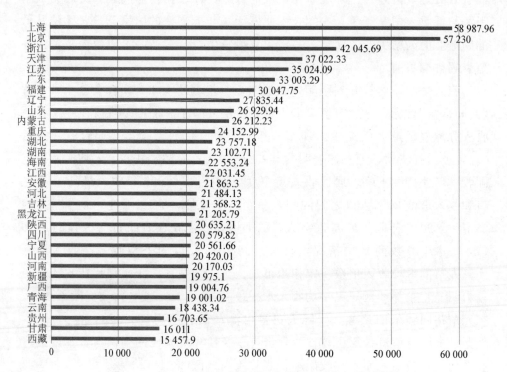

图 1-1　2017 年我国各省份居民人均可支配收入（元）比较

数据来源：付一夫：《数据告诉你：中国人的收入差距有多大？》，投资者网，2020-06-05。

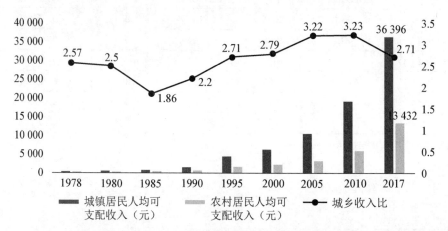

图 1-2　1978—2017 年我国城乡居民人均可支配收入差距

资料来源：付一夫：《数据告诉你：中国人的收入差距有多大？》，投资者网，2020-06-05。

表1-3　1978—2017年我国城镇平均工资最高和最低的行业比较

| 年份 | 人均工资最高行业及平均工资水平/元 | | 人均工资最低行业及平均工资水平/元 | | 差值 | 比值 |
|---|---|---|---|---|---|---|
| 1978 | 电力煤气 | 850 | 社会服务 | 392 | 458 | 2.17 |
| 1990 | 采掘 | 2 718 | 农林牧渔 | 1 541 | 1 177 | 1.76 |
| 2000 | 金融保险 | 13 478 | 农林牧渔 | 5 184 | 8 294 | 2.60 |
| 2005 | 信息传输、计算机服务业和软件业 | 38 799 | 农林牧渔 | 8 207 | 30 592 | 4.73 |
| 2010 | 金融业 | 70 146 | 农林牧渔 | 16 717 | 53 429 | 4.20 |
| 2017 | 信息传输、计算机服务业和软件业 | 133 150 | 农林牧渔 | 36 504 | 96 646 | 3.65 |

资料来源：历年《中国统计年鉴》。

收入分配公平程度直接影响社会成员的幸福感、满意度和获得感，对社会成员的亲社会程度施加重要影响。社会不满、成员之间相互不信任、戾气横生等大多与收入差距过大引发的公众心理失衡有关，在特定条件下受某些因素刺激后，这些情绪会突然爆发进而释放巨大的破坏能量，弱化集体主义和爱国主义，削减民族凝聚力，最终危及社会稳定与国家安全。如果不能有效解决收入分配、民生福利和财富增长不协调的现实状况，那么高速发展积累起来的各类社会问题将进一步激化，加剧"中等收入陷阱"威胁。

要突破上述现实约束、跨越中等收入陷阱、达成小康社会建设目标，提高政府治理能力现代化水平刻不容缓，而提升国民幸福感是一个非常切实的切入点。基尼系数和财富集中度现状也表明，从国民幸福感出发回应民众需求是政府治理能力改善的良好契机。从发达国家和成功跨越中等收入陷阱的赤道几内亚、希腊、中国香港、爱尔兰、以色列、日本、毛里求斯、葡萄牙、波多黎各、新加坡、韩国、西班牙等13个经济体的治理经验看，突破中等收入陷阱、迈入更高收入经济体行列，需要政府、市场和社会多元主体共同发力。中国现阶段的结构性过剩和结构性不足并存的问题，反映的是民众多样化需求并没有随着经济发展和民众生活水平的提高而得到有效满足，而发展不平衡问题则是生产要素配置长期失衡的结果，以致整个经济体结构功能下降，收入差距扩大。因此，无论是"供给侧改革"还是"西部大开发""中部崛起""东北复兴""京津冀协协调发展""雄安新区"，或是"社会主义新农村""脱贫攻坚""乡村振兴"，均着眼于补足短板，不断满足人民日益增长的美好生活需要，保证国民有更多获得感和幸福感。

## 1.2.3 政府治理核心是保底线强监管

在中国历史与现实条件下，中国梦的实现过程离不开政府、市场和社会的合力，但毫无疑问政府在其间起着主导作用。经济发展模式和经济结构转型需要政府介入和推进，如上海自贸区、雄安新区、新型城镇化、乡村振兴、京津冀一体化等。林毅夫与张维迎"世纪之辩"争论的焦点并非政府干预或不干预市场，而是如何处理好政府与市场的关系，充分发挥政府宏观调控作用和市场配置资源的作用。中国特色社会主义道路的确定是国家主导的制度化过程，根本目标是凝聚中国力量，吸纳全社会力量有序参与国家的建设与发展，为此需要确定主流价值观，奠定国民精神基础，明确判断社会事务的是非标准和行为准则。在国际交往领域，政府角色更是不可替代，东盟10+1机制、上海合作组织、博鳌论坛、金砖峰会、"一带一路"倡议、亚洲基础设施投资银行均是中国政府妥善处理国际关系、开展区域与全球合作的突出表现。在环境与生态保护上，需要适配而严格的政府规制与监管、社会组织积极参与监督以及市场主体遵从规制与自律。"美丽中国"要求改变传统GDP政绩观，将重心放在科学合理地划定"生态红线"，平衡经济发展与生态保护上，让"绿水青山就是金山银山"的理念得到有效践行。

政府是基本公共服务和公共物品的供给者，在政治、经济、文化、教育、生态、环境、外交领域均具有主导地位，但其主导性并不意味着事事亲力亲为，而是在发挥社会和市场力量共同参与满足民众多层次多元化需求的过程中，在"保底线""强监管"方面凸显自身责任。公共服务供给主体多元化并不代表削弱政府力量，更不代表政府无须作为、无所作为，相反，政府依凭其独特的合法性权威优势，为弱势边缘群体与行业提供享有基本公共服务的基本保障，对各类参与公共物品供给的企业、社会组织实施准入门槛、质量标准等规制与监管。在寻求经济和政治进步的过程中，政府与市场、社会有效互动形成一个整体，积极向上共同增进国民幸福感和获得感。

"保底线"即"保基本"，包括农产品价格维持、公共工程、劳动条件与时间、最低生活保障、精准扶贫、个人所得税起征点、残疾人救助、基本养老保障、存款保险制度、义务教育等，在生产力发展和社会保障需求之间达成平衡，在普遍的一般保障之外，对特别困难群体与家庭实施社会救济予以保障。"保底线"的范围和标准体现了一个国家对待弱势群体的态度，是检验一个国家文明与良知的标尺，也是大国崛起与民族复兴的重要标志。"检验我们进步的标准，并不在于我们为那些家境富裕的人增添了多少财富，而要看我们是否为那些穷困贫寒的人提供了充足的生活保障。"①这样的举措纷繁多样，如个税起征点提升至 5 000 元、残疾儿童康复救助制度、防控义务教育学生失学辍学、困难群众基本生活临时救护制度、烈属抚恤金不再区分城镇农村，等等。

"强监管"是加强对政府行为、市场和社会组织的监督管理，严格执行规制法律，确保遵守规则与秩序者能得到持久收益，避免"剧场效应"发生。"强监管"强调在放开束缚释放市场和社会活力的同时，对资本趋利、经济人等属性保持高度警惕，不仅强调遏制公权力使用、简化行政许可和审批、执法合规、人员清正廉洁，还注重规范市场行为和完善社会组织监管。前者包括防范不合理投资、禁止非法经营和超范围经营，打击制假售假、操纵垄断和不正当竞争，禁止虚假宣传，维护市场经营者和消费者合法权益；后者注重社会组织准入退出等管理的规范化、制度化与法治化，既为其创造公平公正的发展环境，也要加强其行业诚信与自律的监管，既要通过对筹资和捐赠实施税收优惠、政府购买服务等措施培育其健康发展，也要强化对其业务运营和资金使用的监察，增强其财务信息透明度，开展信用等级评价，推行"黑名单"制度和失信惩戒制度。"强监管"有"禁止"和"允许"两种模式，从效率看"禁止"模式简洁明了，监管有效性较高，特别在关乎民众生命健康安全的领域倾向于禁止模式，如禁止 4 类 24 种固体废物入境，包括生活来源废塑料、钒渣、未经分拣的废纸和废纺织原料等高污染固体废物；新能源汽车一旦发现安全问题立即停止生产销售；没有实体店经营资格的企业，不得在网络平台上销售食品和保健食品；广告代言人在虚假广告中向消费者推荐商品或服务，使消费者合法权益受到损害的，依法承担连带责任。

"保底线"与"强监管"构成了政府治理的核心，缺一不可。不论一个国家多么发达，低保、养老、医疗、教育、住房等民生保障领域总会存在区域不平衡、服务质量参差不齐等短板，需要保障更公平，落实更高效，执行更标准。让弱势群体、困难群众享有与经济发展程度相适应的基本生活保障，让民众能够享有洁净的饮用水、空气和居住环境，以及安全的食品药品，让城

---

① ［美］威廉·曼彻斯特：《大萧条与罗斯福新政（1932—1941）》，朱协译，海口，海南出版社，2009。

乡儿童享有同等的精神关爱……特别需要加强基层政府服务能力，在机构、人员、经费、条件、能力、制度、标准上落实"保底线"与"强监管"，避免三聚氰胺、问题疫苗、扶老被讹、城管暴力、高铁霸座等监管不力的事件重复上演。

"保底线"和"强监管"的范围与程度对国民幸福感有重要影响。中央电视台财经频道《中国经济生活大调查》连续多年对 10 万个家庭的调查数据表明，近几年来，反腐败力度、公车使用改革、政府机构办事效率的改善最让民众满意，但在食品安全、住房价格、司法公正等领域满意度不高，民众普遍期待收入增长、缩小贫富差距和加强医疗养老等社会保障。[1] 而在《中国幸福地图》上，各省受访者最满意最幸福的领域各不相同，但物价、房价、教育、医疗、就业等领域是各地民众共同的"痛点"。[2]

无论人口有多少、无论资源多么匮乏，寻求公平对待，追求公正的社会秩序是人类共性。"我们希望好好地生活在一起。在一个资源匮乏而各人有不同利益追求的社会，要好好地生活在一起，就必须建立起公平合作的制度。这套制度将界定公民的权利和义务，决定社会财富的合理分配，并公正地解决人与人之间的纷争。也就是说，我们希望它不是建基于暴力欺诈恐怖，而是建基于我们能够合理接受的理由。"[3]只有在公平公正的经济与社会制度安排之下，"保底线""强监管"才有可能。

综上，无论国民幸福感是与金钱更有关系，还是更多受到非金钱因素的影响，都与政府治理有关，特别是与一系列经济社会制度安排有关，包括人口众多条件下的人口管理制度、资源匮乏约束下的社会财富与发展机会的分配制度、政府干预机制等，经济社会制度安排的公正程度决定着国民的亲社会程度。亲社会意味着对社会和他人抱有美好乐观的心态，较少持有抱怨愤恨等负面情绪，自愿对社会和他人友善，具有社会互动性、利他性和互惠性等特征。通常在更公平公正的经济与社会制度条件下，较高程度的亲社会行为才有可能出现。

# 1.3  政府治理水平直接关乎公信力

"你信任谁，谁就会真心对待你；你待别人高尚，别人也会高尚地待

---

[1]  《中国经济生活大调查》，http://jingji.cntv.cn/special/jjshddc，2020-05-18。

[2]  清华大学社会学院、新浪微博数据中心，《2016 年幸福中国白皮书》，https://data.weibo.com/report/reportDetail?id＝366，2020-05-18。

[3]  周保松：《走进生命的学问》，载《南方周末》，2011-01-13。

你。""信任是一座桥梁，能沟通人与人之间的感情；信任是一把钥匙，可以打开彼此的心房。"①爱默生(Emerson)关于"信任"的论断强调人与人之间相互依赖是社会良性运转的基石，值得信任的个体或群体之间能以极低的沟通成本达成共识，并践行道德准则、法律政策或其他先前的承诺。在心理学语境当中，信任是个体对他人话语、承诺和声明是否可依赖的稳定期望，特定情境下个体愿意向其他人暴露自身弱点而不担忧被伤害或被利用，从而达成合作博弈。在不确定和信息不对称的情况下，信任建基于肯定或赞许其他人或组织的知识、能力、诚实或正直，主动放弃对其的监督与控制。如果说"信任"更多是价值观、态度、情绪、经验等相互交织的心理活动产物，那么"被信任"则是个体或组织能够不辜负他人期待、履行其职责或承诺的能力。通常，被信任的个体或组织能够比较容易地影响他人，一旦信任遭遇破坏将很难修复。从影响力和沟通成本看，信任是一种极其重要的心理资本和社会整合力量。社会信任程度在深层次上是社会秩序良性运行和社会存续的必备条件，普遍的信任破坏或信任缺失可能导致社会无序。由此，"信任""被信任""建设信任"和"破坏信任"具有明确对称性。

## 1.3.1　政府公信力是政府治理水平的重要标志

政府公信力是人际信任向政府等公共部门的扩展，社会成员信任和遵从现行法律政策，相信公权力受到有效制约、能维护社会公平与公正，进而形成良好的社会秩序。政府公信力与政府权威性、影响力和号召力直接相关，是政府行政能力和公众对政府满意度的客观结果，是政府信用、政府形象或声誉的另一种表现，建设政府公信力是各级政府的应有职责。

霍布斯的自然法要义主张天赋人权，但是自然状态下的个体是自由的，同样也是危险的。任何不受约束的自由不是自由，一个有权威性的裁判机构应运而生，其权威来自公众向其让渡的部分权利。② 这一得到公认的政府及其权威起源，意味着政府的终极目标是维持公平公正、争取公众信任、建构政府公信力，而不是成为"利维坦(Leviathan)"。现代行政学理论进一步明确，政府是接受公众委托行使行政权力、供应公共物品的代理机构，当公众

①　Ralph Waldo Emerson, *Collected Essays: First* (1841) *and Second* (1844) *Series*, London: DoDo Press, 2007.

②　[英]霍布斯:《利维坦》，黎思复、黎廷弼译，北京，商务印书馆，1985。

期待落空或利益受损时，政府公信力必然受损。

政府公信力包含公众对政府的信任和政府对公众的信用，其前提和核心都是"政府信用"。政府信用是公众、企业和社会组织对政府治理成效和信誉的主观评价，公众根据特定事务中的政府行政行为决定是否信任政府，具体表现为对政府形象的认知、情感、态度、情绪、期望和信念等。

政府公信力良好在现代民主法治条件下是"责任政府"和"服务型政府"的重要标志，意味着民众对政府权威合法性的认同，有益于"政通人和"。公众、企业与社会组织相信政府决策过程的公正性和决策方案的合理性，相信政府能够及时回应诉求，相信政府工作人员依法勤政，廉洁奉公，进而愿意配合政策要求，政策执行中的沟通协调成本自然大幅减少，公共行政效率则相应提高。在不确定的变革时代和开放社会中，良好的政府公信力很容易打破公众与政府之间、组织与组织之间的樊篱，促使人们实现跨部门和跨地区合作。相反，公信力缺失的政府在行使其权威时往往遭遇阻力，政策风险比较大，容易酝酿滋生群体性公共突发事件，危及社会稳定和社会秩序。朝令夕改、弄虚作假、懒惰殆政、履责不力、不回应公众诉求、服务态度欠佳、与民众利益相关的决策过程不透明、贪污受贿……均会导致政府公信力缺失。

政府公信力作为公众对政府信用的主观评价，可以转化为"政府能在多大程度上被公众所信任"的问题。"爱德曼信任度晴雨表（Edelman Trust Barometer）"调查将这一问题转化为"你在多大程度上相信政府机构在正确行事"[①]，请超过 25 个国家的数万名 18 岁以上公众的"普通大众"和"有识公众"做出"相信""中立"和"不相信"的判断。2010 年度中国民众对政府的信任度为 74%，2011 年度上升为 88%；而美国同期的政府信任度分别是 46% 和 40%。2017 年度全球对政府平均信任度从上年的 50% 下滑为 47%；其中，

---

① 全球最大独立公关公司爱德曼，从 2001 年开始展开"信任度晴雨表"随机网上问卷调查，每年发布《爱德曼信任度报告》持续评价政府机构、商业机构、非政府组织和媒体的被信任程度。调查地区包括：亚洲的中国、韩国、日本、马来西亚、印度尼西亚、新加坡、印度、阿联酋、土耳其；欧洲的德国、法国、英国、意大利、西班牙、爱尔兰、荷兰、瑞典、波兰、俄罗斯；北美洲的美国、加拿大、墨西哥；南美洲的巴西、阿根廷、哥伦比亚；非洲的南非；大洋洲的澳大利亚。每个国家和地区的受访者都包括 18 岁以上的"普通大众"和"有识公众"。其中，"普通大众"代表总人口的 85%；"有识公众"代表总人口的 15%，年龄在 25～64 岁，拥有高等学历，家庭年收入位于该国家（地区）该年龄组的前 25%，有阅读或观看商业媒体或新闻的习惯，并持续关注新闻中的公共政策信息。在"有识公众"组别，每个国家（地区）调查 200 人，美国和中国调查人数分别为 500 人。

中国政府信任度为76%，印度和阿联酋为75%，美国为47%，法国和意大利的政府信任度最低，72%的法国受访者对其制度体系表示失望。[①] 2018年度调查报告显示，中国民众对政府信任度依然位居首位，普通民众对中国政府信任度达到84%，高学历高收入群体对政府的信任度更高达89%；阿联酋、印度尼西亚、印度等国紧随其后（均超过70%）；虽然数据显示美国本土经济向好，失业率10年来最低，但美国政府信任度大幅下降到33%，陷入前所未有的与经济危机、重大灾难无关的信任危机当中；欧盟诸国政府信任度因难民问题、欧债危机的影响而普遍较低（图1-3）。进一步地，在中国有68%的受访者认为政府机构能够带领民众创造更美好的未来，而美国只有15%的受访者相信政府可以承担起这一职责（图1-4），59%的受访者认为政府运营欠佳。[②]

总体看来，政府公信力通常是本国民众对其政府治理能力和成效的认可程度，具体包括三个方面内容：①认可执政者政绩，对未来向好发展趋势抱有信心的程度；②认为政策合理、社会环境稳定、未来可期的程度；③对现任领导人诚信和能力的认可程度，特别在处置重大事务和突发事件上是否快速准确。因此"爱德曼信任度晴雨表"只在一定程度上反映了政府公信力状况，各国民众对政府信用或政府信任的看法、对政府的期待和要求不尽相

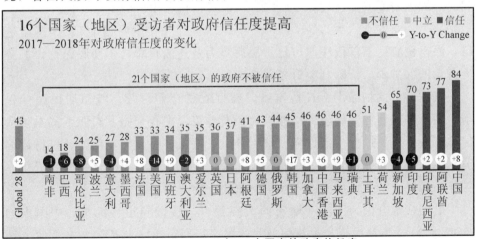

图1-3　2017—2018年28个国家的政府信任度

① 《2016爱德曼全球信任度调查报告》，http://www.199it.com/archives/562769.html，2020-06-10。

② 《2018爱德曼信任度调查全球报告（英文版）》，https://max.book118.com/html/2019/0702/5242133033002102.shtm，2020-06-10。

图 1-4　中美两国政府带领民众创造更美好未来的信任度比较

同，信任度低不一定意味着信任危机，还需要结合其他指标，如公共物品供给、政府清廉、国民幸福感、安全感等，才能做出准确判断。[①]

中国政府信任度在爱德曼信任度晴雨表中一直居于前列乃至首位的主要原因有：

其一，经济持续稳定增长。2003—2007 年年均增速超 11%，从重速度与规模向重结构、质量和民生的发展转型平稳；2010—2016 年经济增速从 10.6% 缓慢降至 6.7%，其间没有出现重大危机，高新技术产业快速发展的同时，城镇新增就业连续 5 年(2013—2017)保持在 1 300 万人以上。[②]

其二，党的十八大以来，"老虎苍蝇一起打"的"反腐倡廉"工作持续进行，深得民心。不仅依法严厉打击黑恶势力及违法犯罪，还彻底深挖黑恶势力背后的保护伞、铲除利益链条，振奋民心。

其三，公共物品供给日益丰富，新型农村合作医疗、城镇居民医疗保险、城乡普惠性养老保险、义务教育免费政策、国有企业下岗职工基本生活保障、城乡居民最低生活保障、贫困补贴、残疾补贴、失业保险、村村通公路、高速公路和高速铁路等基础设施建设、个人所得税起征点提升、退伍军人保障等民众所关注的问题不断得到解决，前景很乐观。

其四，综合国力因经济增长而大幅提升。按世界银行标准，中国人均 GDP 在 2010 年首次迈入中等偏上收入国家行列，2016 年迈入中高等收入国家行列，与全世界人均 GDP 水平之间的差距进一步缩窄(表 1-4)，民众的民

---

① 张蕴岭：《中美政府公信力为何有这么大差距》，载《环球时报》，2018-01-25。

② 田进：《经济学家调查：预计 2018 年全年经济增速为 6.7%》，载《经济观察报》，2018-03-23。

族自豪感、自信心、归属感油然而生。

表 1-4　2008—2018 年中国人均 GDP 增长变化　　　单位：美元

| 年份 | 2008 | 2009 | 2010 | 2011 | 2012 | 2013 | 2014 | 2015 | 2016 | 2017 | 2018 |
| --- | --- | --- | --- | --- | --- | --- | --- | --- | --- | --- | --- |
| 人均 GDP | 3 315 | 3 678 | 4 277 | 5 434 | 6 076 | 6 629 | 7 485 | 8 016 | 8 123 | 8 643 | 9 800 |

注：①数据来源于 2009—2018 年 World Bank 报告"The Global Economy by GDP"；②根据世界银行 2008 年提出的标准，人均 GDP 低于 975 美元为低收入国家，976～3 865 美元为中等偏下收入国家，3 856～7 939 美元为中等偏上收入国家，7 940～11 905 美元为中高等收入国家，高于 11 905 美元的为高收入国家。

其五，历任国家领导人的能力和魄力得到民众认可。无论是毛泽东思想、邓小平理论、江泽民"三个代表"重要思想、胡锦涛"科学发展观"，还是习近平新时代中国特色社会主义思想，一代又一代中国领导人回应时代挑战，不断推进改革，攻克一个个难关，给予了民众"无限可能"的想象空间。

然而，新媒体时代的政府公信力容易受负面报道、负面论点的影响，微博、微信公众号等自媒体平台比较倾向于讨论"不满"话题以获取公众注意力。在收入分配两极分化、社会阶层结构日趋固化等背景下，如贪腐案频发，食品药品安全问题屡屡爆出，环境污染与自然灾害应急不力，机关工作作风不良、工作人员服务态度不佳、执法方式粗暴，突发事件应急处置策略失当乃至现场处置领导话语不当、举止失措等都会引起民众围观和评论，当人们将自身经历与事件对比叠加之后，不满情绪便会逐渐滋生。对此，倘若回应不及时、回应态度不佳、回应策略不严谨，当事机构或当事人很容易再一次陷入舆论风波，形成"滚雪球"效应，损害政府公信力，最典型的莫过于"临时工"现象。

"临时工"又名"劳务派遣人员""编外人员"，是与"正式工"相对应的一种用工类型，文化程度普遍不高、工资待遇低，在城管、交管、治安等行政部门广泛存在，招聘临时工的初衷是补充因职数限制导致的用工空缺，谓之"协管""协警""协勤"或"联防"。近年来在一些涉及政府部门、企事业单位与公众的冲突事件当中，最终都由"临时工"承担直接责任。这种将临时工当作"替罪羊"，堪称"丢卒保车"策略的政府形象危机应急处置模式先后在温州红十字会善款遗失、山西学校锅炉爆炸、延安城管"爆头"执法、江西修水女警发飙、郑州房屋拆迁"抛荒"、辽宁贫困县书记乘坐豪车、吉林市政务大厅"懒政"等事件中频频出现。在公众质疑、嘲讽、不相信甚至反感的情绪引导下，在"为什么出事的总是'临时工'"的舆论氛围中，当事机构官方回应里的"临时工"并未能成为预期中的挡箭牌，反而成为一面映射和放大当事机构人浮于事、敷衍推诿、官僚主义的显微镜。临时工"背锅"现象只会被一笔一笔地记到政府账上，累积成庞大信用债务，导致政府权威性和公信力面临陷入"塔西佗陷阱"的风险。

综上所述，信任、信用是社会秩序良性运转的基础。民众对政府的信任是国家治理与社会发展的柱石，来自决策过程透明、政府信息公开、政府清廉、行政效率、公共物品供给及其质量、行政人员态度、领导者能力和品德、履职有力，等等。一个负责任、高效率、有回应性、务实廉洁的政府，一定是具有公信力的政府。

联合国 2007 年将"建立对政府的信任"确定为政府创新的国际论坛主题，号召各国关注"政府公信力建设"问题。而中国在此前就将"政府公信力"问题提上党政会议议事日程，《中共中央关于构建社会主义和谐社会若干重大问题的决定》、党的十七大报告、国家"十二五"规划，都将"政府工作透明度"和"公信力"作为政府管理创新和行政体制改革的指引。只有政府公信力良好，才能引导不同群体之间相互信任与合作，形成具有"高信任度"的社会结构，进而减少社会运行和治理成本。

## 1.3.2  政府治理须谨防"塔西佗陷阱"与公权力异化

"狼来了""烽火戏诸侯"不只是寓言故事、历史掌故，更是现实中经常发生的案例。在政府治理领域，政府公信力一旦损毁，就会产生多米诺骨牌效应，陷入"塔西佗陷阱"。这个陷阱有一个流传了近 2000 年的警句："一个执政者(或"皇帝")，一旦成为人们憎恶的对象，他做的事不论好坏，都会招致同样的不满甚至厌恶。"①这一警句与罗马帝国皇帝加尔巴(Galba)的执政不当有关。

加尔巴在反对罗马帝国暴君尼禄的起义中，因受各方信任被推举为执政官，但这份公众信任未能延续下去。根据塔西佗的《历史》记载，加尔巴在"皮卡托(Capito)案"和"马吉尔(Macer)案"中存在处置不当、用人失察等错误，引发民众怀疑。"皮卡托案"和"马吉尔案"都涉及反叛行为，受加尔巴派遣调查的法官发现，马吉尔反叛行为成立，随后根据完备的司法程序将之处以极刑；而皮卡托并没有反叛行为，却未经司法审判就被其上司直接处死。

---

① ［古罗马］塔西佗：《历史》第一卷，王以铸、崔妙因译，7 页，北京，商务印书馆，1985。

舆论认为是皮卡托的上司有反叛行为，皮卡托是被其上司抛出来顶替罪名的。此时，加尔巴应当及时回应这种舆论。但是，加尔巴却装聋作哑，被民众解读为"默许军中将领的做法"。逐渐地，一个有关"皇帝默许了此事"的阴谋论悄然流传。不仅如此，此前有反叛行为且按司法程序被处死的马吉尔也被民意"反转"，加尔巴的公信力由此严重受损，一年之后在政变混乱中被杀。

纵观古罗马历史，客观而言，加尔巴是一个相当重视廉洁和行政效率的执政官。然而，他在"皮卡托案"上的糊涂表现致其丧失民心，加上他在高卢地区横征暴敛，最终导致他的败亡，罗马也因此陷入了一段更加血腥的混乱时期。"尽管加尔巴的许多所作所为，可以证明他是一个出色的元首，但是他凭这些品质所赢得的热爱，远不及他以相反的行为所引起的痛恨。"[①]而塔西佗发出的感叹则启发后世学者提出了"塔西佗陷阱"（Tacitus trap）。[②][③] 该陷阱认为，当政府一次一次丧失信用以后，公众就会对其决策和公布的信息普遍持疑虑态度。在此状态下，没有人再关心政府说的是真话还是假话，不管政府出台的政策对民众是有利还是不利、所做的事情是利国利民还是祸国殃民，群众都视其说假话、做坏事。换言之，当政府不受公众信任的时候，政府无论做什么、无论怎么样做都会被怀疑、被批评。

讨论"塔西佗陷阱"离不开对"公权力"及其行使的认识。从人们自愿让渡部分权利给权威机构后，人类社会生活就被分为"国家政治生活"和"市民社会生活"两大领域，分别接受"公法"和"私法"的规范与约束。所谓"公法"是有关国家稳定的法律，而"私法"是涉及个体利益的法律。依照公法享有的权力被称为"公权力（public power /state power）"，依据私法享有的权利被视为"私权利（private right）"，公权力存在总是以私权利存在为前提的。公权力通常与公共权力、国家权力、公共管理权力等概念交叉使用，以维护公共利益，促进社会公平正义，保障个体权利。它通常由国家机关行使、国家机关工作人员具体执行，在公共物品和公共服务供给分配、组织指挥和管理全体

---

① ［古罗马］苏埃托尼乌斯：《罗马十二帝王传》第七卷，张竹明、王乃新、蒋平译，北京，商务印书馆，2000。

② 潘知常：《谁劫持了我们的美感》，上海，学林出版社，2007。

③ 谌徐彬认为"子贡陷阱"更为精准。子贡曾曰"纣之不善，不如是之甚也。是以君子恶居下流，天下之恶皆归焉"，强调君子应当爱惜名誉和公信力，不要行没有信誉的下流行为，否则会招来谣言，就是辟谣也没有用。

社会成员就共同事务与公共问题达成共识、制定和执行政策法律等领域发挥作用，必须能够代表民众的根本利益，否则就会丧失公信力。

"塔西佗陷阱"表面关注的是政府公信力，其内核却是公共利益及其决定的民心向背，这一点与中国共产党倡导的"群众路线"完全相同。任何一个执政党、任何一个政府，如果无视公众利益和民意，就会被公众抛弃，"如果群众观点丢掉了，群众立场歪了，群众路线走偏了，群众眼里就没有你……就会危及党的执政基础和执政地位"①。

公权力旨在维护促进公共利益，但它应当存在边界，受到约束。早在中世纪，"公民国家与市民社会的分立使国家有了自己的'边界'，它再也不能像绝对国家那样超过这个'边界'去任意地支配或处置市民"②。私权利是公权力正当性与合法性的根据，也是公权力的最终目的。公权力与私权利并行使得国家治理从政府的一元格局转变为政府与社会并存的二元格局，有益于实现良性的国家治理和社会治理。但真正实现这一构想的前提是公权力有明确的、可控的边界，公权力行使也应当着眼于保障私权利、增进公共利益，而非随意渗透到私权利范围。"国家权力的行使不得违背人民的意志和利益，立法机关不得制定有损于人民利益的法律，政府机关及其官员不得做有悖于人民利益的事，国家权力运用的唯一目的是人民的福利"③，一方面在社会利益分配的立法与政策制定过程中反映各权利主体的利益需求，另一方面允许社会通过政治参与寻求更好的发展空间和更全面的权利保障。

公权力运行必须遵循"权力法定"规则，公权力行使机关不得享有法定权力之外的权力，"法不授权不得行"。然而，公权力存在不断向外扩张的天然冲动。"全人类共同的爱好，便是对权力的永恒的和无止境的追求。"④"一切有权力的人都容易滥用权力，这是万古不易的一条经验，有权力的人们使用权力一直到遇有界限的地方才休止。"⑤这与权力所具有的"控制""支配"等本质属性有关。公权力一旦失去监督、控制和约束，就会成为某些组织或个人谋取私利的工具，出现公权私用、以权谋私等滥用权力的异化现象，违背公

① 2014年3月18日习近平在河南省兰考县委常委扩大会议上的讲话。
② 张康之、张乾友：《对"市民社会"和"公民国家"的历史考察》，载《中国社会科学》，2008(3)。
③ ［古希腊］亚里士多德：《政治学》，吴寿澎译，30页，北京，商务印书馆，1981。
④ ［英］霍布斯：《利维坦》，黎思复、黎廷弼译，72页，北京，商务印书馆，1986。
⑤ ［法］孟德斯鸠：《论法的精神》，张雁深译，151页，北京，商务印书馆，1986。

权力的社会契约基础，产生公权力和私权利之间的冲突。因此，厘清公权力边界非常必要。

公权力边界有内部边界和外部边界之分，内部边界着眼不同类型公权力的权责明晰，便于高效率履责，以免推诿卸责；外部边界强调公权力通常情况下不得介入私权利和私权利范围，除非私权利行为产生了外部负效应，或者私权利主体内部难以救济或无力解决问题。公权力越界通常发生在公权力对私权利的边界领域。依照法律规定，未经法律正当程序，公权力不得剥夺任何公民的生命、自由与财产，但在必要情况下，如基于公共利益的需要可以对私人财产予以征收（应当给予合理补偿）、限制公民自由。然而，由于公权力的利益属性、强制性和本身的"幻觉"容易导致越界现象发生。

公权力行使离不开设置具体机构、配置具体人员并向其授权。这些机构和人员存在利用所掌握权力寻求自身利益最大化的动机，这一动机可能使公权力突破边界谋求不当利益。公权力边界的相对性与模糊性创造了这一可能转变为现实的支撑条件，典型如自由裁量权，倘若私权利未能察觉或者察觉但未能有效抵制，公权力越界行为就会发生。值得注意的是，在"公共利益"名义下，公权力有时会陷入某种"自我制造的幻觉"当中，认为公权力不但是不可或缺的，而且是无所不能的。这就为越界提供了一个正当理由，即：为了维护公共利益，公权力不必恪守既定边界。[1]

公权力异化作为公权力越界的结果，表现形式繁多，包括以权谋私、权钱交易、玩忽职守、监守自盗、贪污腐败、违法行政、暴力执法、机构臃肿、办事拖拉、推诿扯皮等，都可归为"公权力私有化""公权力商品化"和"公权力官僚化"三种类型。如果不加遏制，公权力会不断越界扩张，最终导致政府权力合法性基础的坍塌。

当前中国社会舆论显示，很多民众对公权力机构和工作人员的职业素养、服务态度、突发事件处置能力、工作效率、廉洁程度持怀疑心态，将三聚氰胺事件、瘦肉精事件、塑化剂事件、问题疫苗/假疫苗、山东寿光水灾、滴滴顺风车命案的发生归咎于有关政府部门履职不当、监管不力；而"出问题都是临时工"的回应也被看成有关官员推卸责任的普遍操作，即使出问题该承担责任的人真的是临时工。这些现象固然可以在政府公信力范畴内解读，但更需要警惕的是，这些现象也许是公权力官僚化的结果。

① 潘爱国：《论公权力的边界》，载《金陵法律评论》，2011(1)。

政府公信力下降是一种舆论现象，但其根源是公权力出现了越界、扩张乃至异化，是严重脱离民众和忽略民众根本利益的表现。以"塔西佗陷阱"做警示，重视重塑政府公信力的指向应该是规范和约束公权力。"现在，脱离群众的现象在某些方面比十年前、二十年前、三十年前更突出"的主要原因是"一些党员、干部宗旨意识淡薄了，对群众的感情变化了，作风问题突出了"①，不仅导致政府公信力受损，还在主动消解公权力的合法性基石。

由此可见，只有在"公权力"和"避免公权力异化"的语境下，讨论"塔西佗陷阱"才有实际价值，才能超越针对政府公信力受损的浅层次应对策略思维，回归到国家与社会、公法与私法、公权力和私权利等本源，限制公权力行使主体的自由裁量权范围，监督公权力主体行使权力过程，加强对私权利主体的救济。

具体而言，在政策制定层面，以实际调查为基础，关注民众所关注的问题；在政策执行层面，依法行政的同时，注重工作方式方法，特别注重与民众良性沟通，争取民众支持配合，避免行政人员行为失范引发公众质疑和反感；在回应公众质疑时，诚恳务实，不推诿逃避，勇于承认错误和改正错误。《国务院关于规范公安机关警务辅助人员管理工作的意见》(2016)明确了对"辅警""协警"实施"谁使用、谁管理、谁负责"准则，解决了"临时人员"法律地位不明、职责权限模糊(滥用职权)、管理使用混乱的问题，向公众表明政府有改正错误、规范约束公权力、向有序治理方向迈进的勇气和实际行动。

对梦想、政府治理与公信力的认识，仅仅是关注真问题、形塑公共管理思维的起点，只有在真正理解了冲突、危机、问题、挑战与威胁对政府治理的价值之后，才能从公共管理思维高度探索"政府是什么""政府做什么""政府如何做"和"政府为何如此行动"等深层次问题。

---

① 姚茜、李源：《习近平提过的三个"陷阱定律"都是啥》，中国共产党新闻网，2016-05-18。

# 第 2 章
# 政府做什么：治理内容

"管理社会公共事务"即"做什么"，是政府治理内容的具体化表现。政府"做什么""做对什么""不做什么"均与政府合法性、权威性和公信力有莫大关联。

## 2.1　政府的本质

### 2.1.1　政府是接受委托的有限政府

政府被公认为是接受公众委托行使权力的代理机构。人们通过订立契约联合为一个共同体，自愿放弃判定是非、担当保护等权利职责并将其交给被指定的人或机构，即政府，按照一致同意的规定来行使权力，以便更好地保护自身安全、财产和自由。天赋人权意味着"平等和独立，任何人都不能侵害他人的生命、健康、自由和财产"，虽然很美好但不能长期存在下去，因为缺少一种稳定的、人所共知的法律作为判断是非和裁判纠纷的法则，也缺少一个有权按照既定法律来裁判纠纷的公正审判者，还缺少合法权利来支持正确的判决和有力的执行。正是基于上述需要，政府得以产生。

在洛克(John Locke)看来，政府的首要目的在于保护个人财产，其次是保护个人基于财产处置多样化选择基础上的自由。[①] 相应地，政府在规模、职能、权力和行为方式上受到法律和社会的严格限制和有效制约，是有限政府(limited government)，政府与公众之间的契约关系只涉及部分权力转让。有限政府拥有的立法和执法权限建立在市场自主、社会自治基础上，是为了

① ［英］洛克：《政府论（上篇）》，叶启芳、翟菊农译，北京，商务印书馆，1964。

守护文明社会的自然权利，确保人的生存、自由和财产权利不受侵害。

因此，政府是公共行政权力的载体和行为主体，不仅负有安全保卫、维持社会秩序运转的责任，还承担政治稳定、经济管理、社会协调和价值导向的职责，覆盖了社会事务与公众生活的方方面面，并随着社会发展而不断调适。政府通过发布行政命令、公共政策、行政法规与行政规章，行使行政裁决、行政处罚和行政监察等权力履行职责，是国家权威性的表现形式。由此，政府本身不是目的，而是为公众服务、以公共利益为导向的公共组织，其根本目的是让公众更有幸福感、获得感。

政府与公司企业、社会组织、慈善部门等其他类型组织存在根本差异，这些差异也正是政府存在的根本目标，界定了政府与其他组织之间的关系。政府存在与运行是为了实现四个根本目标，即责任性、合法性、效率性和公平性，表示政府负有公共服务和公平分配职责，并以此维护自身合法性权威，但资源有限性要求政府履职必须考虑效率。

政府目标的多重性反映了政府的多重价值追求，既要符合宪法和法律精神，又要积极响应外部需求，还要在组织内部和外部创造公平竞争，因而四个目标之间存在不可避免的冲突。效率性更多体现了道德哲学层面的功利主义（utilitarianism）取向，约翰·斯图亚特·密尔（John Stuart Mill）、杰里米·边沁（Jeremy Bentham）等人主张以实际功效或利益作为道德标准。其中，基于边沁主义的边际效用学派主张以最小痛苦代价实现最大幸福，追求最大多数人的最大幸福是政府的基本职能。然而，功利或效用并非人类行为的唯一动机，快乐也并非道德的唯一评判标准，事实上人是丰富多彩的社会主体，除了追求最小代价获得最大幸福之外，还追求被公平地对待。相应地，政府不仅应当追求大多数人的最大幸福，为公众提供尽可能多的公共物品和公共服务，还有责任为人们追求幸福创造公平条件和发展机会。

以合法性、责任性、公平性和效率性为核心，政府具有合法性、公共性、社会性、非排他性、服务性、公开性和非营利性等基本特征。以公共服务和公共物品供给为例，政府基本特征表现在两个方面：其一，公共物品和公共服务提供虽然是一种通过完整"政治过程"的决策结果，但其资金来源却是由税收、债务等构成的公共资金，即便有"使用者付费"机制，也仅仅是一种工具选择问题，并不能完全排除公共资金的角色；其二，政府主导着公共物品与公共服务的供给范围和类型，但其动机不是赚取更多利润，而是出于提升公共服务本身价值，履行自身责任回应公众诉求，维护自身合法性权威等目标。

整体而言，政府目标"不在于营利，而是提供市场关系之外的公共保护、资源、管制、教育和卫生"条件，包括：创造企业家良性竞争环境；在基本公共服务方面，不会因为利润太低就拒绝提供服务，在公众负担不起时还要尽力通过降低价格或者提供财政补贴等方式提供服务。公共服务和公共物品通常不在市场上交易，而且能够得到政府的财政支持和监管。在采用"使用者付费"甚至出售给私人部门运营的公共事业领域，虽然政府获得了税赋之外的公共财政收入途径，但并不意味着其不再承担公共服务职责，相反，政府对公共服务质量负有更重要的监管职责。

例如，滴滴打车、滴滴专车、滴滴顺风车等借助 IT 创新的新出行方式，为民众提供了更多便利，还盘活了小汽车存量，创造了新的就业岗位，然而乐清滴滴顺风车司机杀人案、郑州空姐顺风车遇害案表明，虽然市场自主交易可实现有效配置资源，但是它不能自动保障乘客安全，交管部门对滴滴顺风车等新出行方式的监管是滞后的。问题疫苗、假疫苗事件、"校园贷"也揭示出同样的问题。新问题与新挑战要求政府创新更高标准的监管模式，以前置性预防替代事后追责惩罚。

不同国家执政者对政府目的有不同理解和看法，中国在《2018 年政府工作报告》中明确指出，政府工作的根本目的是让人民群众更有获得感。[①] 自1978 年以来，中国在改革道路上从未停歇，不断破除体制机制弊端，增强发展动力，持续推进区域协调发展和新型城镇化战略，有效治理环境污染、建设生态文明，加强社会治理，确保人民生活和谐稳定。这一过程中，注重提高居民收入水平、保障和改善民生、扩大社会养老保险覆盖率、解决人民群众最关心的问题、增进人民群众获得感始终是政府工作的重中之重，比如，通过深化公立医院综合改革，协调推进医疗价格、人事薪酬、药品流通和医保支付改革，提高基本医保和大病保险保障水平，缓解部分群众看病难和看病贵的问题。

## 2.1.2 政府职能是政府本质的具体表现

政府本质的具体表现是政府职能，其宗旨是通过包括政治、经济、文化等各项职能的具体化运作过程来实现社会效率与公平，基本途径是通过公共

---

① 李勤余：《政府工作的根本目的，是让人民群众更有获得感》，光明网，2018-03-06。

政策的制定与执行，为全体国民提供国防安全、天气预报、新闻播报、道路交通、大型基础设施、义务教育、基本医疗等基础性公共物品和公共服务，具有公共性、法定性、执行性、强制性、动态性等基本属性。公共政策方案的优劣取决于政府治理能力高低。

政府职能是政府治理的根本要求和核心内容，也是政府组织体系与机构设置的基本依据，只有首先确定了政府部门职责，才能确定内设机构具体职责、人员编制和领导职数，俗称"三定"。政府职能精简或转变是行政审批制度改革、行政机构改革的关键依据，政府职能的履行情况也是衡量行政效率的重要标准。

政府职能有多种认识角度，从行政运行程序看，政府职能包括决策、计划、组织、指挥、协调、控制和监管等；从范畴角度看，政府职能包括政治、经济、文化、社会等职能；从公共部门经济学角度看，政府承担资源配置、收入分配和宏观调控等职能。总体看，政府基本职能表现为提供经济发展基础、提供医疗卫生、教育文化、社会福利等公共物品和公共服务、维持经济与社会秩序稳定运转、协调解决团体矛盾与利益冲突、维护市场公平竞争、维护社会治安、保护自然资源和生态环境、为个人提供获取公共服务的最低支持。中央政府和地方政府在具体分工上各有侧重，前者代表国家行使最高行政权力，统一领导国家事务，而地方政府则在中央政府的统一领导和监督下，负责本区域内公共事务，并拥有制定地方规章制度、地方税收政策等权力。

上述各项基本职能当中，最受现代政府尤其是发展中国家政府重视的是经济职能，包括保证和促进市场公平竞争、鼓励和保护企业家创新、保护知识产权、保护消费者权益、控制企业垄断和外部不经济行为，通过规制、管控、行政、经济与法律等手段干预和调节经济运行，保证宏观经济稳定增长，实现既定经济目标。在经济下行期间，政府通过税收减免、加大公共投入等方式引导社会资源流向，促进投资与生产；而在经济趋热之际，政府通过紧缩性财政政策和货币政策，抑制需求，控制通货膨胀；提供政策与资金支持，促进经济结构优化与转型、促进新兴产业成长。针对地区之间经济发展失衡与贫富差距，政府通过个人所得税起征点、税率、最低工资标准设计和建立社会保障体系调节收入分配，弥合市场运行与初始分配的不公平。正因经济职能如此重要，在某些国家某段时期甚至是政府的唯一职能，因此官员政绩和政府绩效评估具有显著的 GDP 导向。

随着经济社会发展，政府职能范围和结构也随之调整。较早时期的政府职能仅限于"保护社会，使其不受其他独立社会的侵犯""尽可能保护社会上各个人，使其不受社会上任何其他人的侵害或压迫，这就是说，要设立严正的司法机关""建设并维持某些公共事业及某些公共设施（其建设与维持绝不是为了任何个人或少数人的利益），这种事业与设施，在由大社会经营时，其利润常能补偿所费而有余，但若由个人或少数人经营，就绝不能补偿所费"。① 逐渐地，情况发生了变化。"有人曾说，直到 1914 年 8 月，除了邮局和警察以外，一名具有守法意识的英国人可以度过他的一生却几乎没有意识到政府的存在。但是这位可敬的先生不是一位善于观察的人，因为到了1914 年，大量的迹象表明政府的概念发生了深刻的变化。这些变化乃是 20世纪的特征。公立学校的教师、国家的保险官员、职业介绍所、卫生和工厂检查员以及他们必不可少的同事——收税员，就是这些外在的、可见的变化。现代行政国家正在形成，纠正社会和经济的弊病是政府的职责。"②这些看法不仅反映了人们的情感，还反映了政府职能的动态扩张趋势。

政府职能扩张是对公共问题复杂化、公众需求个性化与多样化的反映，正是在回应公共问题和公众诉求过程中，政府承担了越来越多、越来越复杂的职能，政府构成部门也越来越多，机构规模日益庞大。"如果国家对公民从摇篮到坟墓都予以监督，保护他们的生存环境，在不同时期教育他们，为他们提供就业、培训、住房、医疗机构、养老金，即为之提供衣食住所，这就需要大量的行政机构……而且还必须有自由裁量权。"③

联合国对此提出了一个普适性指导原则，即：一个通常意义的现代政府应当包括 10 个领域，分别是一般性公共服务、国防、秩序与社会安全、经济职能、环境保护、教育、卫生、娱乐文化与宗教、住房社区、社会福利与社会保障。其中，一般性公共服务是人们都需要的服务，涉及立法、司法、执行、财务、税收、外交等部门；住房与社区职能着眼于解决公众住房问题和社区福利设施。10 个领域之间的界限并不严格，社会保护和秩序与社会

---

① ［英］亚当·斯密：《国民财富的性质和原因的研究》，郭大力、王亚南译，北京，商务印书馆，1972。

② ［英］威廉·韦德：《行政法》，徐炳、楚建译，北京，中国大百科全书出版社，1997。

③ ［英］威廉·韦德、克里斯托弗·福赛：《行政法》，骆梅英等译，北京，中国人民大学出版社，2018。

安全、住房社区与社会保障之间存在重叠。这说明现代社会问题盘根错节，结构复杂，因果不清晰，几乎不可能明确地界定政府职能，不同部门职能必然存在交叉，同时也可能存在管理漏洞，出现政府越位、缺位、错位等现象。为避免职能重叠与疏漏并存问题，大部制（大部分体制）政府组织结构设计思路逐渐成为主流。但大部制并非简单地将重叠交叉的职能归类到一个政府部门，不仅强调政企分开、政事分开、政府与中介组织分开，还必须有效整合政府职能和政府机构，配置有效治理工具充分发挥市场、社会力量，在政府负有职责却无力治理的领域发挥作用，典型的就是拐卖儿童问题。

近年来一些电影工作者对拐卖儿童现象做了艺术、人文、伦理与心灵层面的探索。影片《亲爱的》讲述了一群失去孩子的无助父母寻找孩子，以及一个养育被拐卖孩子的农村妇女如何为夺取孩子做抗争的故事；《失孤》讲述了一个孤独疲倦的父亲不停歇地寻找丢失孩子的故事；《找到你》呈现了一位律师母亲为寻找被保姆带走的女儿所经历的一切，还呈现了另一位妈妈为了挽救疾病中的女儿所经历的苦难。每一部电影都有其要表现的主旨，但都无一例外地展现出孩子在当今中国家长心中近乎信仰的位置。寻找孩子是一个炼狱般的过程，有人从中体会到父母对孩子的大爱，有人找到了自我，有人认知到陪伴是最长情的告白……然而它们只能表达丢失孩子父母悲哀之情的一半，也隐晦地表明政府在打击拐卖儿童问题上力有未逮的残酷现实，社会组织、志愿者除了通过互联网平台提供信息线索之外几乎无能为力，失去孩子的父母只能凭借一己之力在茫茫人海中寻访。

既然事后寻找难如登天，且成本巨大，作为社会保护职能的重要内容，政府理当将重心从事后转向事前预防，在建构安全社会、加强宣传教育、增强家庭自我保护意识外，将治理思路从"打击卖方"调整为"打击买方"和"卖方"并重，消除拐卖儿童的生成土壤才是根本之道。对李侠拐卖儿童案和孙泽伟收买被拐卖儿童案的判决就提供了一个好的样本。

2013 年 5 月 21 日 20 时许，李侠发现左某某带领孙子陈某某（不满 2 周岁）和孙女在河南省开封市祥符区世纪广场玩耍，遂趁左某某不注意将陈某某拐走，后冒充陈某某母亲在网上发帖，欲收取 5 万元钱将陈某某"送养"。两天后，孙泽伟看到消息后与李侠联系，在未对李侠及陈某某的身份关系进行核实的情况下，以 4 万元成交，将陈某某带至山东省菏泽市曹县家中。公安机关破案后将陈某某解救送还其亲属。河南省开封市祥符区人民法院经审理后判定：李侠以出卖为目的偷盗幼儿行为已构成拐卖儿童罪；孙泽伟收买被拐卖儿童行为已构成收买被拐卖儿童罪。依照刑法有关规定，以拐卖儿童罪判处李侠有期徒刑 10 年，并处罚金 2 万元人民币；以收买被拐卖的儿童罪判处孙泽伟有期徒刑 7 个月。人民法院对本案"买主"依法定罪判刑向社会昭示：法律绝不容忍任何买卖儿童行为，抱着侥幸心理收买被拐儿童不仅会"人财两空"，还要受到法律制裁。这也是政府"保底线强监管"的内涵。

# 2.2 政府角色与职能变迁

政府角色是它在社会发展进程中的功能与定位，作为最重要的公共部门，它曾经有很多名称，如"守夜人""无为之手""扶持之手""有形之手""掠夺之手"，因职能范围与规模差异，又有"有限政府""全能政府""企业型政府""服务型政府""强政府""弱政府""大政府""小政府""积极政府""有为政府"等称呼。称呼的变化反映了政府的多重属性，也反映了政府与公众、市场间关系随着环境调整而发生的变化。

## 2.2.1 政府角色的学术争论

"守夜人"典出亚当·斯密的《国富论》"按照自然自由的制度，君主只有三个应尽的义务"，即：保护本国社会的安全，使之不受其他独立社会的暴行与侵略；保护人民，不使社会中任何人受其他人的欺负或压迫，要设立一个严正的司法行政机构；建立并维持某些公共机关和公共工程；为了维持政府的尊严，还需要有一些其他的花费。而国民财富来自每个人的努力，"每个人改善白身状况的一致的、经常的、不断的努力是社会财富、国民财富以及私人财富所赖以产生的重大因素"，而且"这不断的努力常常强大得足以战胜政府的浪费，足以挽救行政上的错误，使事情趋于改良"。① 亚当·斯密"站在一门新科学的黎明和欧洲一个新时代的开始"②，对新经验的分析与讨论一再被后来的经验所验证。正因如此，虽然亚当·斯密没有主张过要建立"守夜人"政府，但人们却误认为他就是"守夜人"政府理念的提出者。事实上，"守夜人"政府的提出者是德国工人运动领袖拉萨尔，这一概念源自他对

---

① ［美］亚当·斯密：《国民财富的性质和原因的研究》，郭大力、王亚南译，北京，商务印书馆，1972。

② 见马克斯·勒纳（Max Lerner）为《国富论》（1937 年英文版）作的序，张五常译。

当时德国自由党领导的政府的戏称——"只履行守夜人或交通警察之类功能的政府"。他认为，政府不应该只是一个"警察"或"守夜人"，还应当在其他方面承担责任。

亚当·斯密对政府提出了两个明确目标，即：为人民提供充足收入或生计，或者为人们有充足收入与生计创造条件；使国家或社会有充足收入，确保公务顺利实施，其主旨是增加国民财富，实现国家富裕强大。由此判断，亚当·斯密在政府的政治职能外，非常重视其经济职能，主张政府增加收入才能更好地从事公共事务，如修建公共工程、提供公共教育。因为国家商业的发达程度直接受到道路、桥梁、河道、港口等公共工程数量与质量的影响，也受到人力资源队伍素质的制约。他认为中国古代修建公路及维持通航水道这两大任务，都是由行政当局担当，其经验非常值得借鉴，且明确主张基础设施应当遵循"谁受益谁付费"原则，将通行费用或通行税作为政府收入，转而维护河道与公路。

由此推导，亚当·斯密主张的是"积极政府"或"有为政府"，与"小政府"无关，周其仁认为这是某些好事之徒将"小政府""大社会"的发明桂冠戴到了亚当·斯密头上，其实亚当·斯密对"政府应当充当守夜人的伟大思想半点贡献也没有"[1]。事实上提出"最小的政府就是最好的政府""政府对市场干预越少越好"主张的是奥地利学派。"在市场经济体制下，个人可以自由选择任何一种他们想要整合于其中的社会合作结构的活动方式。只要存在市场交换，就有自发的个人行为。这种体制被称作自由放任主义，正如拉萨尔所说的守夜人政府那样。"[2]

此后关于政府角色和作用的讨论基本围绕上述思想展开，逐渐形成了"三只手"论点，即政府具有"无为之手""扶持之手"和"掠夺之手"。"无为之手"强调自由竞争市场这只"看不见的手"可以实现社会福利最大化，让经济资源达到最优配置，政府多数情况下除了国防、治安、维持和执行合同等基本公共物品供给之外，不应过多干预经济活动。但福利经济学认为在社会福利最大化目标下，政府可以通过税收、补贴、行政和法律手段来鼓励、禁止和规范企业行为。一是补充市场不足，如通过产业政策扶持某时段社会发展

---

① 周其仁：《守夜人的经济学说》，http://www.aisixiang.com/data/36745.html，2020-05-20.

② ［奥］路德维希·冯·米塞斯：《自由与繁荣的国度》，韩光明等译，北京，中国社会科学出版社，1995。

所需产业；二是避免企业和产业经营行为的外部性损害社会福利，此之谓政府的"扶持之手"。在特殊情况下，政府可以直接接管企业并将企业和市场资源用于实现政府目标。

但是这类做法在新自由主义学派看来，只是为了政治家私利而非社会福利最大化，他们认为政客运用公共权力将资源配置给支持者，是为了维护自己的地位而打击政敌。"政治中的个人参加者并不从事发现的事业，他的地位非常接近市场中商人的作用，他通过可以得到的工具表达自己的利益，他接受从过程中产生的结果。政治是利益或价值的市场，很像一般的交换过程。"[1]整个过程是以牺牲公共福利为代价的，它不仅不能有效配置资源，还会造成资源稀缺性，因为在经济人动机驱使下，相关利益群体为了获取更大利益会以贿赂、游说等方式获取稀缺资源，加剧资源稀缺程度。不仅如此，"寻租体现在各个利益集团之间的恶性竞争"[2]还会造成政府工作人员的腐败行为。施莱佛（Andrei Shleifer）等人将政府官员最大化本集团利益的做法概括为"掠夺之手"[3]。

事实上，"三只手"的好坏并非界限分明，学者观点各有差异。

弗里德里希·李斯特（Friedrich List）提倡保护主义，认为落后国家要想发展起来就必须充分运用政府干预，实行关税等贸易保护政策。[4] 阿瑟·塞西尔·庇古（Arthur Cecil Pigou）主张政府通过增加必要的货币补贴来发展养老金制度和失业救助制度。[5] 亚历山大·格申克龙（Alexander Gerschenkron）认为后发展国家的现代化进程只能由政府推动，并直接组织经济活动。[6] 查莫斯·约翰逊（Chalmers Ashby Johnson）认为"日本奇迹"源于日本政府对产业的实

---

[1]  张康之：《寻找公共行政的伦理视角》，24 页，北京，中国人民大学出版社，2002。

[2]  J M Buchanan，"Rent Seeking and Profit Seeking，"in *Toward a Theory of the Rent-Seeking Society*，ed. J M Buchanan，R D Tollison，G Tullock，Texas a & M University Press，College Station，1980.

[3]  Andrei Shleifer，Robert Vishny，*The Grabbing Hand：Government Pathologies and Their Cures*，Cambridge，MA，Harvard University Press，2002.

[4]  Friedrich List，*The National System of Political Economy*，London，Longmans，Green and CO，2011.

[5]  Arthur Cecil Pigou，*The Economics of Welfare*，4th ed.，London，Macmillan，1932.

[6]  Alexander Gerschenkron. *Economic Backwardness in Historical Perspective*，Cambridge，MA.，Harvard University Press，1962.

际培育政策。① 彼得·埃文斯（Peter Evans）和詹姆斯·E. 劳赫（James E. Rauch）对官僚制与经济关系的跨国比较研究表明，政府加强自身能力建设才能支持相关发展目标的实现。② 政府干预思路一般具有经济民族主义和整体理性特点，将战略产业政策视为政府的中心环节，甚至在某些时候通过政治动员来推动经济建设，政府权力高度集中，政治领袖能力对经济发展至关重要。

阿尔弗雷德·马歇尔（Alfred Marshal）则继承亚当·斯密的思想，主张实行自由放任的经济政策，反对政府干预。③ 约翰·穆勒（John S. Mill）将政府角色划分为"必要的"和"可选择的"，认为保护人身和财产安全、防止和制止暴力与欺诈、增进社会普遍福利是政府必要角色，而通过"命令式"或"非命令式"干预市场则是可以选择的政府角色，由特定政府机构根据实际情势来决定。④ 就经济职能而言，马斯格雷夫（Richard A. Musgrave）认为，"市场机制自身并不足以实现所有的经济职能"，政府应当适度干预资源配置、收入分配和宏观经济稳定。⑤

因为国家在经济活动的基本服务是制定游戏规则特别是制定产权制度的基本规则。倘若没有国家权力及其代理人介入，个体财产权利将无法得到有效保护。但是在没有约束的条件下，公共权力介入很容易侵害个人财产权利。而且，国家因为某些原因（如权力竞争和政治交易费用）建立和维持的产权制度是无效的，将导致经济增长停滞，这就是"诺斯悖论（North Paradox）"。⑥ 其根源是政府作为代理人应当建立维护有效产权制度增进社会福利，但由于利益集团干扰、有限理性等原因，产权制度安排偏离了社会利益。由此诺斯（Douglass C. North）认为，要最大限度发挥政府的积极角

---

① C A Johnson, *MITI and the Japanese Miracle: The Growth of Industrial Policy: 1925－1975*, Stanford, CA, Stanford University Press, 1982.

② Peter Evans, James E Rauch, "Bureaucracy and Growth: A Cross-National Analysis of the Effects of 'Weberian' State Structure on Economic Growth," American Sociological Review, 1999, 64(5): 748-765.

③ ［英］马歇尔：《经济学原理》，朱志泰、陈良璧译，北京，商务印书馆，1964。

④ ［英］约翰·穆勒：《政治经济学原理》（下卷），赵荣潜等译，北京，商务印书馆，1991。

⑤ Richard A M, *The Theory of Public Finance: A Study in Public Economy*, New York, McGraw-Hill, 1959.

⑥ Douglass C North, *Structure and Change in Economic History*, New York, W. W. Norton & Company, 1981.

色，首先必须明确政府的基本经济职能是为产权运行提供公正、安全的制度环境，而不是过多地成为产权主体；其次是利用法律框架制约和遏制利益集团干扰产权安排，并建立有约束力的行政管理体制，保证产权规则稳定性。①

在承认政府干预具有一定合理性的基础上，按照政府对经济与社会生活干预的程度，可以划分为"强政府"和"弱政府"；按照政府权力运行方式以及对市场、社会的分权水平，可以分为"集权型政府"和"分权型政府"；按照政府与社会、市场的关系，可分为"管控型政府""掠夺型政府""管理型政府""企业型政府"和"服务型政府"。

所谓"管控型政府"又被称为"统治型政府"，政府与民众之间是管控和被管控关系。民众不仅在政治与经济上受到政府统治，思想伦理道德也受到严格控制约束。民众几乎不可能成为国家或社会的主人，难以监督政府行为，更不可能参与公共事务管理。最高统治者的产生方式多为世袭制或推举制，政府是社会活动中心，政治行政过程合而为一，政府职能广泛但专业化程度低，行政效率低下。在公共产品方面，管控型政府同样也会提供抗御外敌入侵、社会治安、水利和交通设施、济老抚幼等社会保障，以及赈灾等公共物品，但其目的并非改善民众福利，而是稳固其统治基础。

在一定条件下，管控型政府会变形为"掠夺型政府"②，其行为极其短期化，丝毫不愿意考虑被管控对象的现实状况，甚至涸泽而渔只为满足其私人享受。詹姆斯·布拉德福德·德隆（J. B. De Long）和安德鲁·施莱弗（Andrei Shleifer）研究英国王室继承历史发现，统治者的利益经常是不长远的，经常会出于短期利益掠夺民众财富。③ 约拉姆·巴泽尔（Yoram Barzel）也指出，执政者在政权稳定之后，一般通过约束自己的资产没收能力来使自己获得长远财富，但当其预期目标短期化之后就会出现掠夺型行为。④ "掠夺型政府"并不局限在传统管控型政府之内，在现代市场经济发达的国家也可能出现并

① Douglass C North，"Institutions and Economic Growth：An Historical Introduction，" World Development，1989，17(9)：1 319-1 332.

② ［美］詹姆斯·加尔布雷思：《掠夺型政府》，苏琦译，北京，中信出版社，2009。

③ J B De Long，Andrei Shleifer，"Princes or Merchants? City Growth before the Industrial Revolution"，Journal of Law and Economics，1993(36)：671-702.

④ Yoram Barzel，"Property Rights and the Evolution of the State，"Economics of Governance，2000(2)：16.

导致市场崩溃①，主要是寻租的特殊利益集团收买政府、官商勾结所致，民众被迫向境外转移资产、从事地下经济活动以减少损害。②

"管理型政府"认为政府主要职责是履行其公共管理职能，遵循价值中立、效率至上原则，强调管理技术与策略，理性官僚制和新公共管理范式均是这一类型政府的拥趸者。前者主张通过分明的层次结构、严格的规章制度、明确的职责范围和指挥授权链条执行政策，并认为这是对大规模群体实行有效管理达成效率的最合理方法。后者强调向政府管理和公共事务领域引入市场和企业工具，以顾客为导向的自由选择与竞争成为改善政府运营和公共服务效率的不二法门，正因如此，"管理型政府"可变形为"企业型政府"。"管理型政府"是适应社会分工带来的政府职能细化而出现的，在一定程度上可以限制公共政策的随意性，但职能细化必然带来规模扩张和职能范围扩展，出现"效率悖论"。公共选择理论强调官僚制不如市场有效率，也难以实现公共利益，它主张个人选择自由、减少政府控制干预、限制政府征税权、改革行政审批制度、向公共服务领域引入竞争机制；与此同时，迈克尔·哈默（Michael Hammer）与詹姆斯·钱皮（James Champy）的"再造（reengineering）"理论被引入到科层制组织改革实践当中③；新公共管理理论延续公共选择理论的市场化思路，以"效率"为第一要务，精简政府职能，私有化或外包，政府内部广泛采用企业管理工具，以顾客导向为驱动改善公共服务质量，出现政府企业化乃至"企业型政府"。

政府和公共领域导入市场和企业工具确实有力地推进了行政效率，"经济人"假设和"交易"命题确实在一定程度上解释了某些政府决策和公务人员行为，但是却忽略了政府与企业之间存在的根本差异，背离了政府的初衷和根本目标，除了在政府与公众之间造成对立冲突之外，公务人员形象被冷嘲热讽，公众对政府信任度大幅下降，从而引发了一场"平静的危机"，有才华有能力的年轻人不愿意投身到政府机构，这引发了一场政府角色、政府与社

---

① Gorge A Akerlof, Paul M Romer, Robert E Hall, et al, "Looting: The Economic Underworld of Bankruptcy for Profit," Brookings Papers on Economic Activity, 1993(2): 1-73.

② R La Porta, F Lopez-de-Silanes, A Shleifer, et al, "Investor Protection and Corporate Governance," Journal of Financial Economics, 2000(58): 3-27.

③ Michael Hammer, James Champy, *Reengineering The Corporation: A Manifesto for Businsess Revolution*, New York, Harper Business, 2003.

会关系的大讨论，以丹哈特夫妇为代表的学者提出了"公民第一""政府服务而非掌舵"的新公共服务理论，主张政府应当是"服务导向"的[①]，应当建构"服务型政府"为全社会提供普惠性公共产品和服务，并推动社会经济和谐有序发展。服务型政府离不开公众的积极参与和对自身偏好的正确表达。这一政府类型是对企业型政府只注重公民经济权利的纠偏，它同样主张政府职能精简，但不反对使用企业管理工具提高政府效率和公共服务质量。

服务型政府被视为政府转型的大趋势，政府职能范畴、政府行为范式都要向公共服务型政府转变。这是对全球化和公众意识觉醒带来挑战的适应性要求。资本、技术、信息、人口在国内不同区域和国际不同国家之间流动的速度越来越快、规模越来越大，政府效能与公共治理能力越强的地区和国家对各类要素的吸引力越强，反之则越差，经济发展必然受限。在全球竞争态势下，发达国家和发展中国家都需要加快自身发展才不至于被甩开。更重要的是，公众对公共产品与服务的数量与质量提出了更高要求，决策参与意识与能力也日渐提高，交通技术、信息科技与通信技术的发展，不仅极大地降低了公众获取政务信息的成本，还为公众参与公共事务创建了更多低成本渠道，对政府行政方式和回应速度提出了前所未有的新要求。不良的政府行为或公务人员行为随时可以被暴露在社交媒体上，如果处置不当很有可能造成公共突发事件，损害政府公信力和合法性权威。政府转变执政理念，改进行政工具与技术，提高行政效率，形成民主参与、公开透明、高效服务的公共治理网络，为公众提供优质高效的公共产品是应有之义。

在这一过程中，政府规模是一个不能不高度重视的议题。公职人员过多不仅降低行政效率，还会增加财政支出。但也不能简单地判定政府规模越小就越美，"瓦格纳法则"和"鲍莫尔效应"可以作为判断标准。前者表明当国民收入增加时，财政支出会以更大比例增长；随着人均收入水平提高，政府支出占 GNP 比重会进一步提高；随着工业化水平持续推进，政府规模会持续扩大。后者认为生产率提高大部分是因为技术进步而不是政府活动，经济部门生产率大幅度增长，政府活动效率相对较低；政府规模应当与经济活动效率相适应，如果经济效率增长 5 倍，政府活动效率也增加 5 倍，那么政府规模不需要扩大；但是如果政府活动效率仅仅提高 2.5 倍，那么政府规模就应

---

① ［美］珍妮特·V. 丹哈特、罗伯特·B. 丹哈特：《新公共服务：服务，而不是掌舵》，丁煌等译，北京，中国人民大学出版社，2016。

当只增加 2 倍。

由此可见，服务型政府是"强政府"，它必须具有强大充足的财力、组织能力和资源动员能力、回应速度与能力，才能切实反映社会需求，并有能力通过高效率供给公共物品获取公众信任、维护社会公正，由此获得强大的合法性基础。服务型政府在满足公共诉求的过程中应当追求公平正义，尽量让所有社会成员处于一种平等地位，使其生活福利状况得到改善。这正是罗尔斯所强调的"合乎最小受惠者的最大利益"①原则。

综上，政府无论是什么角色，无论有多少只手，它都必须回答"做什么"的职能问题，问题答案随着经济发展水平、社会文明程度和政治体制的变迁而变化。

## 2.2.2  政府职能从传统到现代的结构性变迁

联合国对政府职能规定了 10 个通用性与普世性领域，但这是漫长的演进结果。在传统管制型政府向福利主义与全能政府、再向政府少干预与有限政府转型的演变历程中，政府职能发生了从无到有的大变革，政府与社会、公众、市场的关系逐渐成为认识政府角色与政府职能的关键议题。

1. 传统非福利国家时代的政府职能

借助于"君权神授"这一传统合法性权威建构的政府，其主要职能是维护现存统治和社会等级秩序，表现为管制或管控，但在公共福利领域基本是"尸位素餐"。它将所有资源掌控在少数人手中，除了戍边国防、治安查案、驿道与通航河道修建并维持、少数人可就读的学校（如县学、府学、州学、太学或国子监）、特权阶层可享受的"太医院"之外，几乎不提供面向普通民众的教育、医疗、养老、助残等基本公共服务，也不认为应该向民众提供基本公共福利，更不用说增进和改善民众的社会福利。在地震、旱灾、洪涝等自然灾害情况下，"君权神授"的传统型政府也会承担赈灾职责，但这种职责要么被统治者视为其针对上天示警或天罚的改错行为，要么被视为避免老百姓揭竿而起危及自身统治的预防措施。"尸位素餐"的政府导致绝大多数民众无法通过教育、医疗来提高自身素质，除了上天示警和民众揭竿而起的威胁外，权力毫无约束的政府及其官员多贪婪而牟私利。这是一种不文明的政府

---

① ［美］约翰·罗尔斯：《正义论》，何怀宏、何包钢、廖申白译，北京，中国社会科学出版社，2001。

治理理念，且残酷而毫无人性。其中的典型是"丁戊奇荒"中的清政府作为。

光绪三年，直隶、山西等华北五省发生大灾荒，史称"丁戊奇荒"。大量灾民涌入京津两地，刚开始时直隶总督设置12家粥厂施粥赈济，并用篾席、芦苇等材料搭建"蓬寮"供灾民居住，是为贫民窟。其中，天津保生粥厂收养数千妇孺。十二月初四凌晨，领粥时分，粥厂西北角突然燃起熊熊大火，火借风势迅速蔓延。蓬头赤脚的妇女携带幼儿争相外逃，但通道狭窄，好不容易逃到门口，看门人却将唯一的大门锁上，结果可想而知。1878 年 1 月 25 日《申报》报道："各人被烟迷目，人多跌倒，俯首听烧。然虽死在目前，而姐弟子母，仍互相依倚，有以额颅触母，有以身体庇子，其死事之惨，实难言状。"大火导致死亡达 2 000 人左右。悲剧发生的根源是清政府对灾民抱有严重的戒备心理。为防备灾民闹事，故"驱饥民如驱三军，号令要严明，规矩要划一"，规定粥厂灾民不能随意出入，而是有规定时间，或鸣锣为号，或击梆为记。看门人在大灾发生之后，仍然恪守维稳信条，锁死唯一逃生大门，让保生粥厂彻底沦为杀生地狱。最后结果不过是对两个粥厂委员"革职永不叙用"，而有直接或间接责任的直隶总督、筹赈局会办和天津海关道等官员，虽有上谕"一律交部议处"，但最终还是不了了之。之后，清政府竟然关闭了天津所有粥厂，给每个难民发放高粱一斗五升(约为 93.75 千克)，统统遣散。原先依靠粥厂可勉强度日的 6 万灾民再度流落街头，"鹄面鸠形，目不忍睹"，不少人贫病交迫冻饿而亡，累计死亡上万人。

这个惨案表明，传统管控型的社会秩序是以特定权力结构对应的"不确定权利"为基础的，特定权力是所有社会成员利益的代表者，可根据统治者的实际需要对个体利益任意予夺。因此，清政府不会考虑灾民的利益与权利，只会想到统治需要扼杀所有可能的不稳定因素，关闭粥厂、驱逐灾民即便没有火灾也会因为其他因素而发生。与之形成鲜明对照的是南宋时期的官办慈幼局，慈幼局制度的设立也许是基于道德考量的施恩，但同样是基于稳固统治需要而设立的。

1527 年慈幼局在临安(现在的开封)设立，这是世界上最早的官办孤儿院，由政府提供住宿和衣食，并安排孤儿免费入学学习某项技能。宋人吴自牧的《梦粱录》详细描述了慈幼局的运作模式："官给钱典雇乳妇，养在局中，如陋巷贫穷之家，或男女幼而失母，或无力抚养，抛弃于街坊，官收归局养之，月给钱米绢布，使其饱暖，养育成人，听其自便生理，官无所拘。若民间之人，愿收养者听，官仍月给钱一贯，米三斗，以三年住支。"此外，南宋还出现了地方政府官员创办的儿童福利机构，如"散收养遗弃小儿钱米所""婴儿局""慈幼庄""及幼局"……但这些机构与地方官员理念、任期有关，具有不稳定性。很多时候，这些机构还会被设置在佛教寺庙、道观庵堂等宗教场所，与民间救济机构一起收容弱者、贫者和老而无养者。[①] 马可·波罗对慈幼制度赞叹有加："其国诸州小民之不能养其婴儿者，产后即弃，国王尽收养之。记录各儿出生时之十二生肖以及日曜，旋在数处命人乳哺之。如有富人无子者，请求国王赐给孤儿，其数惟意所欲。诸儿长大成人，国王为之婚配，赐之俾其存活，由是每年所养男女有两万人。"

中国传统社会一般将鳏寡孤独视为人伦缺憾，"老而无妻曰鳏，老而无夫曰寡，老而无子曰独，幼而无父曰孤。此四者，天下之穷民而无告者"。传统社会倾向于将贫穷视为危及统治稳定性的社会问题加以控制，在"仁"文化影响下对"穷民"施恩救济多于暴力驱逐，但从来没有考虑过民众的基本权利。在此框架约束下的民间慈善运行也是同样的原理，"丁戊奇荒"天津保生粥厂大火后，绰号"老爷庙"的人出面召集伤残者加以救济，"由二三百至一两千文，并棉衣裤各件不等，大约视其亲人之焚死多寡，定赏恤厚薄也"。

在传统管制型社会中，宗教在民生救济领域发挥着重要作用，慈幼局、粥厂之类一般依托于佛教、道教等宗教场所。伊斯兰教还会征收专门的"扎卡特税(zakat)"用以赈济贫穷无助之人，基督教兴办医院、学校和育婴堂等，都在一定程度上缓冲了政府缺位所致的矛盾冲突，稳定了政治统治和社会秩序。

2. 福利国家理念指导的全能政府职能

随着新航路开辟成功，从 15 世纪开始，世界贸易商路从地中海沿岸转移到大西洋沿岸，英国羊毛和毛呢出口快速增长，羊毛价格不断上涨，养羊成为一项利润庞大的事业。为了出产更多羊毛，英国贵族、地主大量圈地，不仅通过《公有地围圈法》圈占公有土地，还逐渐将小佃农租地纳入圈占范围，强行剥夺农民土地使用权和所有权。失地农民不得不出卖自身劳动力以维持生存，这也为资本主义发展储备了大量的自由劳动力。18 世纪中叶，

---

① 事实上，官办的养老院在中国古代并不稀奇，因为历朝历代均崇尚以"孝"治天下。公元 521 年中国历史第一家官办养老院——独孤院——开张，专门收养老人和孤儿。此后，因经济发展和孝文化的流传，养老成为自上而下重视的政府业务，如唐朝"悲田院"、北宋"居养院"、南宋"漏泽园""惠民合剂局"、明代"养济院""惠民药局""养济院""施棺局"，等等。

以纺纱机、蒸汽机等发明与技术革新为标志的工业革命推动了手工劳动向动力机器的飞速转变，创造了更多就业机会，大量农村人口随后涌入城市，但随即引发了不同于农业时代的卫生、贫困、住房和社会犯罪等新问题。

19世纪初的新兴工业城市环境问题包括：人口规模膨胀，垃圾充斥街道，排水设施不畅，住房和地下室时常积水，排水沟流淌污水、恶臭熏天。生活环境恶化的直接结果是传染病流行，霍乱、肺结核、支气管炎、肺炎、上呼吸道感染等疾病成为英国等工业国家这一时期的常见病。1831—1832年的霍乱导致2.2万人死亡，1848年再次导致超过7.2万人丧生，1854年、1866年再次爆发。[1] Hammond夫妇称之为"迈达斯灾祸（Curse of Midas）"。[2] 1847—1864年，"仅仅由于害怕那些对'上流人士'也绝不留情的传染病，议会就制定了不下十项卫生警察法令。在某些城市，如利物浦、格拉斯哥等地，吓破了胆的资产阶级还通过市政当局来进行干涉"[3]。但情况仍然没有被控制住，这与当时底层民众恶劣的居住条件有很大关系。

底层民众居住在被称为"乌鸦窝"的贫民窟中，街区破旧、肮脏、拥挤。如伦敦圣詹尔士一带，1 400栋房子总共不到1 200平方英尺的地方住了约12 000人，五六个人挤在一张床上睡觉的现象并不鲜见。曼彻斯特约20 000人住在地下室，利物浦有1/6人口住在地窖里。[4] 城市贫困现象日渐突出，1803年最富裕家庭的占比为1.4%，总财富的占有率为15.7%；到1867年，占比0.07%的最富裕家庭取得了高达16.2%的总财富，约75%的劳动者家庭仅占有不到40%的份额。劳动者工资标准不断下降，1814年每周是13先令9便士，1833年下降为4先令6便士，但劳动强度是每天工作10.5小时。劳动者衣食开支从10先令1.5便士下降为2先令9便士。[5] 拥挤环境不仅滋生疾病，也诱发犯罪，巨大贫富差距严重分裂了社会，工人开始斗争，社会陷入动荡不安，迫使政府不再受自由主义思想约束，不再局限于"守夜人"角

---

① 李宏图：《英国工业革命时期的环境污染和治理》，载《探索与争鸣》，2009(2)。

② John Hammond, Barbara Hammond, *The Rise of Modern Industry*, Boston, Harcourt Publishing, 1926.

③ 高德步、王钰：《世界经济通史》中卷（经济现代化进程），617页，北京，高等教育出版社，2005。

④ Hector Gavin, *Sanitary Ramblings, Being Sketches and Illustrations of Bethnal Green：A Type of the Condition of the Metropolis and other Large Towns*, London, Nabu Press, 2010.

⑤ 吴于廑、齐世荣：《世界史·近代史编》下卷，北京，高等教育出版社，1992。

色，积极介入干预水污染、工人住宅、卫生防疫和社区治安等问题。

针对水污染，英国议会先后通过《河道法令》《公共卫生法》《首都管理法案》《消除污害法案》《河流污染防治条例》《公共卫生条例》；针对疾病流行危害，英国议会先后发布《工厂法》《工会法》《劳资关系法》《国民保险法》《养老金法》《工伤赔偿法》等法律，有意识地将天平倾向弱势群体权利的维护，包括改善劳动条件、控制工作强度等；针对工人住宅问题，英国议会先后颁布《城市建筑法》《工人阶级住房法》，推动贫民区改造，为工人提供更多租赁住房，明确要求政府不仅应当提供购买贫民窟和补偿搬迁居民的贷款，还应当提供贷款修建街道和下水道等配套设施，1900年修订的《工人阶级住房法》更是允许政府购买不属于其直接管辖范围内的土地来修建工人住房……福利国家雏形由此出现。

西方福利国家理论认为，济贫、住房、卫生、教育、环境等是国家基本职责，基于福利供给程度和供给责任差异，有"部分国家责任"和"全面国家责任"的福利国家之分。部分国家责任与工业革命、圈地运动导致人口涌入城市有关，它要求对缺失劳动能力者（如老人、小孩、残疾人）承担救济责任，同时也要求有劳动能力的人参加劳动，为此政府提供"习艺所"建构劳动能力，以此应对贫困问题和懒惰等道德问题。虽然存在强迫劳动和劳动者权利被剥夺弊端，但政府在承担劳动者社会保障方面的积极性也非常明显。从此，政府替代教会、兄弟会等传统机构对雇佣劳动者的社会保障负有责任成为一种社会共识。

17世纪以前的西方社会救济主要通过宗教机构来完成，但17世纪20—50年代，建立在公共基础上的自助或互助机构，如"矿工兄弟会""同业工会""行会联合体"逐渐取代了宗教机构的地位，对困难成员提供帮助，但工业革命打破了这种亲密关系，人们不能再如以往那样获取成员互助，必须有新的社会风险规避方式来解决这类问题。德国和英国一样，在类似问题压力驱使下先后通过法律，要求雇主对所雇劳动者提供社会保险。从1883年开始，德国陆续强制实施《疾病社会保险法案》《工伤事故保险法》《老年和残疾社会保险法》，规定：对从事工业经济活动的工人实行强制性疾病社会保险；工作事故的人及其家属可以从实行事故保险的同业工伤事故保险联合会获得抚恤金；70岁以上退休者可获得养老金，因工伤丧失劳动能力的人获得伤残救济金。与英国相比，德国是当时世界上实行最完善的工人社会保障计划的国家。

总体来看，部分责任福利国家的政策目的并不在济贫，而在促进生产；不在人道主义动机，而是维持既存秩序等政治考虑；是一种被动选择而非主动选择。因此，这一时期社会保障立法的受益者并非全体公民，而是受雇佣劳动者，实际上将相当一部分社会保障责任分给了个人、家庭和社会来承担。19 世纪末 20 世纪初公共权力和公民权理论逐渐成熟，为部分责任福利国家向全面福利和完全责任国家转型奠定了理论基础。

洛克明确提出，作为公共权力载体的政府是一种责任，其目的是促进"公共福利"①；密尔在《代议制政府》中也强调政府的唯一目的是人民的福利。马歇尔认为福利国家是一个长期的公民权演进过程所达到的最高峰，社会权利是整个系列的权利：从享受一点点经济福利和社会保障福利到分享整个社会遗产，与此密切相关的是教育体系和社会服务的逐步完善。② 经过一个波浪式的发展进程，社会权利才被整合到公民资格之内，但 20 世纪两次世界大战将这一权利推迟到 20 世纪 40 年代后才真正全面实施，福利成为战后各国政策的主动选择。作为一项公民权，它要求政府对公民的生老病死承担责任，对公民承担"从摇篮到坟墓"的所有保障。

庇古依据货币收益递减规律，认为在所有成员效用总和构成的社会福利中，有可以直接用货币衡量的经济福利，其增大取决于国民收入总量增长和分配的平均程度，为此主张优化生产部门资源配置以增加国民收入总量，并通过税收机制转移富人收入给低收入群体等。③ 这一论点为国家福利提供了税收解决资金问题的技术方案。其后，凯恩斯(J. M. Keynes)全面论证了国家福利供给的逻辑基础，他在《就业、利息与货币通论》中详细论证了"供给自动创造需求"等传统经济学教条的错误，认为一个国家的就业总量取决于有效需求的大小，失业是有效需求不足所致，特别是"非自愿失业"；而市场机制对此无能为力，失业和经济萧条恶性循环，此时必须由国家干预。不仅失业需要国家干预，社会保障同样如此，良好的社会保障可以增加消费倾向，促进就业。经济萧条期公共财政对卫生、教育、交通等公共事业的投入会直接增加就业，刺激消费；而经济繁荣时期减少公共财政开支可以调节经济，稳定市场。

---

① [英]洛克：《政府论》上篇，叶启芳、瞿菊农译，北京，商务印书馆，1964。
② [英]马歇尔：《经济学原理》，朱志泰、陈良璧译，北京，商务印书馆，1964。
③ Arthur Cecil Pigou, *The Economics of Welfare*, 4th ed. London, Macmillan, 1932.

"罗斯福新政"在"8 天之内挽救了资本主义"的政府干预实践证实了凯恩斯主义的价值，进而推进了福利国家的全面兴起。如果说以往的政府干预主要论述了通过累进税转移一部分财富给穷人，那么凯恩斯则不仅强调了政府应该怎样干预，而且从技术上论证了政府应该干预到什么程度。以往的社会福利理论者主要还是从社会、伦理等角度出发，要求政府采取措施提供福利，凯恩斯则主要从挽救资本主义制度的角度出发，论证了大规模政府干预的必要性。"从此，福利制度已不仅是给穷人撒下的最后一张安全网，而且也是给现存制度撒下的最后一张安全网。"①在凯恩斯理论指引下，贝弗里奇（William Ian Beardmore Beveridge）勾画出福利制度的基本框架，包括：普遍性原则，覆盖所有公民且没有上限规定，但需考虑不同收入人群生活方式的差异；满足最低需求，防止贫困；充分就业；费用共担，由雇员、雇主和政府财政共担费用。②

依照贝弗里奇方案，福利政策在不同国家覆盖范围和具体内容上有所不同，不过有两个方面不可或缺。一是基础医疗和义务教育，帮助大多数民众提高身体素质、知识技能与能力，确保其获得参与竞争的平等条件；二是扶助弱势群体，给他们提供最基本的生活保障，有利于缩小贫富差距，缓和社会矛盾，促进社会公平和稳定社会秩序。特别地，这些福利范围得到了立法与制度保障，是从以往的单纯救济手段发展成为公民的社会权利的重大表征。社会权利是"充分分享社会遗产并按照社会通行标准享受文明生活的权利等一系列权利，与之密切相关的机构是教育系统和社会服务"③。哈耶克（F. A. von Hayek）更是明确强调，贫穷者得到救济是一种基本权利，不是被施恩，"个人权利既是目的，也是社会得以脱离贫困、走向繁荣的手段"，扶助弱者是政府的基本责任和义务。

直到 20 世纪 70 年代之前，凯恩斯主义都支配着大多数西方国家的社会政策与福利政策，政府也被视为"全能政府""无限政府"。但 70 年代之后，伴随石油危机和滞胀危机而来的"政府失灵"日益成为一种普遍现象，遭到新

---

① ［英］弗里德利希·冯·哈耶克：《自由秩序原理》（上册），邓正来译，北京，生活·读书·新知三联书店，1997。

② ［英］贝弗里奇：《贝弗里奇报告》，社会保障研究所译，北京，中国劳动和社会保障出版社，2008。

③ ［英］马歇尔、刘继同、Tom Bottomore：《公民权利与社会阶级（四）》，载《社会福利》（理论版），2016(5)。

自由主义的严厉批评后，削减福利的改革席卷了北欧之外的西方国家。

3. 以新自由主义学说为理论依据的有限政府职能

"政府失灵"意味着政府的全面干预不能保证充分就业目标的实现，社会保障财政开支过于庞大导致财政危机，而行政效率低下、公务员殆政、窃听丑闻等还引发了纳税人的严重不满情绪。但人们并非简单地反对政府提供公共服务，"实际上，所有的现代政府对贫困者、时运不济者和残疾者进行救济，而且还对健康卫生问题和知识传播问题予以关注。我们没有理由认为，这些纯粹的服务性活动不应当随着财富的普遍增长而增加。此外，也的确存在着一些只有通过集体行动才能满足的公共需求，而且通过这样的方式来满足公共需求，也不会限制个人自由"①。但是，政府以"排他性权力"提供服务会造成福利供给过剩或不足、行政垄断与低效，高税收政策会遏制市场和企业家创新，高水平社会福利政策会助长懒惰，破坏经济活力。在现实呼唤和理论评判双重动力推动下，福利国家的政策实践与"全能政府"概念逐渐被摒弃，出现了"有限政府""政府掌舵而非划桨""企业型政府"等新自由主义特色的政府治理理念。

撒切尔夫人和里根等政治家均在竞选纲领上提出要放弃凯恩斯式全能政府，转而实行新保守主义或新自由主义策略，引入市场等多元主体，打破政府主导甚至垄断的福利供给格局，通过政府放权或授权等方式将市场、非营利组织能够承担的职能交给它们去做，国家只负责市场、社会不能提供的公共物品和社会福利。

这种变化并不意味着公共服务与社会福利供给总量的减少，仅仅是供给主体结构出现了多元化而已，公共物品和社会福利获取出现更多来源渠道，不仅来自政府，还来自市场企业、志愿者组织、慈善机构，以及基于血缘地缘建构的社会网络。总体来讲是国家与政府在福利供给上主导地位的转变，鼓励雇主、社会组织、慈善机构、社区与家庭在社会福利供给上做出贡献。其主要特征是放弃全面的政府责任，采用适配性治理工具将市场、社会力量都纳入到福利供给领域来，政府转型为"有限政府"。

新自由主义学说强调赋予公众自由选择权利，充分发挥市场竞争机制功能，通过公营领域市场化改革和行政审批制度改革将许多经济职能移交给市

---

① ［英］弗里德利希·冯·哈耶克：《通往奴役之路》，于明毅、冯兴元译，北京，中国社会科学出版社，1987。

场，将一些社会职能移交给社会，精简政府职能。虽然政府依旧承担着向社会提供公共物品等福利的职责，但不再是独立直接地提供，而是通过市场或社会力量来提供，并实施"使用者付费"原则。英国撒切尔夫人政府和美国里根政府是这一学说的积极追随者。

撒切尔夫人旗帜鲜明地主张"小而美的政府"，认为只有规模小的政府才是美好的政府。1979 年执政伊始，撒切尔夫人就主导英国改革向更小更美的方向前进，其基本宗旨是以顾客为导向改善公共服务和政府绩效。[1] 具体有三类措施：其一，精简政府与改革行政审批制度并行，推出一系列放松管制的法案（deregulation initiative）；其二，建立效率团队（efficiency unit）强化责任管理（accountable management），在政府机构内部推行服务质量竞赛（service quality competition），并推行"绩阶计划（the Next Steps）"日臻完善；其三，改革公共财政管理，改善财务效率，减少政府开支。[2]

撒切尔夫人改革（1979—1990 年）被称为"新右派"改革，继承了 16 世纪以来的英国重商主义传统，试图回归亚当·斯密的自由市场精神，将国家与市场对立起来，认为国家的本质是鼓励垄断独占，限制个体选择自由，抑制企业家创新精神，而市场则重视选择自由、鼓励竞争、扩大选择范围。撒切尔夫人卸任后，梅杰、布莱尔均延续了其改革遗产，无论是《公民宪章白皮书》还是《为质量而争》，都展现出明显的市场和企业管理偏好特征：其一，视民众为顾客（clients），强调顾客拥有自由选择公共服务与产品及其供给主体的权利；其二，打破政府垄断，改革国营企业，明确将政府定位为最基本公共服务供应商，同时通过私有化、股份制或外包等方式将私人资本纳入公共服务市场，增加其提供公共服务的权利和机会，巴特勒认为这是一种"降低预算增长的'政治性游击战术'"，目的是"把提供服务的要求从政府身上转移开"，减低政府压力；[3] 其三，分离公共物品与服务的采购与供给环节，避免政府办企业、政府办学校、政府办医院等"球员兼裁判"现象，并采用契约或半契约（contractual or semi-contractual）机制来调整采购者与供给者之

① Carter N, Klein R, Day P. *How Organization Measure Success*, New York: Routledge, 1992.

② Ranson S, Stewart J. *Management for the Public Domain: Enabling the Learning Society*, Hong Kong: St. Marting's Press, 1994.

③ Stewart J, "A Dogma of our Times-the Separation of Policy-making and Implementation," Public Policy and Management, 1996, 16(3): 1-8.

间的关系；其四，精简政府职能、缩小政府规模与改革行政审批制度并举，废除行政指令，更多采用市场化治理工具；其五，在政府绩效与政策成效方面，广泛采用市场检测手段，由公众做评判者，并配合使用弹性工资制度①，对享有"无过错不被免职"的文官队伍造成了严重冲击。

美国里根政府面对经济滞胀、财政赤字高涨、民怨沸腾等困境，先后采用过供应学派、凯恩斯主义、货币学派建议，最终认可并实施了货币学派的新自由主义措施。在"政府不能提供解决方案，政府本身就是问题所在"的理念指导下，里根政府实行了以下改革措施：①提高市场利率，控制货币供给，全面实施减税计划；②大规模削减政府机构，在政府内部引入企业管理方法；③减少联邦政府干预，收缩公共服务范围，紧缩社会福利规模，逐步扩大私人和地方政府服务范围与规模；④放松管制。

上述改革措施带领美国度过了艰难的滞胀危机，显著降低了政府财政赤字，政府内部管理效率也得到明显改善。虽然大规模减税导致美国政府公共负债率急剧飙升，继任者们依旧萧规曹随，继续推进行政系统改革和公共物品质量改革。以克林顿政府成立"全国绩效评估委员会"实施"政府再造（reinventing government）"计划为标志，美国行政改革蓝图终于定型为"新治理（new governance）"或"企业型管理规范（the entrepreneurial management paradigm）"，以"放松管制"为基调治理市场和社会。② 具体内容有：①鼓励私营企业参与公共物品生产，通过公共部门和私营部门合作的 PPP（Public-Private Partnership）模式提供公共物品，取代此前支离破碎的公共服务体系；②决策过程分权化，强调与非营利组织（Nonprofit Organization，NPO）建立联盟关系，吸引并授权 NPO 参与公共政策方案设计；③结果导向，强调公共部门行动重点在于具体行动任务而非方案，在于实际绩效成果而非盲目的公共预算投入，在于公共资金投资而非花费，在于认识到顾客需要比政府机关需要更重要；④政府管理广泛采用分权、授权、工作团队、竞争上岗、信息技术等企业管理手段，激励公务员追求工作生活品质。

① Ranson S，Stewart J. *Management for the Public Domain*：*Enabling the Learning Society*，Hong Kong：St. Marting's Press，1994.

② Kettle D F，"What Will New Governance Mean for the Federal Government?，"Public Administration Review，1994，54(2).

美国"新治理"处处充满了新公共管理特征[①]：减少政府干预，放松过度管制；在公共物品领域广泛引入市场机制；顾客至上，赋予民众选择公共物品的权利与机会；联邦政府对州政府、地方政府充分授权；再造政府[②]，精简政府职能、裁撤冗员，建立花费较少运作更好的企业型政府。

与英国"新右派"改革相比，美国"新治理"改革虽然倡导市场导向，但并不将政府与市场对立起来，并不一味强调以市场取代政府在公共领域的角色，仍然承认政府有其独特价值与优势，并不简单地认可"小而美的政府"，而是主张政府治理能力可以在制度层面重建，在具体操作中注重探索政府与企业结盟、政府与社区结盟，协力为全体公众提供更好的公共服务的途径和方法。

新自由主义举措在一定程度上具有放任主义色彩，如放松管制，打破垄断，增进个人自由和选择机会，但它绝不是简单的放任主义，而是强调通过法律与制度在确保起点与机会公平的前提下鼓励公平竞争；通过市场供给公共服务并不意味着政府不再承担责任，相反，政府要承担更艰巨的监管职责；放松管制仅仅意味着政府从直接而烦琐的具体事务中脱身出来，但并不代表政府放松监管。这才是"有效政府"的真实含义，否则必然产生严重的社会不平等、社会冲突和社会危机。这方面的突出教训表现为"华盛顿共识"（Washington Consensus），该共识要求后发展国家不加区分、不计代价地减少政府干预，实施贸易自由化、资本市场自由化，包括利率自由化、汇率自由化、国外直接投资自由化、私有化等。一些国家由于政府监管能力薄弱，难以适应全面开放市场和资本项目带来的挑战，继而丧失了对本国宏观经济的掌控能力，发生经济金融危机，如东南亚金融危机。

4. 多元治理框架中的政府职能

在利用市场力量改善公共服务质量、提高行政效率的过程中，需要避免两种危险：一种是要谨防政府以放松管制为名滑入"尸位素餐式"泥潭，把自己等同于企业；另一种是避免政府以监管为名实施全面干预，退回到"全能

---

① Rosenbloom D H, "The Context of Management Reforms," The Public Manager, 1995, 24(1).

② 再造政府由 4 个计划构成，分别是：1993 年 9 月 7 日发布的《从官样文章到实际结果——建立一个运作更好和花费较少的政府》、1994 年 9 月 14 日发布的《创造运作更好而节省成本的政府：现况报告》、1995 年 9 月 7 日公布的《全民政府：运作更好既节省成本》，以及 1996 年 9 月 20 日公布的《政府的优势秘诀》。

政府"时代。前者意味着将政府履行职能的市场工具等同于履行职能本身，是一种相信市场可以自我约束、相信企业家可以道德自律，从而丧失监管职责和意识的危险倾向；后者则是在对市场抱有的美好期待破灭后的巨大转变，认为借助政府合法性权威、权力和能力，可以解决市场的所有问题。这两种危险分别与"政府失灵"和"市场失灵"有关，但政府和市场并不能彼此成为对方失灵时的灵丹妙药。在此背景下，跨越"政府—市场"二元模式的多元治理框架逐渐成为20世纪90年代之后分析政府、企业和市场角色的主流范式。

多元治理框架强调社会治理主体多元化，在治理规范上既注重正式规则与法律框架的权威性，也重视道德规范等非正式规则的约束力；在治理手段上既有政府行政规制和直接供给，也运用市场化手段和社会动员手段来供给公共物品和公共服务。在这一框架中，政府不再是唯一的公共物品供给者，其角色定位更多地表现为为市场、社会提供制度保障；政府不再埋头于烦琐的具体事务性工作，而是灵活匹配行政、法律、经济、社会、政治途径与方式，发挥全局性统筹协调功能，专注于做长期规划与制度研究；在与公众关系上，政府的行政效果取决于公众的合作与支持，它对社会、企业和公众不仅担负着管理者的角色和职责，更多的是服务者和被监督者角色，社会管理的责任由政府单方面承担转变成为政府、市场和公民共同承担的格局。

相对于传统政府管理，多元治理具有动态化和权变性，外部环境的不确定性增加了公共政策制定过程的复杂性，社会成员行为受环境变量影响呈现多样性与复杂性，由此社会治理与公共事务管理需要追求的是一种"适配性"而非"最优化"，特定条件下管理方法与策略的有效性取决于与场景的适配程度，充满互动、协商与参与。政府通过"服务""管理"而不是"管控""集权"来获取民众支持，在公共政策制定过程中以社会最大利益为取向，注重保护弱势群体的利益。政府、市场和社会等多元主体之间通过相互协作共担责任，政府的核心职能是"保底线强监管"，通过"无为之手"和"扶持之手"实现权力和资源的公平分配与再分配，为市场的充分竞争、自由选择搭建完善的法律和制度框架，为社会自治、自我管理和互助实现，创设民主参与机制与责任机制。

即使是多元治理框架也承认政府对市场发展的作用无可替代。在新结构经济学框架中，无论是非均衡的结构主义发展理论还是新自由主义的华盛顿共识都不能够真正帮助发展中国家实现富强的目标，既然单纯依靠政府干预或者市场竞争无从实现发展，就必须考虑市场优点和政府优势的结合。[①] 经济发展的本质是产业结构不断变迁，而结构变迁是一个技术、产业、软性制度和基础设施结构不断变动的过程，政府应该首先在发现、培育和扶持比较优势产业上发挥"增长识别与协调"作用，其次建设信号稳定的市场制度，为充分利用现有要素禀赋结构创造最多剩余和最快积累，并为提升要素禀赋结构奠定基础，包括交通、电力、港口等基础设施，法治环境、金融系统等基础制度安排，以及鼓励创新者的外部性补偿制度安排等。当市场在自由发展中背离某些道德原则时，政府有责任介入纠偏，必要条件下强化管制。

## 2.3 政府职能及其履行评价

对比世界各国政府做的事情可以发现，政府活动范围覆盖了从天气预报到雾霾预警，从环境卫生到艾滋病防治、甲型流感和新冠肺炎等公共突发卫生事件的预防与控制，从食品药品安全供应到矿藏等公共资源保护，从提供公共医疗、养老等社会保障到确保公共交通安全畅通，从税收征管、物价稳定到维持社会治安、打击和预防犯罪，从打击拐卖儿童到缉私缉毒……政府机构直接供给或者监督着数量与类型都惊人的公共产品和公共服务。

如何才能知道一个国家的政府做了什么？如何才能判断一个国家的政府是否尽了职？一个比较直观的判断方法是观测一个国家的中央政府组织结构与机构设置，但这种方法比较静态。另一个得到比较多共识的评价方法是"政府财政开支"，特别是每年政府财政开支列支细目及其 GDP 比重或占财政开支比重，一年一年累计叠加可以清晰地看出该国政府职能的变化态势，也可以比较国家之间政府职能履行的差异与高下。例如，丹麦在包括教育、社会保障和公共医疗卫生等在内的福利性支出已超过财政支出比重的 70％，德国、澳大利亚、加拿大和美国这一数字比重分别超出了 68％、58％、56％和 57％，欧盟各国社会保障支出占 GDP 比重已经突破了 30％。

通常联邦制国家中央政府和地方政府之间的职能侧重点各不相同，表现在联邦、州和地方三级政府财政开支的重点覆盖范围存在较大差异。以美国为例：美国联邦政府财政开支主要集中在社会保障与医疗保险等权利津贴，以及国防航空、国债利息等方面，其他开支则覆盖了联邦补助金、全国性公

---

① 林毅夫：《新结构经济学》，北京，北京大学出版社，2012。

路与铁路建设、对外援助、联邦监狱、艾滋病等传染病研究与防治。州政府开支则集中在州立大学的高等教育、职业培训、社会服务、医疗补贴等公共福利方面，以及州际道路、退休州政府官员的保险信托基金、补助金、债券利息等方面。[①] 市镇等地方政府均致力于公共物品和公共服务直接供给，财政预算开支集中在中小学基础教育、道路建设与维护、警察和消防、水电煤气电力公共交通等市政公用事业、福利、卫生管理、医院、自然资源、公园、娱乐、市政债券利息等方面。不同州、市镇郡之间的政府职能因为地方自然条件、人口数量与结构、经济发展水平等原因存在很大差异。

以俄克拉何马州(Oklahoma)为例，从 2014—2016 年州内阁的拨款情况看(表 2-1)，该州近年来受到日益严重的财政缺口的威胁，直接影响其对社会公共服务的投入。这个被称为"结构性预算赤字"的财政缺口意味着该州正常的财政收入增长不能为长期财政支出的增长提供足够资金，也意味着该州在正常经济周期内的财政收入不能维持所有的公共服务和基本建设。截至2015 年，该州已经面临超过 7 亿美元的结构性预算赤字，预计未来这一赤字将继续增加，到 2030 年将达到 20 亿美元。

表 2-1　美国俄克拉何马州 2014—2016 年内阁拨款情况

| 财政开支项目 | 2014 财年 | | 2015 财年 | | 2016 财年 | |
|---|---|---|---|---|---|---|
| | 变化 | 总体占比 | 变化 | 总体占比 | 变化 | 总体占比 |
| 教育和发展劳动力 | 3.36% | 50.18% | 2.11% | 50.56% | −2.89% | 50.31% |
| 能源和环境 | 17.25% | 0.44% | −18.77% | 0.35% | −6.01% | 0.34% |
| 金融、管理和信息技术 | 3.40% | 1.66% | −10.30% | 1.47% | −6.26% | 1.41% |
| 健康和人力服务 | 5.26% | 30.48% | −0.42% | 29.95% | 0.41% | 30.81% |
| 军事 | 9.30% | 0.17% | 0.93% | 0.16% | −7.64% | 0.16% |
| 安全保障 | 1.39% | 9.34% | 1.99% | 9.39% | −0.20% | 9.61% |
| 科学和技术 | 0.00% | 0.26% | −5.62% | 0.24% | −7.90% | 0.23% |
| 内阁支出 | 1.05% | 0.20% | −2.34% | 0.20% | −5.79% | 0.19% |
| 旅游 | 0.00% | 0.56% | −4.87% | 0.52% | −6.03% | 0.50% |
| 交通运输 | 1.11% | 2.94% | −5.50% | 2.74% | −6.25% | 2.63% |
| 退伍军人事务 | 0.00% | 0.50% | −3.65% | 0.48% | −1.04% | 0.48% |

资料来源：https://www.ok.gov/OSF/documents/bud16.pdf；https://www.ok.gov/OSF/documents/bud15.pdf。

---

① 美国人口调查局，1990—1991 年度政府财政. Washington D.C.，政府出版署，1992。

　　造成这一结果的主要原因是俄克拉何马州州长实施的大规模减税计划。州长玛丽·法林(Mary Fallin)在预算中规定，从 2015 年 1 月 1 日起，该州个人所得税税率从 5.25% 降至 5%。州财务委员会当时预计这一减税计划会导致 2016 年财政收入直接减少 2.891 亿美元。

　　为了克服这一财政收入缺口带来的困难，同时确保核心基础服务有稳定资金来源，该州决定对 55 个机构减免拨款 6.25%，挤出 3 700 万美元满足最迫切的需求。在此基础上，该州财务委员会预计 2017 年可用收入为 60.6 亿美元，比 2016 年低 12.9%，为此州长提议减少内阁拨款 0.75%，确保最核心的社会服务和政府职能——教育和劳动力发展、健康和人力服务及安全保障——有足够的资金维持运营。

　　而单一制国家将国家职权统一在中央政府，各级地方政府权力由中央政府授予、接受中央政府统一领导，实行层级制控制，职能具有相似性，中央政府和地方各级政府之间存在财政预算平衡、税收返还和转移支付关系。以中国为例：依照预算法规定，财政预算实行一级政府一级预算，共有 5 级预算；国务院编制中央预算草案，经全国人民代表大会批准后执行；地方各级政府编制本级预算草案，由同级人民代表大会批准后执行。中央财政收入由中央财政一般预算收入、中央财政赤字和中央预算稳定调节基金调入三部分构成，其支出包括中央本级支出、对地方税收返还和转移支付、补充中央预算稳定调节基金三个部分。相应地，省级以下各级地方政府的财政收入包括本级一般公共预算收入、中央对地方税收返还和转移支付与地方财政赤字；而本级政府的财政支出包括地方一般公共预算支出、补充地方预算稳定调节基金及结转下年支出、地方政府债券归还本金等。

　　以 2013 年、2014 年为例，图 2-1 至图 2-4 表明，中央政府支出项中对地方税收返还和转移支付预算金额等于地方政府收入项中中央对地方税收返还和转移支付的金额，通常占到地方政府财政收入的 40% 左右。由此判断，尽管中央政府通过国税形式拿走了国民经济中的最大份额，但是中央政府却独立负责国防、航天航空、邮政服务、自然资源保护、国土安全等职能，此外，还对地方政府承担着以"税收返还和转移支付"为载体的职能，监督、引导和推动地方政府履行公共物品和公共服务供给职能。

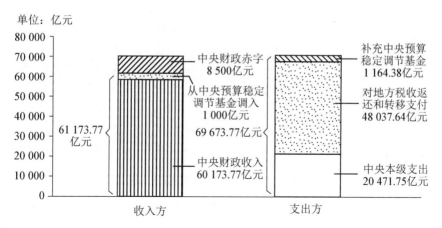

图 2-1　2013 年中央财政平衡关系

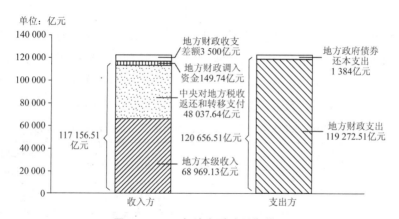

图 2-2　2013 年地方财政平衡关系

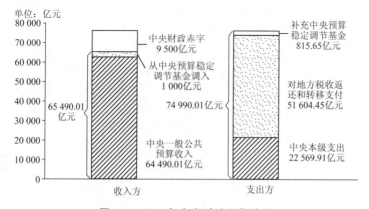

图 2-3　2014 年中央财政平衡关系

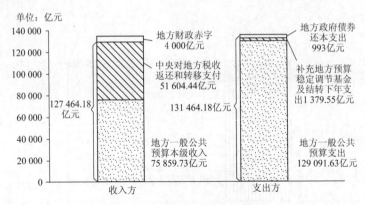

图 2-4　2014 年地方财政平衡关系

（注：图 2-1、图 2-2、图 2-3、图 2-4 均来源于中华人民共和国财政部网站，http://www.mof.gov.cn/zhuantihuigu/）

各级政府公共财政预算支出结构能清晰地呈现各级政府履行职能的基本情况，而每一项职能占预算支出比重及其变化则能动态地展示其职能侧重点的变化，其背后是国内外经济与社会形势变化以及国家政策与战略的调整。下面以 2015—2018 年全国一般性公共预算支出结构变化（表 2-2）为例：

表 2-2　2015—2018 年全国一般性公共预算支出结构及其变化趋势

| 支出项目 | 2015 | 2016 | 2017 | 2018 | 2015—2018 年支出曲线 |
|---|---|---|---|---|---|
| 一般公共服务支出 | 8.56% | 7.55% | 7.61% | 8.10% | |
| 外交支出 | 0.28% | 0.29% | 0.28% | 0.30% | |
| 国防支出 | 5.31% | 5.40% | 5.36% | 5.40% | |
| 公共安全支出 | 5.19% | 5.11% | 5.80% | 6.00% | |
| 教育支出 | 15.84% | 14.80% | 15.09% | 15.00% | |
| 科学技术支出 | 3.33% | 3.36% | 3.50% | 3.60% | |
| 文化体育与传媒支出 | 1.80% | 1.71% | 1.64% | 1.60% | |
| 社会保障和就业支出 | 10.69% | 10.94% | 11.56% | 12.40% | |
| 医疗卫生与计划生育支出 | 6.91% | 6.84% | 7.21% | 7.30% | |
| 节能环保支出 | 2.35% | 2.67% | 2.45% | 2.80% | |
| 城乡社区支出 | 8.22% | 8.79% | 9.85% | 10.10% | |

续表

| 支出项目 | 2015 | 2016 | 2017 | 2018 | 2015—2018 年支出曲线 |
|---|---|---|---|---|---|
| 农林水支出 | 9.88% | 9.69% | 9.93% | 9.20% | |
| 交通运输支出 | 6.45% | 6.44% | 5.32% | 5.10% | |
| 资源勘探电力信息等事务 | 3.09% | 3.31% | 2.87% | 2.30% | |
| 商业服务业等事务 | 0.79% | 0.97% | 0.87% | 0.70% | |
| 金融监管等事务支出 | 0.30% | 0.63% | 0.69% | 0.50% | |
| 援助其他地区支出 | 0.14% | 0.14% | 0.15% | 0.20% | |
| 国土资源气象等事务 | 1.24% | 1.15% | 1.19% | 1.10% | |
| 住房保障支出 | 3.12% | 3.57% | 3.50% | 3.10% | |
| 粮油物资管理事务 | 1.38% | 1.18% | 1.12% | 1.00% | |
| 政府债务付息支出 | 1.94% | 2.93% | 2.83% | 3.20% | |
| 其他支出 | 2.16% | 2.22% | 0.93% | 0.80% | |
| 预备费 | 0.85% | 0.28% | 0.26% | 0.20% | |

资料来源：中华人民共和国财政部网站，http://www.mof.gov.cn/，2020-05-18。

表2-2显示，2015—2018年，一般公共服务、外交国防、公共安全、科学技术、社会保障与就业、医疗卫生与计划生育、节能环保建设、城乡社区建设、对外援助和政府债务支出占比日增，而文化体育与传媒、农林水、交通运输、资源勘探电力信息等事务、国土资源气象等事务、粮油物资管理、商业服务业、教育的预算开支逐年递减，减增变化反映政府职能重心的调整。在外交、国防和教育之外，政府对社会保障、医疗卫生、节能环保、社区建设等关乎民生幸福的职能日益重视，一方面反映了政府对党的十九大报告有关"提高和保障改善民生水平""加强社会保障体系建设""健康中国战略""实施可持续发展战略""推进乡村建设""乡村振兴"等战略目标的落实情况，另一方面反映了政府向进一步简政放权发挥市场机制作用、放松管制和建构服务型政府方向的努力。值得注意的是，随着"一带一路"倡议的逐渐推进，近年来"援助其他地区"开支出现较快增长态势，表明中国在积极"走出去"的同时开始承担一定的国际责任，预计未来对外援助支出仍然会保持稳健

增长。

类似地，国务院各组成部委、各级地方政府均以全国一般预算开支细目作为自身预算草案的设计参照，如表2-3、表2-4和表2-5所示，各机构在具体细目上会根据政策要求、自身职能要求和当年实际情况做调整。

表2-3　中华人民共和国财政部2010年财政拨款支出预算表　单位：万元

| 科目编码 | 科　目 | 合　计 | 基本支出 | 项目支出 |
|---|---|---|---|---|
| 201 | 一般公共服务 | 81 491.42 | 38 482.77 | 43 008.65 |
| 20106 | 财政事务 | 81 491.42 | 38 482.77 | 43 008.65 |
| 202 | 外交 | 76 975.96 | | 76 975.96 |
| 20204 | 国际组织 | 75 733.08 | | 75 733.08 |
| 20205 | 对外合作与交流 | 1 242.88 | | 1 242.88 |
| 208 | 社会保障和就业 | 2 388.04 | 2 388.04 | |
| 20805 | 行政事业单位离退休 | 2 388.04 | 2 388.04 | |
| 213 | 农林水事务 | 1 240.73 | 165.21 | 1 075.52 |
| 21306 | 农业综合开发 | 1 240.73 | 165.21 | 1 075.52 |
| 218 | 地震灾后恢复重建支出 | 120.00 | | 120.00 |
| 21806 | 党政机关恢复重建 | 120.00 | | 120.00 |
| 221 | 住房保障支出 | 3 275.00 | 3 275.00 | |
| 22102 | 住房改革支出 | 3 275.00 | 3 275.00 | |
| | 合　计 | 165 491.15 | 44 311.02 | 121 180.13 |

资料来源：中华人民共和国财政部网站，http://www.mof.gov.cn/。

（注：基本支出，是用于保障财政部机关、财政补助事业单位和财政部驻各地财政监察专员办事处等机构正常运转的日常支出，包括基本工资、津贴、补贴等人员经费以及办公费、印刷费、水电费、办公设备购置等日常公用经费。项目支出，是指财政部机关、财政补助事业单位和财政部驻各地财政监察专员办事处等机构为完成特定的行政工作任务或事业发展目标而支付的专项业务工作的经费支出。如财政国库集中收付银行代理费、"金财工程"建设等项目支出）

表2-4　国家发改委2013年财政拨款支出预算表　　　单位：万元

| 支出科目 | 预算金额 | 备注（增长或减少原因） |
|---|---|---|
| 一般公共服务（类）发展与改革事务 | 57 264.88 | |
| 发展与改革事务 | 42 831.88 | 国家经济安全法律制度研究 |
| 外交（类）对外援助 | 6 800.00 | 应对气候变化国际合作经费对外援助 |

续表

| 支出科目 | 预算金额 | 备注（增长或减少原因） |
|---|---|---|
| 外交（类）国际组织（款） | 614.54 | 国际组织会费增加 |
| 外交（类）其他外交支出 | 405.00 | "联合国可持续发展大会"项目经费减少 |
| 科学技术（类）应用研究 | 684.60 | 在职人员人数增加；社会公益研究，如低碳战略和其他研究 |
| 科学技术（类）技术研究与开发（款）产业技术研究与开发（项） | 0 | 2012年预算执行中，追加产业技术研究与开发资金项目管理费524.00万元，2013年无此事项 |
| 科学技术（类）科技条件与服务（款）科技条件专项（项） | 330.00 | "中央级科学事业单位修缮购置专项资金"项目经费减少 |
| 科学技术（类）科技重大专项（款）科技重大专项（项） | 0 | 比2012年执行数减少42.00万元。2013年无此事项 |
| 科学技术（类）其他科学技术支出（款）其他科学技术支出（项） | 30.00 | 为规范管理，调整相关支出所列科目，由"其他科学技术支出"调整转列"应用研究" |
| 社会保障和就业（类）行政事业单位离退休 | 10 248.50 | 离退休人员人数减少，相应减少支出；离退休人员管理机构在职人员变动，相应减少支出 |
| 社会保障和就业（类）就业补助（款）特定政策就业补助（项） | 0 | |
| 节能环保（类）能源节约利用 | 5 285.00 | "中央节能支出"项目经费增加 |
| 节能环保（类）资源综合利用 | 600.00 | 新增"循环经济发展补助资金"项目经费 |
| 资源勘探电力信息等事务（类）工业和信息产业监管支出事务 | 0 | |
| 国土资源气象等事务（类）国土资源事务 | 100.00 | 新增"国土资源重点开发区规划"项目经费 |
| 住房保障支出（类）住房改革支出 | 2 540.00 | 住房公积金、提租补贴、购房补贴增加 |
| 总额 | 93 902.529 | |

资料来源：中华人民共和国国家发展和改革委员会网站，http://www.mof.gov.cn/。

表 2-5　2014 年四川省政府收支预算表　　　　　单元：亿元

| 2014 年四川省财政收入预算 | | 2014 年四川省财政支出预算 | | | | |
|---|---|---|---|---|---|---|
| | | 支出总额 | 1 818.86 | 省级支出 757.67 | | |
| | | | | 市县转移补助 1 061.19 | | |
| 收入项目 | 金额 | 支出项目 | 金额 | 占比/% | 细目 | 金额 |
| 公共财政收入预算 | 794.2 | 教育发展 | 166.11 | 9.13 | 学前教育 | 4.77 |
| | | | | | 义务教育 | 53.07 |
| | | | | | 中职和高中教育 | 30.8 |
| | | | | | 高等教育 | 69.13 |
| 中央转移支付补助 | 2 600.92 | 文体传媒 | 46.08 | 2.53 | 基层文化建设 | 13.73 |
| | | | | | 五馆免费开放 | 5.02 |
| | | | | | 文化产业发展 | 1.8 |
| | | | | | 公共体育事业发展 | 2.97 |
| 省级预算稳定调节基金 | 18.92 | 社会保障 | 344.97 | 18.97 | 养老保险补助 | 215.29 |
| | | | | | 困难群众救助 | 8.35 |
| | | | | | 社会养老服务 | 8.2 |
| | | | | | 民族地区集中供养 | 7.8 |
| | | | | | 就业创业 | 28.41 |
| 减扣市县补助支出 | −1 595.18 | 卫生与计划生育 | 121.87 | 6.70 | 医疗保险救助补助 | 47.25 |
| | | | | | 基本公共卫生服务 | 18.34 |
| | | | | | 取消药品加成补助 | 9.64 |
| | | | | | 计划生育 | 13.69 |
| 合计 | 1 818.86 | 生态环保 | 90.82 | 4.99 | 生态保护补助 | 44.81 |
| | | | | | 生态环境改善 | 6.2 |
| | | | | | 污染防治 | 15.42 |
| | | | | | 地质灾害防治 | 10.0 |
| | | 工业发展 | 79.06 | 4.35 | 创新驱动发展 | 28 |
| | | | | | 技术改造与园区建设 | 10.1 |
| | | | | | 过剩产能化解 | 10.0 |
| | | | | | 中小微企业发展促进 | 9.58 |

续表

| 收入项目 | 金额 | 支出项目 | 金额 | 占比/% | 细目 | 金额 |
|---|---|---|---|---|---|---|
| | | 农业生产 | 195.07 | 10.72 | 农业基础能力建设 | 28.12 |
| | | | | | 农业生产发展 | 113.15 |
| | | | | | 综合扶贫开发 | 29.89 |
| | | | | | 农村公共服务运行维护机制建设 | 6.85 |
| | | | | | 政策性农业保险补助 | 17.06 |
| | | 商贸服务 | 25.76 | 1.42 | 开放型经济发展 | 8.17 |
| | | | | | 信息消费促进 | 3.0 |
| | | | | | 现代服务业发展 | 9.6 |
| | | | | | 旅游产业发展 | 3.0 |
| | | 基础设施建设 | 429.77 | 23.63 | 预算内基本建设 | 38.0 |
| | | | | | 城乡建设 | 39.0 |
| | | | | | 交通建设 | 223.17 |
| | | | | | 水利建设 | 54.1 |
| | | 城乡住房 | 58.74 | 3.23 | 城市住房建设 | 37.38 |
| | | | | | 农村住房建设 | 13.95 |
| | | 一般公共服务与社会管理 | 244.61 | 13.45 | 行政运行、公共安全、行政执法、社会治理 | 244.61 |
| | | 省级预备费/机动 | 16.0 | 0.88 | 自然灾害救助救济和其他难以预见的特殊开支 | 16.1 |

资料来源：《关于四川省 2013 年财政预算执行情况和 2014 年财政预算草案的报告》，四川省人民政府网站，2020-05-15。

特别地，"税收返还和转移支付"在地方财政收入与财政支出的比值可以量化地方政府的财政自给率，大部分地方政府需要依靠中央转移支付和财政赤字来安排支出资金结构，而市县级政府则需要省级政府转移支付资金支持。换言之，大部分地方的政府职能与中央政府高度一致。从中央政府角度看，这是引导、激励和监督地方政府履行特定职能的主要方式。这是由中央集权制和政府组织结构所决定的，各级政府承担的职能基本相似，差别仅仅在于中央政府决定预算和政策方向，而地方与基层政府侧重于落实政策。

2016—2018 年，中央对地方税收返还和转移支付逐年增长（表 2-6），

2017 年主要是增加均衡性转移支付、困难地区财力补助和支持地方加大短板投入，特别对老少边穷地区转移支付 1 832.9 亿元，继续保障对农业、教育、社保、医疗、就业、生态环保、住房保障等重点领域的专项转移支付。根据化解重大风险攻坚、精准脱贫攻坚、污染防治攻坚、保障和改善民生、深化供给侧改革、落实创新驱动发展、实施乡村振兴战略、推动区域协同发展等战略，2018 年中央对地方一般转移支付增长了 10.9%，其中均衡性转移支付 24 438.57 亿元，老少边穷地区转移支付 2 133.33 亿元，基本养老金转移支付 6 696.56 亿元，城乡居民医疗保险转移支付 2 807.91 亿元；对地方专项转移支付 6.1%，重点落实到现代职业教育和地方高校改革发展、就业补助、退役军人安置、困难群众救助、优抚对象补助、公共卫生服务补助、深度贫困地区贫困人口医疗救助、农业资源与生态保护、保障性安居工程等领域。

表 2-6　2016—2018 年中央对地方税收返还和转移支付　　　　单位：亿元

| 项　　目 | 2016 年执行数 | 2017 年预算数 | 2017 年执行数 | 2018 年预算数 |
|---|---|---|---|---|
| 中央对地方税收返还和转移支付 | 62 479.26 | 65 650.00 | 65 218.1 | 132 551.00 |
| 中央对地方转移支付 | 52 803.91 | 56 512.00 | 57 054.51 | 62 207.00 |
| 一般性转移支付 | 31 977.35 | 35 030.49 | 35 167.90 | 38 994.50 |
| 专项转移支付 | 20 826.56 | 21 481.51 | 21 886.61 | 23 212.50 |
| 中央对地方税收返还 | 9 675.35 | 9 138.00 | 8 163.59 | 8 137.00 |

资料来源：中华人民共和国财政部网站，http://www.mof.gov.cn/。

政府工作的根本目的就是让全体人民过上好日子，补短板、保底线、强监管，保障教育、医疗与养老等基本生活，从来都是政府职能的核心。显而易见，判断一个政府履职情况的典型指标就是公共财政开支占 GDP 比重，特别地，社会保障开支占公共财政总开支比重能够显示一个政府在多大程度上介入义务教育、初级医疗保健、养老保险、失业保障、贫困救济、国民收入再分配、环境保护等市场不能发挥作用的领域。

欧盟国家一般把社会保障总开支占 GDP 的 30%、社会保障总开支占公共总开支的 50% 作为基本标准，但是在经济条件不具备的时候，居民幸福感、获得感、满足感等主观评价指标同样可以判断政府履行职能的基本情况。无论如何，政府财政功能应当转变到有效提供公共产品、促进资源优化配置、促进市场一体化、维护社会公平、国防建设和社会长治久安等方面。

提供有效率的公共服务是解决人民日益增长的美好生活需要和不平衡不充分发展之间矛盾的着力点。

# 2.4 政府职能理论定位与实际履行偏差

在萨缪尔森（Paul A. Samuelson）和诺德豪斯（William D. Nordhaus）看来，理性的市场经济使得所有物品和劳务都可以依照市场价格自愿地以货币形式达成交换，人们能够从社会上可供利用的资源中获取最大收益，无须政府干预，更谈不上什么政府职能。[①] 但他们认为，现实世界还不曾出现这样的理想状态，更多时候需要政府，不论这个政府有多么保守，都不会对经济袖手旁观。他们认为政府职能是包罗万象的，就经济层面而言，政府应当通过促进市场健康发展，控制污染、食品药品不安全等"负外部性"问题，提供国防警察、法律制度、道路设施、电力通信、基础科学研究等公共物品；应当通过财政税收、预算支出等手段，如最低工资标准、提高个人所得税起征点、实行累进税、遗产税、最低生活保障制度、转移支付等，向弱势群体倾斜收入再分配，填补贫富差距鸿沟，增进社会公平；应当通过财政税收、货币政策促进宏观经济稳定与增长，在鼓励经济增长的同时减少失业，稳定物价，降低通货膨胀。对于后发展中国家而言，政府对健康经济环境的塑造尤其重要。政府首先在投资教育、医疗、交通设施建设和人力资源开发方面有主导作用；其次是推崇法治、建立法治环境。政府在不具优势的领域应放松管制，维护公平竞争，让市场发挥作用；而在具有优势而市场信号不明显的领域，应当强化监管。

然而，无论在哪一个国家，有关政府职能的理性认知或理论定位与其实际履行之间总是存在极大差异。面对"做什么"和"不做什么"的选择，政府并不一定按照理性认知行事，而是由各种偏好因素和约束条件相互作用而决定。正如萨缪尔森所言，"依照许多人的看法，政府应该建立一个公正而有效率的法律机制；政府应该运用最优的宏观经济政策稳定产量、失业率以及通货膨胀；政府应该调节工业生产，克服市场失灵"[②]。政府应该通过收入

①　［美］保罗·A. 萨缪尔森、威廉·D. 诺德豪斯：《经济学》，第 17 版，肖琛译，北京，人民邮电出版社，2004。

②　［美］保罗·A. 萨缪尔森、威廉·D. 诺德豪斯：《经济学》，第 12 版，肖琛译，北京，中国发展出版社，1992。

分配和再分配政策帮助那些最需要帮助的群体，政府应该约束资本趋利动机、强化监管、避免不合格不健康产品危害公众安全……但是政府会这样做吗？政府会依循那些有志于创造一个有效且公正社会的经济学家们的说教吗？

无论是基于制度逻辑分析框架①，还是基于权力配置分析框架②，政府特别是地方政府做什么、做了多少、做得好与坏，其首要决定因素并不是对政府职能的理性认知程度，而是在现实各种约束条件下的理性选择与行为激励结果，既要考虑市场经济运作规律、市场转型需求和政府角色规范的联合国标准，也要考虑地方行政生态与自然条件适配性。有观点认为，关于"地方政府做什么"的职能配置从来不是一个自主性选择结果，而是一种适应性调整过程的结果，地方政府职能定位及其履行在很大意义上并不是一个理论认知的问题，而是政府行为偏好与约束条件相互作用的产物，对中国地方政府尤其如此。③

具体而言，地方政府职责范围首先来自国家权力机关和中央政府授权，依照中央政府和地方政府之间的财政预算平衡关系，中央与省级政府、省级政府与地市县级政府之间通过层层"税收返还与转移支付"方式实现了政府职能层层传递，"地方政府做什么"的答案必须反映上级政府意志，上级政府某项法律法规政策的出台或调整也会体现在下级政府职能部门的设置与调整方面。这些例子包括流浪乞讨人员救助管理、突发事件应急管理、新型农村合作医疗保险、城镇居民医疗保险、最低生活保障、城乡居民养老保障等职能，地方政府或新设机构，或在原有机构基础上做整合，其依据要么来自上级政府文件规定，要么来自上级政府职能配置调整的示范性影响。

但仅此还不够，不同地方政府还面临本行政区域独特的自然生态、经济水平、文化风俗与人口结构，其职能配置在反映上级政府意志的同时必须回应本区域的行政生态，政府角色定位必须与本地区地理位置、自然条件、经济模式和社会结构相契合，这也是本区域对政府职能提出的具体要求。在地方政府之间因政绩、晋升而存在竞争关系的情况下，地方政府特别是主政者

① 叶托：《中国地方政府行为选择研究——基于制度逻辑的分析框架》，博士论文，浙江大学，2012。
② 马斌：《地方政府职能转变的内在逻辑：权力配置的分析框架》，载《中共杭州市委党校学报》，2010(6)。
③ 马斌：《地方政府职能配置的三种路径》，新华网，2009-06-09。

具有回应本行政区域诉求的内在动力。在"绿水青山就是金山银山"等上级政府意志约束下，挖掘区域经济增长潜力必然落实于制度环境、公共基础设施、公共物品供给和市场公平竞争秩序保障，地方政府职能重心也因此从单纯地追逐GDP逐渐向经济建设与民生服务并重的方向转变，体现出更多的地方诉求与地方特色，地方政府之间竞争关系的焦点也从单一的GDP排名向民生保障排名转化，更关注民众生活质量。

根据《国家生活质量指数排行榜》，货币购买力指数（purchasing power）、安全指数（safety index）、卫生保健指数（health care）、生活成本指数（cost of living）、房价收入比（property price to income ratio）、通勤时间指数（traffic commute time）、污染指数（pollution）、景气指数（climate index）等构成了生活质量指数（quality of life-index）的核心，丹麦、芬兰、荷兰、瑞士、奥地利、德国、澳大利亚、新西兰、美国、瑞士、爱沙尼亚、挪威、日本、斯洛文尼亚、西班牙、加拿大、英国、葡萄牙和法国等国经常上榜且排名前列。近年来，在国家东中西部平衡发展的战略部署以及"一带一路"倡议的推进下，中国各级政府日益重视民生发展。智库对各地民生指数研究及其排名（表2-7），极大地刺激了地市级政府在民生服务方面的投入。

表2-7 地级市民生发展100强

| 地区 | 指数值 | 排名 | 地区 | 指数值 | 排名 | 地区 | 指数值 | 排名 |
|---|---|---|---|---|---|---|---|---|
| 金华 | 0.5 | 1 | 三亚 | 0.309 9 | 35 | 贵港 | 0.279 5 | 69 |
| 苏州 | 0.423 7 | 2 | 芜湖 | 0.309 7 | 36 | 盘锦 | 0.279 3 | 70 |
| 东莞 | 0.413 5 | 3 | 潍坊 | 0.307 1 | 37 | 肇庆 | 0.279 1 | 71 |
| 珠海 | 0.395 8 | 4 | 江门 | 0.306 1 | 38 | 孝感 | 0.278 8 | 72 |
| 中山 | 0.382 1 | 5 | 包头 | 0.305 7 | 39 | 池州 | 0.277 3 | 73 |
| 无锡 | 0.376 7 | 6 | 三明 | 0.305 6 | 40 | 茂名 | 0.277 1 | 74 |
| 阿拉善盟 | 0.356 3 | 7 | 大兴安岭 | 0.303 8 | 41 | 淮安 | 0.276 9 | 75 |
| 威海 | 0.353 3 | 8 | 鄂州 | 0.297 9 | 42 | 开封 | 0.276 6 | 76 |
| 佛山 | 0.352 9 | 9 | 衢州 | 0.297 1 | 43 | 新余 | 0.275 8 | 77 |
| 绍兴 | 0.351 5 | 10 | 滨州 | 0.296 1 | 44 | 鹰潭 | 0.274 8 | 78 |
| 常州 | 0.349 7 | 11 | 泰州 | 0.295 5 | 45 | 巴中 | 0.274 7 | 79 |
| 鄂尔多斯 | 0.340 2 | 12 | 扬州 | 0.295 2 | 46 | 株洲 | 0.274 3 | 80 |
| 舟山 | 0.335 1 | 13 | 克拉玛依 | 0.295 | 47 | 益阳 | 0.274 1 | 81 |

| 地区 | 指数值 | 排名 | 地区 | 指数值 | 排名 | 地区 | 指数值 | 排名 |
|---|---|---|---|---|---|---|---|---|
| 嘉峪关 | 0.331 4 | 14 | 日照 | 0.293 2 | 48 | 廊坊 | 0.273 5 | 82 |
| 惠州 | 0.329 2 | 15 | 汕头 | 0.292 | 49 | 连云港 | 0.273 4 | 83 |
| 镇江 | 0.325 8 | 16 | 遵义 | 0.291 3 | 50 | 宁德 | 0.273 4 | 84 |
| 泉州 | 0.324 8 | 17 | 随州 | 0.289 1 | 51 | 聊城 | 0.273 3 | 85 |
| 嘉兴 | 0.322 7 | 18 | 攀枝花 | 0.288 9 | 52 | 阳江 | 0.273 2 | 86 |
| 黄山 | 0.322 7 | 19 | 襄阳 | 0.287 5 | 53 | 南平 | 0.272 9 | 87 |
| 湖州 | 0.322 7 | 20 | 唐山 | 0.287 | 54 | 桂林 | 0.272 9 | 88 |
| 乌海 | 0.322 1 | 21 | 临沧 | 0.286 6 | 55 | 黑河 | 0.272 6 | 89 |
| 南通 | 0.321 5 | 22 | 莱芜 | 0.286 6 | 56 | 临沂 | 0.271 5 | 90 |
| 龙岩 | 0.318 8 | 23 | 徐州 | 0.285 6 | 57 | 黄石 | 0.271 5 | 91 |
| 东营 | 0.318 3 | 24 | 榆林 | 0.284 8 | 58 | 荆门 | 0.271 | 92 |
| 秦皇岛 | 0.316 5 | 25 | 鹤壁 | 0.284 7 | 59 | 巴彦淖尔 | 0.27 | 93 |
| 吐鲁番 | 0.315 5 | 26 | 本溪 | 0.284 1 | 60 | 铜陵 | 0.269 8 | 94 |
| 湘潭 | 0.315 5 | 27 | 鸡西 | 0.283 7 | 61 | 晋城 | 0.269 8 | 95 |
| 淄博 | 0.314 4 | 28 | 盐城 | 0.283 7 | 62 | 伊春 | 0.269 6 | 96 |
| 酒泉 | 0.313 9 | 29 | 锡林郭勒盟 | 0.282 7 | 63 | 抚顺 | 0.269 4 | 97 |
| 台州 | 0.313 7 | 30 | 鹤岗 | 0.280 8 | 64 | 朔州 | 0.269 4 | 98 |
| 宜昌 | 0.313 4 | 31 | 马鞍山 | 0.280 7 | 65 | 衡阳 | 0.269 3 | 99 |
| 烟台 | 0.313 2 | 32 | 咸宁 | 0.280 6 | 66 | 铜仁 | 0.269 3 | 100 |
| 温州 | 0.312 8 | 33 | 济宁 | 0.280 4 | 67 | | | |
| 呼伦贝尔 | 0.311 7 | 34 | 丽水 | 0.279 8 | 68 | | | |

资料来源：北京师范大学民生课题组：《中国民生发展报告》，北京，北京师范大学出版社，2018。

值得注意的是，地方主政者的个人偏好、决断能力对地方政府职能配置与定位具有重要影响，对地方政府职能细节具有决定性作用。如果主政者认为教育是投资性职能，那么地方政府就可能倾向于积极推行教育免费政策，而主政者一旦认为教育是成本性职能，则地方政府就可能倾向于通过市场化手段减少教育开支。

基于行政审批制度改革的主旋律，上级政府对下级政府的层层授权与分权，在反映上级政府意志和回应本行政区域生态①的过程中，是更为重视政治与社会环境、经济环境、社会文化环境，还是更重视医疗和健康、学校和教育、公共服务和交通、娱乐休闲、日用消费品、住房、自然环境，与地方行政首长的决策直接相关。行政审批制度改革客观上赋予了地方政府丰富的行为自主空间，为地方主政者的个体偏好与行为提供了一个充满弹性的选择空间。如果上级政府无法对地方政府实施有效监督和控制，地方主政者就会形成一种职能范畴内自主性扩张的自我强化机制。这一自我强化机制的积极意义在于形成了地方政府职能范畴、地方经济发展和社会治理模式的区域性特征，在地方行政首长"造福一方"的情怀加持下为地方留下传承性政绩。但也存在负面效应，即地方行政首长过于根据自身偏好而选择性地执行上级政府意志，与上级政府博弈，或者过于根据自身效用目标对本区域行政资源做政治动员，从而超出地方政府行为边界。

如何才能激励地方政府更积极地响应上级政府特别是中央政府意志，更好地回应本行政区域诉求呢？周黎安借鉴改革开放经验，主张超越各种规则与程序约束，充分激励地方政府避免形式主义和官僚主义。②《中共中央关于全面深化改革若干重大问题的决定》明确回答了"地方政府做什么"的问题，即地方政府在"公共服务、市场监管、社会管理和环境保护"等领域的职责需要强化，中央和地方按照事权划分相应承担和分担支出责任，根据地方政府职能配置、中央与地方关系边界需要合理分配中央和地方之间的事权、财权。在依法行政、依法治国的语境下，地方政府职能转变和机构改革目标的实现有赖于地方政府激励与约束之间的平衡，促使其渐进式地走向"束手做事"，授权放权之外，更重要的是事权、财权匹配，以及引入社会力量实施充分监督和制约。

以往地方政府几乎以经济职能为唯一职能，地方经济发展以地方官员战略目标、产业规划为中心，地方政府公司化倾向非常严重，对环境资源、收入分配、教育医疗、房价养老等民生问题关注度甚少，造成这一结果的直接原因是纵向一级一级的行政分包体制和横向同级地方官员之间的晋升竞争关

---

① 前者关注的是政局稳定、犯罪率、执法程度、汇率监管、金融服务业、媒体与新闻审查、个人自由限度；后者则侧重于医疗服务、传染性疾病、污水处理、废物处理、空气污染、水、电、公交、道路拥堵、餐饮、影剧院、体育运动和休闲设施、食物药品安全、耐用消费品、家用电器、家具、维修服务、气候与自然灾害应对。

② 周黎安：《地方政府改革不能只在收放权上绕圈子》，载《中国青年报》，2013-11-29。

系，前者为地方政府提供了大量资源和自由裁量权，后者则调动了发展经济的内在积极性。在此激励机制下，地方政府成为富有活力、创造力和勇于突破体制约束的行为主体，但同时也导致了行政首长个人偏好替代公众偏好、唯 GDP 导向、深度干预市场、地方保护主义、权力失范、腐败滋生和预算软约束等弊端。

只有给予地方政府适配性激励与约束，才能真正激励地方政府将公共资源和权力用于促进地方经济和民生发展。有些地方几乎 100% 的财政开支都需要依靠上级政府转移支付和专项补助，而有些地区则不到 50%，这意味着中央政府和地方政府之间不能延续以往层层分包的方式，而应以"分工协作"为基本方向，明确划分中央政府和地方政府负责的公共物品和公共服务范畴，并引入媒体、网络等社会力量对地方政府进行监督，有效克服信息不对称现象，从而保证中央下放权力对地方政府有效激励的同时，下放的权力也能得到充分监督与制约。

2016 年国务院《关于推进中央与地方财政事权和支出责任划分改革的指导意见》是一个可喜的进步，其中明确提出：

(1)逐步将国防、外交、国家安全、出入境管理、国防公路、国界河湖治理、全国性重大传染病防治、全国性大通道、全国战略性自然资源使用和保护等基本公共服务划归中央政府负责。

(2)逐步将社会治安、市政交通、农村公路、城乡小区事务等受益范围地域性强、信息较为复杂且主要与当地居民密切相关的基本公共服务确定为地方政府职能范畴。

(3)逐步将义务教育、高等教育、科技研发、公共文化、基本养老保险、基本医疗和公共卫生、城乡居民基本医疗保险、就业、粮食安全、跨省(区、市)重大基础设施项目建设和环境保护与治理等体现中央战略意图、跨省(区、市)且具有地域管理信息优势的基本公共服务确定为中央与地方共同分担负责的职责范畴。

(4)将体现国民待遇和公民权利、涉及全国统一市场和要素自由流动的基本养老保险、基本公共卫生服务、义务教育等职能，研究制定全国统一标准，并由中央与地方按比例或以中央为主承担支出责任。

(5)对受益范围较广、信息相对复杂的职责如跨省(区、市)重大基础设施项目建设、环境保护与治理、公共文化等，根据财政事权外溢程度，由中央和地方按比例或中央给予适当补助方式承担支出责任；对中央和地方有各自机构承担相应职责的财政事权，如科技研发、高等教育等，中央和地方各自承担相应支出责任。

(6)居民生活、社会治安、城乡建设、公共设施管理等由基层政府负责，以强化基层政府贯彻执行国家政策和上级政府政策的责任。

综上，政府职能通常体现为公共物品供给，许多国家在制度、法律、政策、财政等方面采取措施不断提升公共服务水平和公共物品质量，证明自身相对于社会的存在价值，但"政府提供多少公共服务和物品才是合理的"是一个历史性和世界性课题，只有与时俱进，没有一蹴而就之说。

# 第 3 章
# 政府如何做：治理工具

关于政府性质、角色与职能的论述回答了"政府是什么"和"政府做什么"的问题，着眼于强调政府的合法性来源。简言之，政府因为接受公众委托而产生了合法性权威，其主要功能是为民众提供分散的个体力量不能承担的公共物品和公共服务，让国民享有安定的社会环境和便利的生活条件，是"做正确的事"。在公共物品供给机制与手段方面，"政府如何做"既涉及政府职能履行工具选择，更是与政府治理能力相关的基本议题，着眼"正确地做事"，兼顾责任性、合法性、公平性与效率性等政府目标。

## 3.1 典型案例问题求解路径及引发的问题

无论是狭义地沟油①还是广义地沟油②，经检测，都极不卫生，过氧化值、酸价和水分都严重超标，还含有毒素，流向江河会造成水体营养化，被人体吸收后则会破坏白血球和消化道黏膜，引起食物中毒，严重的则致癌。但消费者并没有条件鉴别地沟油，也难以监督商家不使用地沟油。为了保护民众免受地沟油伤害，政府实施有效监管是其职责所在。早期政府将地沟油视为餐馆厨余垃圾，依照相关的餐厨垃圾处理管理办法处理，后来明确禁止地沟油再上餐桌。但是因为监管缺失、疏漏或者执法不严、执法力量不足，地沟油上餐桌现象屡禁不止，黑心商家在趋利动机驱使下，对地沟油的生产和使用更是变本加厉，地沟油监管与治理陷入困境（图 3-1）。

---

① 狭义地沟油是将下水道中的油腻漂浮物或宾馆、酒楼的剩饭、剩菜进行简单加工所提炼出的油。

② 广义地沟油是将劣质猪肉、猪内脏、猪皮加工后提炼出的油，以及用于油炸食品的油使用次数超过规定要求后再被重复使用，或往其中添加一些新油后重新使用的油。

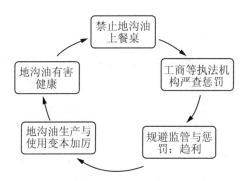

**图 3-1 传统的地沟油监管模式及其困境**

但是，地沟油作为一种现实危害，就没有更好的治理方式吗？客观而论，在生物燃料技术没有取得突破之前，地沟油最多可以用作堆肥或者有机肥料的原料，但成本收益之间的不对等导致这一环保型循环利用方案无法得到推广，政府监管自然也找不到突破口。直到 2011 年欧洲生物燃油技术实现突破并提出了一个新的解决方案——把有害地沟油作为航空燃油送上天。

2011 年 10 月 7 日，英国汤普森航空公司成功推出首个"地沟油航班"（英国伯明翰—西班牙兰萨洛特），执行任务的是一架双引擎波音 757 飞机，其中一个引擎使用的燃料是由厨房废油加工制成的 50% 氢酯和脂肪酸。2012 年 6 月荷兰皇家航空公司旗下的 SkyNRG 公司也使用炒菜后的植物油提炼加工成飞机燃油执行了一次商业飞行。两次实验证明：处理好了的地沟油可以成为很好的生物燃料原材料，由其制成的航空生物燃油燃烧值和普通石化燃油基本相同，处理好的废弃地沟油能 100% 替代石化燃料，能直接减少二氧化碳和颗粒污染物排放。虽然目前加"氢"处理废弃地沟油的生产成本较高，但相比普通石化飞行燃料，每吨地沟油燃料净化天空的环境效益要多出 1%～2%。

航空燃料技术突破直接带来欧洲地区对地沟油的强劲需求，要满足航空燃油原材料的庞大需求就必须对地沟油进行有效的集中回收处理。荷兰等欧洲国家的餐馆有比较规范的回收系统，能很好地收集厨后菜油，但家庭厨后菜油通常被倒入垃圾桶。随着地沟油航班启航，对地沟油原料制成的航空燃油需求量远远超过当地供给能力，航空公司开始将视线投向中国。① 荷兰皇

_____

① 地沟油原料的需求大增还有一个重要背景：从 2012 年开始，欧盟正式启动欧盟排放交易体系（EU ETS），全球 4 000 多家航空公司向欧盟支付碳税，为超出配额的碳排放量支付购买成本。

家航空公司 2011 年 11 月到山东青岛采样地沟油，2012 年 7 月到上海采样 2 000 吨地沟油，并与上海绿铭环保科技有限公司初步达成协议：如果样本达到要求，每年会有 12 万吨地沟油的采购合同。

2011 年中国民航局出台节能减排指导意见，提出到 2020 年我国民航单位产出能耗和排放要比 2005 年下降 22%。早在 2009 年，中国石化就启动了生物航油研发，2011 年 12 月首次生产出合格生物航煤，2013 年 4 月 24 日上海虹桥机场东航成功完成技术试飞，2014 年 2 月 12 日中国第一张生物航煤适航许可证发放，2015 年 3 月 21 日海航 HU7604 航班波音 737-800 型客机搭载 156 名乘客和 8 名机组人员从上海飞达北京，顺利完成生物航煤首次商业载客飞行。两台 CFM56-7B 发动机的燃料是由 50%航空生物燃料与 50%传统石化航油混合而成，在保证飞行安全和效率的前提下有效减少了 50%～80%的碳排放。

这一技术革新为彻底切断地沟油回流餐桌提供了契机。上海、广州、云南等地方政府充分利用这一契机，采取特许经营管理模式重新发起治理地沟油的运动。上海市 2012 年 12 月 17 日公布了《上海市餐厨废弃油脂处理管理办法》，规定：①禁止任何单位和个人擅自从事餐厨废弃油脂的收运和处置活动，由政府特许经营的收运和处置单位来承担；餐厨废弃油脂单独收集，不得混入垃圾或裸露存放。②各区县绿化市容部门根据所辖区域内餐厨废弃油脂的产生数量，通过招投标方式确定本辖区的收运单位和处置单位。③招标完成后，绿化市容部门与中标的收运单位和处置单位签订服务特许协议，明确收运单位、处置单位的服务范围、服务期限、服务规范、调整机制、违约责任，以及收运去向或者处置后的产品及去向等内容。④除部分可以自行运输餐厨废弃油脂的单位外，上海市所有产生单位将产生的餐厨废弃油脂送交政府特许经营的收运单位运输，并与收运单位签订收运合同。⑤擅自从事餐厨废弃油脂收运或处置活动将被处 5 万元以上 10 万元以下的罚款；将餐厨废弃油脂提供给其他单位和个人或放任其他单位和个人收运的产生单位，也将被处以 2 万元以上 5 万元以下的罚款。

《云南省关于做好地沟油制生物柴油工作的指导意见》(2012)、《广州市餐饮垃圾和废弃食用油脂管理办法(试行)》同样对地沟油收集、清运、提取加工和销售实行特许经营制度，明确地沟油只能作为生产生物柴油的原料，统一交售给生物柴油生产企业用于制取生物柴油的基本原则。"招投标""特许经营""合同""违章罚款"等措施多管齐下，充分利用趋利动机激励人们积极从事地沟油回收处置，不仅可以供给欧洲航空市场，还可以满足中国减少碳排放的需求，不仅有可能杜绝地沟油回流餐桌，还能衍生出巨大的环保效应。

至此，彻底解决地沟油回流餐桌似乎找到了一个新的方向，但事实上大规模使用地沟油作为生物燃油原料还面临一系列难题，如果找不到解决方案，那么地沟油回流餐桌依然存在可能。大规模使用地沟油制成的航油直接受成本约束。按照国际标准测算，生物航油成本是石化航油成本的2～3倍。一系列问题由此而生，比如：

(1)大规模应用生物航油需要什么治理工具来推动？

(2)应该如何做才能激励航空公司愿意首选生物航油？

(3)如何确保生物航油与石化航油之间的公平竞争？

(4)如果航空公司愿意首选生物航油，那么如何才能确保地沟油原料的充分供给？直接由国有企业来承担吗？

(5)如果国有企业不愿意承担，民营资本和民营企业在什么条件下才愿意介入到地沟油统一回收与处置过程之中？

关于地沟油处置、回收与衍生问题的讨论，使得人们对"政府做什么"的认识更进了一步。以前用政府机构名称来判断政府职能，后来使用"财政开支""国民幸福感""生活质量指数""民生指数"等指标来评价政府职能履行情况，但依然不够具体、生动。从地沟油治理困境求解路径可以看到，"政府做什么"与"政府如何做"之间，政府治理内容、政府职能配置与治理工具、治理能力之间存在一个生动的逻辑关系。"我们可以把政府看作一系列行政工具，好比木匠业和园艺业的工具或你喜欢的任何其他事物，政府行政是关于社会控制(或社会管理、服务社会)的工具……正如任何其他事物，政府行政也有一个工具箱。在许多不同的团体和环境中，政府对我们(国民或公民)所做的是尽力通过运用一系列行政工具塑造我们的生活以迎合各种目的。"[①]

政府拥有一个"行政工具箱"，根据"各种目的"的特点选择行政工具来满足需要，公众的各种目的显然不是其他而是各类公共物品和公共服务。这一比喻有助于人们从"园艺工具"角度理解政府职能配置，在此语境下，政府部门不再是一个个冷冰冰、抽象的"部""厅""局""处"或"科"，也不再是一个个复杂而抽象的财务数据，而是与民众日常生活需求切实相关的公共物品及其获取途径，以及资源配置机制。

---

① Christopher Hood，*The Tools of Government*，London，Wiley，1983.

## 3.2 公共物品基本属性与资源配置机制

笔者 2010—2019 年期间每年春季或秋季做街头随机调查，先后邀请大约 1 500 名左右的受访者回答以下 3 个问题：

(1)请以你的生活场所为中心，列举 20 个与你生活、工作有关的物品。

(2)针对上述 20 项物品，你认为哪些属于私人物品？哪些属于公共物品？它们分别可以通过哪些渠道获取？

(3)在选择上述物品的获取渠道时，你认为需要考虑哪些因素？

第一个问题的答案内容繁多，依照"产权"或"收费"标准，水杯、钱包、身份证、银行卡、会员证、电脑、手机、iPad、雨伞、家里的所有东西、学校课桌与黑板、公园绿地、国家图书馆、大学操场、大学体育馆、博物馆、艺术馆、公交地铁、共享单车、天气预报、新闻联播、警察、城管、军队、道路桥梁、河流、自来水、煤气、电力、高速公路、加油站、风景区、红十字会献血车或献血站、血液制品、公共医疗保健、养老院、住房公积金、失业保险……是最常出现在物品清单上的东西，受访者对大部分物品的私人属性和公共属性认识得较为清楚，但对共享单车、体育场馆、高速公路、5A级别风景区、加油站、血液制品、养老院、住房公积金等物品与服务存在一些认识上的分歧。

受访者认为可以通过"各种渠道购买""劳动换取""交换""亲友赠送/赠予""继承"等渠道获取私人物品，其中通过"购买"获取完全产权是主要渠道（图 3-2）；在公共物品获取渠道方面，60%的受访者认为应当由"政府或供职单位"免费提供，36%的受访者认为可以"通过办理相关证明免费获取"或"支

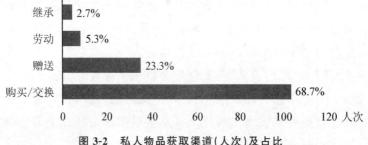

图 3-2　私人物品获取渠道(人次)及占比

注：进一步追问发现，受访者并没有严格区分"交换"和"购买"，且认为通过交换物品和用现金购买某物品是相似的，都必须支付成本，因此做合并处理。

付一定费用获取"（图 3-3）。针对个人物品获取渠道的选择，受访者将"价格""便利性"和"个人偏好"视为主要考虑因素（图 3-4）；而对于公共物品获取通道的选择，则主要考虑的是"可获得性""成本""合法性"和"他人利益"等因素（图 3-5）。

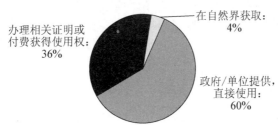

图 3-3　公共物品获取渠道及占比

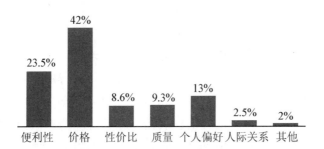

图 3-4　私人物品获取渠道选择时的考虑因素及占比

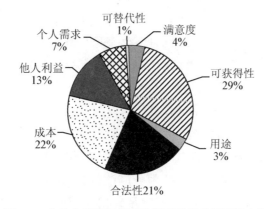

图 3-5　公共物品获取渠道选择时的考虑因素及占比

总体而言，列举一系列物品并由此认识私人物品与公共物品的关系与边界，对于人们理解公共物品及其属性具有强烈的现实意义。

### 3.2.1　公共物品基本属性

私人物品一旦获取之后，所有者就对其拥有完全的产权与处置权；而公共物品则呈现出比较抽象的特质。公共物品有有形与无形之分，人们日常生活中打交道的公共物品类型与数量极其繁多，典型的如教育、法律秩序、航空航天、道路桥梁街道、医疗卫生与保健、公共交通、国防建设、环境污染防治、高速公路、铁路等基础设施、公共电视频道、天气预报、基础电信服务，等等，它们都具有四个基本属性。

(1)非占有性、共有性、非竞争性、非排他性和外部性。公共物品并非被某些特定人群占有并享受的福利，而是社会中每个人都能从中受益的公共福利，每个社会成员都不会被排除在外，也不因为使用者的经济状况与社会条件不同而有所差异，一个社会成员对一种公共物品的消费并不影响其他社会成员对该产品的消费和使用。如义务制教育，该项公共物品是文明社会中每个人都应当享有的福利，也是一个现代政府必须履行的基本职能之一。公共物品的这些特性导致其供给存在稀缺性，只能依靠政府组织生产和供应。特别值得注意的是公共物品的外部性属性，尤其是其"负外部性"的存在。人们一般会关注到公共物品具有"正外部性"，但事实上公共物品同样存在"负外部性"，高速公路、加油站、核电设施、垃圾站、垃圾焚烧站、传染病医院、殡仪馆、化工厂和监狱等公共物品在为整体社会带来福利的同时，周边居民不得不承受其噪音、污染、危害等诸多负外部性威胁。这一点在大型公共基础设施领域尤为突出，由此出现的"邻避现象（Not In My Back Yard，NIMBY）"展现出民众在公共物品上的自我矛盾态度，即既希望享有其带来的好处，又不希望承担其附带的坏处。

(2)资金来源的税赋性。公共物品与服务通常部分或全部通过由税费、国债等构成的公共财政支出方式集体付费。"即使是那些宁愿将这种服务减至最低限度的政客们也承认，这些服务应该由公营部门来提供。"[①]这些物品与服务不在市场上出售，即使有些物品采用了"使用者付费"原则，如护照费、签证费、拥堵费、排污费、救护车费、输血费等，也改变不了这一属性。

(3)负责对象的公众性和非营利性。政府为其国民提供公共物品的目标

---

① ［英］诺曼·弗林：《公共部门管理》，曾锡环译，北京，中国青年出版社，2004。

不是获取利润，而是其本质属性使然，是由其责任性、公平性等目标所决定的，通过公共预算、多元博弈等政治过程受到控制，向公众而非股东负责。在具体供给过程中，公共物品既可以直接由公共部门提供，也可以通过某种"商业化"途径完成。前者是指通过国有企业直接供应或特许经营方式供给，如自来水、煤气、电力等公共物品，以及食盐烟草专卖；后者是指政府使用财政补贴、税收优惠、特许经营、PPP等工具鼓励市场积极参与公共物品供给，但并不改变其公共属性，也不会改变政府应当承担的监管职责。如邮政业务中的平信，1990年7月30日之前国内平信外埠20克以内邮资0.08元、本埠平信邮资0.04元，经过1990年、1996年、1999年、2004年和2006年5次调价，自2006年11月16日起国内平信本埠20克内0.8元，国内平信外埠20克1.20元，100克内本埠信函0.8元。但涨价后也仅覆盖了部分运营成本，尽管亏损但也不可能取消，这是一项基本政府职能，主要为低收入阶层和偏远地区民众享有通信服务创设条件。

（4）较少使用价格机制。基于合法性与权威性维持的需要，政府必须为其国民提供教育、医疗、养老、水电煤气等基础性公共物品和公共服务，在支付能力和服务享有之间并不存在直接因果。这些公共物品通常有自然垄断性，在调控供求的时候很少使用价格机制。但是，"较少使用"不等于"不使用"，它与市场自主经营采用价格机制调节供求关系有一定相似性，但并不完全相同，公共物品涨价必须通过政府召开"价格听证会"，经过广泛质询，在听证会后决定。由于供给主体比较单一，具有一定垄断性，公众对这些物品其实没有多少选择余地，唯有通过价格听证会参与多方博弈，尽可能地表明态度，维护自身利益。以北京自来水涨价听证会为例进行说明。

2014年3月北京自来水再次酝酿涨价，计划居民用水大约上涨0.3元，达到4元/吨，非居民用水则因行业差异而不同。水价构成=自来水水费+水资源费+污水处理费，第一项属于经营性收费，后两项属于行政事业性收费，由供水企业代收后上缴北京市财政，统筹用于全市供排水设施建设维护和经营补偿。公开的涨价理由是"引导市民节约用水，缓解北京水资源紧张"，但前提是保证居民基本用水需求，为此仍然延续普惠制补贴政策。在此前提下，以居民年用水量为标准分化出3个阶梯的两个方案：①低于145方/年（1方即1立方米），实行4.95元/方；146～260方/年，定价为7元/方；260方以上/年，定价为9元/方；（2）低于180方/年，实行5元/方；181～260方/年，定价为7元/方；260方以上/年，定价为9元/方。根据4月17日居民用水阶梯水价调整听证会结果(表 3-1),北京市发改委依据《城市供水价格管理办法》和《关于北京市居民用水实行阶梯水价的通知》(京发改〔2014〕865号),最终确定了北京居民阶梯水价标准(表 3-2),并于 2014 年 5 月 1 日实施。

**表 3-1　北京市居民用水销售价格表**　　　　　　　单位:元/立方米

| 类别 | 调整前水平 | 调整后水平 | 最终水平 |
| --- | --- | --- | --- |
| 自来水价格 | 1.70 | 1.70 | 2.07 |
| 水资源费 | 1.10 | 1.26 | 1.57 |
| 污水处理费 | 0.90 | 1.04 | 1.36 |
| 合计(居民用水销售价格) | 3.70 | 4.00 | 5.00 |

(注:①居民用水的范围执行京发改〔2004〕1517 号规定;②自备井水资源费按照京发改〔2009〕2400 号文件规定,执行全市 2.30 元/立方米标准,自备井供居民生活用水按照调整后居民用水销售价格执行)

**表 3-2　北京市居民用水阶梯水价表**　　　　　　　单位:元/立方米

| 档水量 | 户年用水量/立方米 | 水价 | 其中 | | |
| --- | --- | --- | --- | --- | --- |
| | | | 自来水费 | 水资源费 | 污水处理费 |
| 第一阶梯 | 0～180(含) | 5.00 | 2.07 | 1.57 | 1.36 |
| 第二阶梯 | 181～260(含) | 7.00 | 4.07 | | |
| 第三阶梯 | 260 以上 | 9.00 | 6.07 | | |

资料来源:《北京居民阶梯水价最新标准表》(2014 年 5 月 1 日实施),载《首都之窗》,2014-04-29。

　　官方认为这次水价调整与建立"反映市场供求、资源稀缺程度、生态环境损害成本和修复效益"的资源产品价格改革要求还有差距,不排除未来会再次涨价。不过,自来水作为典型的公共产品,用水者付费是应该的。同时,自来水是一种稀缺资源,采用价格机制一定程度上可以调节需求,但是真正要达成节约用水目的,并非只有涨价一条路。

## 3.2.2　公共物品供给与资源配置机制

　　前文中,图 3-2 表明私人物品的首要获取渠道是"购买/交换",图 3-3 表明公共物品的主要获取渠道是"政府/单位提供",既清晰地表明了市场与政府之间的边界,也形象地展示了多种资源配置机制。就公共物品而言,有的(如国土安全、天气预报、义务教育、邮政)可以通过政府直接供给获取,有的(如公交地铁、高速公路、公共医疗、养老、住房)则需要政府、市场和个人分担成本，"使用者付费"是基本原则，差别仅仅在于付费比例。整体而言，公共物品是通过政府直接供给还是个人自给自足，抑或以混合方式满足公众需求，其背后都隐藏着经济条件约束，但更隐藏着政治与伦理条件约束。正如对公众随机调查所表明的那样，私人物品和公共物品都可以通过各自最适合的途径得到满足，相应地，公共资源也会得到最优配置。

　　然而，从政府角度看待问题却得到不一样的结果。笔者在 2010—2019 年依托 MPA 项目对来自不同职能部门的约 800 名副处级及以下公务员，针对"政府供给公共物品需要考虑的因素"做开放式访谈调查，结果统计发现，政府各类职能部门在考虑公共物品供给时，财政实力、社会需求、供给方式、覆盖范围、外部性是主要的考量要素(图 3-6)。

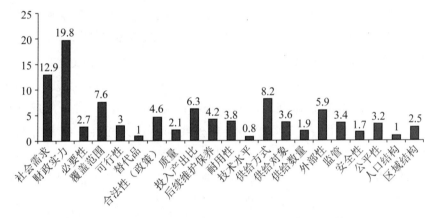

**图 3-6　政府供给公共物品需要考量的因素调查(%)**

　　进一步讨论发现，在财政实力充足的情况下，人们认为社会需求是决定公共物品供给范围和类型的主要因素；而在加入"财政实力不足"条件下，人们针对"政府是否供给公共物品"做出了几个有趣的回答，要么"暂时不提供，等条件具备时再说"，要么"在限制供给范围的前提下提供"或者"在限制覆盖对象的条件下供给，然后逐步扩大覆盖范围"，还有的认为可以"通过借用市场或社会力量供给"来弥补政府财力不足的困境，这是一种被公认为较公平的做法与思路。那么，接下来的焦点就转换成为"如何确定由'政府供给'？如何确定'由其他力量'提供?"的问题。整个过程本质上是有限资源如何得到有效配置的集体决策过程，也是一个资源配置机制的选择过程。

　　现有研究表明，资源配置机制及其选择受到公共物品外部性、政府干预程度等因素的直接影响，通常存在官僚机制、市场机制和混合机制三种，但从根本上来讲仍然是官僚机制和市场机制的区别，前者强调政府通过公共预算支出配置资源履行职能，俗称"向左走"，后者强调由市场自主选择自由竞争配置资源，俗称"向右走"。

无论是"向左走"还是"向右走"，在公共领域的资源配置在本质上属于"集体行动"："如何配置资源不过是集体行动问题的一个版本"①，是一个集体选择机制，通常根据公共物品性质与特征、社会技术条件以及经济体性质，在分类基础上做出集体选择，这一过程必然涉及"向左走"与"向右走"、"政府"与"市场"的优劣对比。

"向左走"意味着公共物品通常采用国家计划配给，或者直接由政府以税赋债务为资金来源，为国民提供社会保障和公共福利，如欧洲福利国家、俄罗斯免费医疗、朝鲜12年免费教育、委内瑞拉免费住房、医疗与养老。这一资源配置机制的优点是确保了"名义公平"，但却存在三个弊端：一是激励不足与"磨洋工"，"做一天和尚撞一天钟"，生产力落后与低效导致基本需求都难以满足，不得不以"排队"方式配置住房、就业机会、养老院床位和医院病床位等；二是"公共地悲剧"(tragedy of the commons)，因个人理性行为企图扩大自身可使用的资源，最终导致公共物品快速损耗，损害所有人利益，如晨练者脚踢或悬吊公园树木、居民随意倾倒垃圾、私人小汽车路边占道、向河流排放污水；三是"排队"中出现与特权相关的"插队"现象与"例外法则"，造成事实不公平，埋下"政府失灵"的隐患。

"向右走"主张引入市场力量、发挥市场机制优势，通过自由竞争、自愿交易等方式提供一种"消费者主权(consumer sovereignty)"，弥补官僚机制的低效率、高损耗问题，有利于优化配置有限资源特别是稀缺资源，弊端是不加区分地放松管制容易造成两极分化、社会阶层对立和社会秩序不稳定，陷入"市场失灵"。

失灵现象的存在表明，官僚机制和市场机制在资源配置方面各有利弊，也正因如此，公共物品供给面临着如何从"两种根本不同的社会互动模式当中做出选择"的问题。政府治理内容与职能配置变迁不仅见证了"全能政府"到"有限政府"的变化，也见证了公共物品供给的资源配置从"官僚机制"向"市场机制"的转化，混合性配置机制在其间广泛存在。

---

① M Olsen, *The Logic of Collective Action*, *Cambridge*, MA: Harvard University Press, 1965.

当多种资源配置机制并存时，政府应当如何选择才能达成自身在责任、效率、合法性和权威性等方面的根本目标呢？"向左走"还是"向右走"？政府干预还是不干预？政府怎么干预？政府干预到什么程度？市场的范围和边界在哪里？回答这一系列问题不仅仅是一个管理技术问题，还不可避免地涉及公平与效率、伦理与正义、标准与裁量权弹性等规则与价值的权衡，因而存在三种集体决策模式来确定公共物品供给及其资源配置机制，即偏好博弈、使用者判断能力和使用者可甄别性。

1. 偏好博弈模式

偏好（preference）是消费者或投资者根据对某种消费品/投资品及其组合所带来的效用与风险判断表现出来的喜好程度与选择偏好，进而做出的决策方案排序，具有传递性、完全性和非对称性，受到社会环境、风俗习惯、伦理道德、意识形态、政治价值、市场传统、时尚潮流、网络舆论等因素的综合影响，并可能因为某些突发事件而改变或强化。个体偏好具有明显差异，但是在一定环境当中会出现显著的群体偏好，特别在集体决策和集体行动当中。

作为消费者和公共物品享有者的社会公众偏好和作为公共物品供给者的政府偏好之间必然存在差异，图3-5、图3-6清晰地表明，公众偏好以"可获得性""成本"与"合法性"作为考虑依据，而政府偏好以"财政实力""社会需求"和"覆盖范围"作为决策依据，双方之间并非不可调和，存在通过博弈达成某种公共物品供给方式以兼顾"财政实力""可获得性"与"社会需求"的可能。公众偏好和政府偏好之间的博弈落脚点最终决定公共物品如何得到生产和消费，但这一博弈结果的落足点取决于由多元利益主体构成的公共物品消费者与供给者对于"外部性"标准的界定，从而进一步涉及制定新标准的问题（图3-7）。

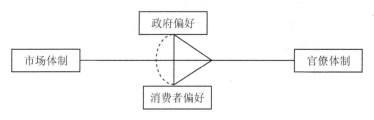

图3-7 公众偏好与政府偏好博弈

外部性（externality）是某一种市场活动或公共物品对社会发展、周边环境等第三方造成的成本与收益等溢出效应。修建机场、高速铁路、火车站等基础设施会给周边带来便利性和区域经济发展效应,但对二甲苯化工(PX)项目、核电站、垃圾焚烧站、传染病医院、监狱等公共设施则不尽然。此时,公共物品的成本与收益不完全由直接行为人享受收益或承受后果,该决策由此对另一些群体强加了成本或赋予了收益,理当由政府介入采取官僚机制配置资源,协调民意。由此,哪一种外部性以及外部性的强弱将会成为决定"政府是否干预"和"政府如何干预"的基础。经济外部性比较好判断,但是在某些领域无可避免地会涉及政治与伦理问题。美国前总统奥巴马医疗改革方案的出台就是基于政治、价值与经济考量的博弈结果,其"存""废"之争也是基于同样的原理。

20世纪90年代以来,美国一直在对公众医疗体系做调整,以解决民众面临的医疗与健康问题。但医疗保险体系在长久运营当中出现了许多问题,包括:保险公司与医生勾结造成民众看病难、企业医疗费用支出奇高等,保险公司、制药商、医院和医护人员等特殊群体从中获益,而用于公共医疗的财政开支居高不下。为此,前总统奥巴马提出《患者保护与平价医疗法案》(Patient Protection and Affordable Care Act,即奥巴马健保法案),目标除了要节省财政开支、降低民众的保险和医疗费用之外,还试图将医疗保险覆盖率提高到95%,让许多原来没有保险的低收入群体也能参保。为此,该法案提出,在保险公司和医生之间增加监督者,确保医疗制度兼顾公平与效率。然而,这一改革举措损害了特殊群体利益,遭到这部分群体的强力抵制。此外,扩大医保覆盖率绕不开资金问题,该法案决定通过对企业家和富人增税来解决部分资金来源,富人觉得不公平也予以抵制。因为这些原因,这个得到大部分普通平民拥护的改革方案遭到高收入阶层的普遍抵制。

尽管这一改革方案于2010年3月21日被多数票通过,公众医疗体系也开始了最大力度的改革。但是,医改实施以来不但原来的弊端没有得到解决,许多家庭的医保支出还大幅增加,引发了诸多中产阶级的不满,加上一贯反对政府干预的自由市场传统的影响,美国参众两院于2017年1月12日、13日先后投票废除奥巴马医改方案预算决议案,奥巴马健保法案被废除。

2. 根据使用者判断能力决定

这一集体决策模式强调以"使用者判断能力"而非"公共物品重要性"来决定资源配置机制,使用者判断能力越高则越倾向于市场机制,反之则更倾向于采取政府直接供给或者混合模式。以教育为例,在"幼儿园—小学—中学/

中专—大学—研究生—MBA/MPA—EMBA/EMPA—职业教育和技能教育"
这一序列中，越是年龄幼小的受教育者越是无法正确表达其所受教育的优
劣，也无从判断教育机构及其从业人员是否尽责，而其监护人囿于主客观原
因也难以做出有效判断，因此在财政实力允许的条件下，倾向于实施由政府
直接供给、监督和问责的义务制教育是比较合理的资源配置机制。但随着受
教育者年龄、学识和判断能力的持续增长，他们能够判断教育机构及其从业
人员是否尽责，并且清晰地表达其意愿是否得到满足，特别是到了研究生以
上阶段，受教育者有条件根据自己的意愿与诉求，通过搜寻相关大学或科研
机构的信息做出独立决策，因此教育市场化的可行程度比较高。

概言之，判断能力以认识能力为基础，要求人们对公共物品及其需求有
较为全面和准确的认识，进而做出正确判断。正如街头随机采访与调查结果
所展示的那样，人们对纯粹公共物品和私人物品的认识是非常清楚的，在获
取途径判断上也有清晰的考量依据，对公交汽车、地铁、共享单车、献血用
血、公共医疗和养老等公共物品实行使用者付费或部分付费原则也有较为理
性的认知。生活逻辑就是经济学逻辑的应用。① 在第三方付费的义务教育、
公共医疗等公共物品领域，严重信息不对称现象随处可见，孩子无法自我教
育、病人无法自我医疗，其成效最难以评价。作为监护人、病人及其家属，
除了在不同学校和医院之间用脚投票之外，很少有其他替代手段。知乎、好
医生等网络平台的评价机制可以在一定程度上缓解信息的不对称，但不能完
全保证这类评价机制的可靠性。因此，这类公共物品必须根据使用者的判断
能力来确定是政府直接供给还是市场供给。

根据使用者判断能力决定的集体决策模式与偏好决策模式的最大不同，
即："重要性"不是关键判断依据，特别是对无形无色的公共服务而言，使用
者并不一定都拥有足够的信息和识别能力，其内容好坏也难以得到完全客观
的评估，缺乏实施市场化的前提条件。当费用由无从判断好坏的第三方来支
付时，如果贸然市场化必然会带来道德风险，相关机构和从业人员得不到恰
当激励会更加不称职，必然选择将重心放在获取更多的利润上，而非提供更
好的服务。故此，以"使用者判断能力"作为公共物品非营利性"官办"还是营
利性"民营"的决策依据具有一定的合理性。在引入使用者"用脚投票"的治理
工具条件下，非营利性官办模式并不会摒弃竞争原则，公共物品质量也可以

---

① ［美］陈志武：《学校如何办》，载《南方周末》，2011-06-02。

得到保证。

### 3. 根据使用者可甄别性决定

使用者可甄别性意味着使用者群体的范围边界是清晰的，具有可识别性。这一集体决策模式强调，公共物品使用者可甄别性越高就越倾向于市场机制配置资源，广泛实行使用者付费原则，反之则倾向于政府付费或直接供给。国防、邮政、天气预报、自来水、电力等公共物品使用者没有可甄别性，是现代政府为民众提供的基础性服务。有些物品的使用者则需要审慎甄别，如基本医疗和特色医疗，两者分别对应的是基本医疗服务需求和整形美容、不孕不育等特色医疗需求。前者使用者是全体国民，因此倾向于政府付费或部分付费，但并不一定由政府直接提供，既可以交给公立医院承担，也可以通过特许经营的方式交给民办医院来承担；后者则一定是使用者付费，但也不一定是私立医院来提供，公立医院某些科室同样可以借助自身技术优势满足特色医疗服务需求。将"公共物品""使用者可甄别性"和"付费者及数量"作为三个维度，能够清晰地展现不同类型公共物品适配的资源配置机制（图 3-8）。

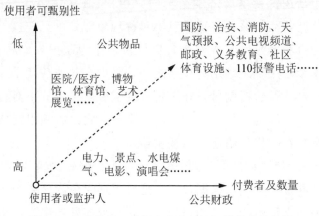

**图 3-8　公共物品、使用者可甄别性与付费者及数量**

通常人们认为"公营产品"或"纯公共物品"具有巨大外部性，政府直接供给也好，交给市场或社会提供也好，都应该免费或低价。但从财政实力角度看，这一观念是错误的，而且会造成"公共地悲剧"。但公共物品始终无法回避"谁来付费"这一关键问题。从现有付费模式看，要么由政府通过公共财政支付，要么使用者自付，要么通过慈善捐赠支付。通常需要公共财政支付的公共物品都难以有效甄别使用者，国防、治安、消防、邮政、食品药品安全、义务教育、110 报警电话、CCTV 等公共电视频道，其外部性覆盖全体国民，如果能够有效甄别使用者，采用使用者部分付费原则将有利于兼顾公平与效率。而博物馆、体育场馆、各类演出、电影院等多为特定群体服务，其受众很容易甄别，无论是谁经营，都应当秉承"用者付费原则"，无偿献血与有偿献血也同样如此，两者之间并不矛盾。

总结来看，只要一种物品具有一人消费会妨碍他人消费的竞争性与排他性特征，那么，无论是通过政府提供还是市场供应，都应该实行"用者付费"原则，一方面能促进经营主体核算盈亏，提高经营效率，为未来同类投资提供依据；另一方面是甄别需求层次较高的使用者，将有限资源推广到使用价值更高、外部性更广的公共物品领域，确保政府有能力"保底线"，减少社会成本。"光明行动"为 70 岁以上享受低保的老人免费做白内障手术，就是一个有代表性的例子。

# 3.3　治理、治理工具选择与组合

公共物品资源配置机制作为一种集体选择，还涉及具体操作工具和方法，可被归纳为传统行政工具、市场化工具和社会工具，是政府职能和目标得到实现的具体路径。英国学者克里斯托弗·胡德（Christopher C. Hood）在政府职能履行方面提到了"行政工具"，并将其形容为"木匠"或"园艺师"的"工具箱"。结合"行政"概念，将"行政工具"理解为"执行工具"是合理的，但是结合"公共管理"概念，将其理解为"治理工具"（governance tools）则更符合逻辑。理解"治理"（governance）是理解和应用"治理工具"的前提。

## 3.3.1　理解治理与治理工具

"治理"概念在 20 世纪 90 年代以来日益成为公共管理、社会管理与经济管理等学科的关键概念，兼有掌舵、导航、指导等含义，国际多边与双边组织、学术会议与学术团体、民间志愿组织、基层社会将其作为常用词汇并延伸出许多用法，如"治理与发展""全球治理""公共治理""政府治理""社会治理""社区治理""基层治理""公司治理""互联网治理""新治理""治理模式""治理能力""协同治理""多元治理""治理范式""治理分工""治理结构""治理机制"……远比"管理""行政"等术语更流行更时尚，在对其认识和理解上也因此更具多样化。但因为专业背景、研究对象和研究视角的差异，不同领域研究者对治理内涵的理解也存在差异。代表性观点如下。

全球治理委员会认为，治理是或公或私的个人和机构经营管理事务的诸多方式的总和。它是使相互冲突或不同的利益得以调和并且采取联合行动的持续的过程。它包括有权迫使人们服从的正式机构和规章制度，也包括人民和机构同意的或以为符合其利益的各种非正式的制度安排。① 联合国发展计划署认为，治理是为了管理国家事务而运用政治权力的实践活动，具有三个要素：第一，一个国家政治权威的存在形式，是文官的还是军事化的、专制的还是民主的；第二，在管理经济和社会资源时权威的运用手段；第三，政府通过设计、形成和执行正确的政策来高效履行其职能的能力。② 世界银行认为治理是一个国家的权威得以运用的传统和制度，包括：选择、监督和取代政府的程序；政府有效制定和执行正确政策的能力；公民和国家对那些控制经济和社会互动的制度的尊重；③ 合法、法治、负责、透明和有效等"善治"原则是规范政治权力的主要标准。

罗伯特·罗茨(R. A. W. Rhodes)梳理各类观点后，将"治理"视为"任何活动的协调方式"，并认为其至少具有 6 种用法，即："作为最小国家""作为公司治理""作为新公共管理""作为'善治'""作为社会-控制系统"和"作为自组织网络"。④ 由于各国政府 20 世纪 80 年代盛行鼓励建构公共-私人合作伙伴关系提供公共服务、管理各类公共事务，不反对"市场"与"准市场"方式在公共领域的应用，因此"治理"与不同类型组织构成的网络管理直接相关，甚至某些时候与"政策网络"的含义相同。在此基础上，罗茨认为对"治理"做太多界定是毫无意义的，因而武断性地指定了一个"治理"概念，认为治理是政府与其他国家行动者、社会行动者之间的联系和依赖的概念，是政府和其他行动者之间的一系列正式制度性联系以及非正式联系，具有四个基本特征，包括：组织之间相互依存；需要相互交换资源和协商共同目标，组织网络成员之间持续互动；互动以信任为基础；具有相对于国家的自主性。⑤

---

① 全球治理委员会：《我们的全球伙伴关系》，牛津大学出版社，1995，见俞可平：《治理与善治》，270～271 页，北京，社会科学文献出版社，2000。

② 张璋：《政府治理工具的选择与创新》，载《新视野》，2001(5)。

③ World Bank, *Governance and Development*, Washington, D.C., World Bank, 1992.

④ ［英］罗伯特·罗茨：《没有政府统治的治理》，载《政治研究》，1995(154)。

⑤ ［英］罗伯特·罗茨：《新治理：没有政府的管理》，杨雪冬译，载《经济管理文摘》，2005(14)。

显然，罗茨对治理的看法是对全球治理委员会的推进与深化，将以往散乱的治理概念归拢为一个基本认识，即治理是对公共事务上下互动的管理过程，通过多元主体、合作协商、伙伴关系等方式建构组织网络结构，以公共利益认同为信任与合作基础，综合采用规制、市场和社会等工具，在有限资源条件下有效回应公众诉求、维护公共利益。换言之，治理是为了实现与增进公共利益，政府部门、企业组织、社会组织、公民个人等多元主体彼此合作，在一个相互依存的合作网络环境中分享公共权力，合作管理公共事务的过程。

整体而言，治理之所以成为一个时尚概念，其根源在于政府控制能力因为合法性、政策过程复杂性、财政有限性和制度多样性等原因受到限制，无法将自身意志强加于其他社会主体，政府不得不减少直接控制，放松管制，并改变公共服务供给模式，实施分权、授权或放权，纳入非国家或非政府的行动主体，实现公共事务管理目标。这一结果意味着公共、私人、社会组织之间的界限在公共事务面前不再如以往那么清晰，网络、互动、合作、信任等机制确保治理成为等级制、市场化的一种替代，以公共服务结果为取向，通过多元化公共治理结构、分散化责任手段、制度化合作机制打造"服务型政府（service-oriented government）"的治理思路与目标更加清晰。

该思路意味着在公共事务管理、公共服务供给等集体行动中，政府权力从垄断强制向授权柔性过渡、非政府主体从被动排斥向主动参与过渡，高度强调公私多元主体在集体行动中的合作协调、信任互动及其所具有的灵活性与适配性。它分化为环环相扣的三层含义。

其一，制度-治理结构（institute），它强调实现治理目标的制度基础，是政治体制、权力结构、行政管理体制、社会体制等制度框架，是治理主体能力发挥的客观前提，具体是指参与治理多元主体之间的权责配置及其互动关系准则。该层面的治理含义指出在"政府失灵"和"市场失灵"的前提下，应将社会蕴含的民间组织、社会团体、慈善组织纳入公共管理主体范畴，界定政府、市场和社会之间的公共责任与权责关系。在吉尔斯·佩奎特（Giles Paquet）看来，政府、工商界、市民社会之间的合作网络"正成为民族国家竞争力和国家繁荣的基本构成要素"，而"网络是合意或动机导向型的组织和制度"。[1]

---

① G. Paquet，*Governance Through Social Learning*，Ottawa，University of Ottawa Press，1999：210-214.

多元主体参与公共事务治理的行动网络离不开有效的制度安排，明确体现多元主体的价值取向，对参与主体施加规则遵守压力，并提供基本激励结构与策略空间。进一步地，制度-治理结构提供了行动环境，但治理行动最终能否有效发生还取决于组织网络运行是否富有社会资本（social capital）。社会资本是合作网络成员对外部环境和政策问题有共同认知，形成了相互信任、彼此尊重和宽容的合作型文化，有助于成员之间的情感或利益冲突化解，并确保个体理性与集体理性趋近一致。

其二，能力-治理能力（ability），是治理主体采取正确行动的素质基础，是治理主体确定施政目标与职能内容，判断财政资源、人力资源和其他微观管理工具适配性的能力，是治理主体采取具体治理行动的主观条件。具体是政府等公共部门灵活运用企业管理技术、市场手段、社会组织运行方法的意识与能力，突破传统层级节制组织结构与官僚体制对组织创造性、灵活性、效率性的限制。

其三，手段-治理工具（instruments 或 tools），是指参与治理的多元主体为了实现治理目标而采取的行动策略与方式，强调"行动中的治理"，是政府将其实质目标与职能内容转化为具体行动的途径和机制，非政府主体及相关方法被视为政府职能目标达成的工具，因而又被称为"政府治理工具（instruments of government）""政策工具（policy instrument）"或"政府工具（tools of government）"，与公共物品供给、公共资源配置效率直接相关。为了确保治理结构发挥预期激励作用，就必须了解治理主体如何选择实现治理目标的方式与手段，其假定前提是规制或管制工具已经不能有效达成公共目标，在政府面临合法性与权威性挑战、资源短缺等情况下，必须创新治理工具才能有效回应公众诉求，强调民主协商、对话沟通、信息共享、利益诱导、长期互动等非强制性方法的优越性。

有关治理和治理工具的讨论表明，治理并不是政府操纵，政府是公共事务管理主体之一，治理规则的制定与解释不再是政府独占性事务，而是由政府及其所属部门、私营企业、非政府组织、非营利组织、国际多边或双边机构构成的组织网络发挥作用，在制度、组织、物质、信息、人力资源和时空环境等依存关系中，政府变得更具开放性、回应性、责任性和民主性。相应地，治理工具着眼于治理主体如何选择资源配置机制、手段和工具，实现责任性、合法性、效率性和公平性等公共管理基本目标，最佳方法或许是与私人部门建立合作伙伴关系，或许是将某一公共物品领域市场化，或许是公共规制手段，或许是公营部门与官僚体制直接供给，一切都由现实情况而定。在现存的跨组织关系网络中，无论是管理冲突、改善网络互动关系，还是协商改变"网络的游戏规则"、重新分配权力与资源、改变成员价值观念，都是针对特定问题将目标与偏好各不相同的行动者协调一致，培育社会资本，防止社会制度和价值碎片化。[1]

## 3.3.2　治理工具分配探索

在资源有限与决策有限理性条件下，具有非排他性、非占有性、共有性、非营利性、公众性与税赋性等经济技术特征的公共物品如何供给才符合公共利益呢？如何选择向左走、向右走或混合的资源配置机制呢？"行动中的治理"在本质上要求，通过偏好博弈、使用者判断能力或可甄别性的集体决策结果最终都必须通过具体行动落实。

治理工具与资源配置机制直接相关：官僚机制是通过公共预算支出配置资源，对应的是侧重于直接供给、计划配给与规制等政府干预色彩浓厚的治理工具；市场机制通过发挥自主选择、自由竞争方式配置资源，相应的是侧重于通过政府担保、税收激励、政策优惠、PPP(Public-Private Partnership)模式等治理工具激发参与主体动机，兼顾各方利益的同时实现公共利益。

在国防、治安、教育、医疗、养老、安全、环境、基础设施、文化等众多公共物品中，传统上以"外部性"作为治理工具选择的判断标准，但莱恩(Jan-Erik Lane)认为必须先制定一个新标准，确定哪一种外部性是决定政府行为和政府干预程度的基础。公共物品外部性有积极与消极之分，且程度不同。按照政府职能理论，政府必须尽力避免负外部性，争取正外部性并实现规模效益。如果说偏好博弈决定了政府和其他公共部门的规模及其在公共资源配置中的角色与作用，那么，公共物品外部性的排列则是政府治理工具选择与组合序列的重要依据。

由此，政府治理目标的基本问题就变成了如何设计可以带来有效成果的资源配置机制的问题，其中政府干预程度由外部性决定。欧文·休斯认为，政府干预是政府行为正当化的应用机制，通过直接供应、生产、管制和补贴

---

① 陈振明：《公共管理学》，第 2 版，北京，中国人民大学出版社，2017。

4种工具实现,在政府失灵的情况下可利用市场手段来弥补。[①] 但他没有回答当市场工具因为规模经济、信息不完全等原因失灵时应该怎么办,也没有关注政府和市场都忽略的领域。由此判断,仅着眼政府-市场的治理工具划分是比较粗放的,与政府-市场双失灵治理的现实诉求不符。

莱恩提出了一个新观点,即:从治理模式的契约时效区分出发,首先区分公共物品供给的资源配置机制;其次建构内部市场,刺激公共部门内部竞争,打破行政垄断;然后用市场规制弥补市场机制缺陷,规范竞争与预防市场垄断(表 3-3)。[②] 沿着这一思路,根据政府干预程度强弱,可以将治理工具分为官僚工具、市场工具和社会工具(图 3-9),并细分为政府直接提供(直接行政)、公共规制(行政审批、管制)、特许经营、财政补贴、税收、政府担保、代用券、服务购买、市场化-私有化、社区自助、志愿者行动、非营利组织等(表 3-4)。从整体来看,选择哪一种治理工具与公共物品的重要性有关但并不必然相关,公共物品的外部性、偏好博弈、信息对称程度、使用者判断能力和可甄别性都是关键的考量因素。

表 3-3  莱恩的资源配置机制与治理模式

| 契约类型 | 公共资源配置 | 市场规制 |
|---|---|---|
| 长期契约 | 官僚机制 | 规制代理 |
| 短期契约 | 内外部市场 | 反垄断 |

资料来源:简·埃里克·莱恩:《公共部门——概念、模式和方法》,第 3 版,孙晓莉、张秀琴译,北京,国家行政学院出版社,2003。

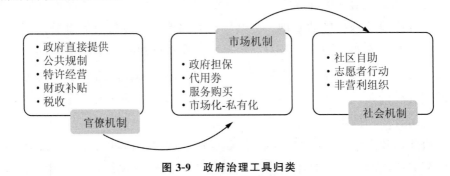

图 3-9  政府治理工具归类

---

① [澳]欧文·E.休斯:《公共管理导论》,第 4 版,张成福、马子博译,北京,中国人民大学出版社,2015。

② [英]简·埃里克·莱恩:《公共部门:概念、模型与途径》,第 3 版,谭功荣译,北京,经济科学出版社,2004。

表3-4 政府治理工具排序

| 治理工具 | 内涵 | 覆盖范围与例证 |
|---|---|---|
| 政府直接提供 | 由相关职能部门通过预算或转移支付等方式提供，或由公营企业直接提供，其中包含一些政府直接行政和干预手段，不妨碍使用市场工具或社会工具做补充 | 国防、外交、治安、海关、公共安全、消防、传染病防控、公用事业、公共电视与广播频道、突发事件预警与应急响应、政务信息、公共医疗、核设施与安全等 |
| 公共规制 | 通常表现为特许经营协议或执照、税收规制及补偿赔偿制度，是对"允许做什么"或"不允许做什么"的规定，包括：准入条件和价格控制等传统经济规制；产品规制，法律规定某些组织在公共物品领域的责任与义务；禁止某些行为影响公共服务质量，要求对造成的损害做补偿和赔偿 | 广泛存在于食品药品、环境保护和健康等领域，如禁止添加瘦肉精、三聚氰胺；要求相关部门履行义务，如上市公司信息披露、政府信息公开条例；要求相关主体赔偿损害，如《山东省海洋生态损害赔偿费和损失补偿费管理暂行办法》① |
| 特许经营 | 允许公营或私营企业在特定地域与领域内，独占先前由政府承担的公共服务职能，为此服务项目展开公开竞标，并向政府支付适当费用以获得这项特许服务 | 如香烟盐糖、高速公路、公交线路、收费停车场、地沟油收集运输与生产、自来水等公用事业，垃圾分类，污水处理，地沟油回收，等等 |
| 政府担保 | 地方政府为承担公共物品的机构或企业的贷款、债券发行提供信用担保，或以政府专项预算做担保 | 常用于投资金额巨大、建设周期长的基础设施、生产性项目和扶贫开发项目 |
| 财政补贴或补助 | 为了实现特定政治经济与社会发展目标，规定某些事项由财政专项基金向企业或个人提供补贴或补助，辅助以使用者付费，确保企业履行某些公共职能 | 常见于基础设施建设、科技创新、生产工艺改进、节能减排等领域，如种子资金与贷款利息补贴、孵化器、旧家电以旧换新补贴、汽车报废补贴、企业聘用残疾人补贴，等等 |

---

① 该办法首开海洋生态损害补偿赔偿制度先河。一直以来，中国海洋污染补偿都深陷困局，如2006年长岛溢油污染事件，泄漏原油污染祸及山东、河北和天津，造成养殖业损失高达1.95亿元，但最终判决赔偿金额仅3 000万元，事实上事故调查成本就高达两三千万元。2010年大连港发生输油管爆炸事故，清理工作结束后，对被污染和被损害的赔偿因肇事船只无力赔偿而没有下文。"山东办法"绕开难以衡量的海滩景观、潮汐等海洋非生物损失，将重点放在渔业资源的损失量上，将最高赔偿额规定为2亿元，与国际惯例相一致。

续表

| 治理工具 | 内涵 | 覆盖范围与例证 |
|---|---|---|
| 税收 | 为了为国民提供各类公共物品，政府依照法律标准和程序强制取得财政收入，是国家和纳税人之间的一种特定分配关系。作为政策工具使用时，是以税收增加或减免为主要手段，与其他手段配合，鼓励私人部门、社会组织承担公共职能 | 税收工具使用范围广泛，如节能减排等绿色可循环行业、产业结构升级、公平发展的普惠金融与公平贸易领域，使用税收减免手段可有效激励企业积极参与其中，且降低政府预算开支与成本 |
| 服务购买 | 又名"服务外包"，是政府或大型非营利组织通过公开竞标与签约，向其他政府部门、私人机构或非政府部门购买特定服务，既为公众带来优质服务，又显著降低公共服务成本，是非营利组织（NPO）获取发展资金和空间的重要渠道 | 政府内部信息系统和政务微博、公共卫生、基本药品、社区服务、养老敬老、保健康复、义务教育等领域比较常见，税收征管近年来也有外包趋势 |
| 代用券 | 亦名"有价证券"，为了达成某些社会管理目标，按照一定标准向特定对象发放，使得他们能够从开放市场的竞争者那里获得公共物品，有现金券、积分券等形式。在消费不振条件下，发放代用券可以有效刺激消费、拉动内需促进经济发展 | 如教育券、租房券、培训券、消费券、旅游点门票①、养老助残券②、食品券、道德超市积分、强国论坛学习积分，等等 |
| 市场化-私有化 | 是对公营企业进行产权股份制或私有化改革，在产权变革条件不具备时，则在公营企业内部创造竞争，或者引入私人部门公开竞标，在合同基础上提供公共物品，旨在打破公共部门在公共服务领域的垄断地位，提高资源配置效率，降低公共财政开支 | 20世纪80年代以来，在盛行全球的"新公共管理运动"中，公立医院、国有企业、学校、养老院、航空公司等纷纷进行产权改革，如英国铁路私有化、日本航空公司私有化、美国监狱私有化，以及中国国有企业改制重组 |

---

① 2009年4月，北京市旅游局免费发放旅游景区门票，有红、绿、蓝3种。其中，针对外地市民的红色门票100万张，适用范围以市内景区为主，包括国家大剧院、颐和园等10家景区；针对北京市民的绿色门票70万张，适用范围以远郊区县的景区为主，共27家；针对全国青少年的蓝色门票30万张，适用于北京欢乐谷、石景山游乐园等10家景区。

② 2014年4月，北京市"养老助残券"转换为"养老助残卡"，服务网点增加到5万家，打破了以往养老券无法找零的局限，也增加了老年人和残疾人在消费地点和消费内容上的可选择性。

续表

| 治理工具 | 内涵 | 覆盖范围与例证 |
|---|---|---|
| 社区自助 | 强调社区民众组成团体项目实现自我帮助、自我改善，起源于功能失调家庭的恢复，通常利用公众可获得的信息和团体资源联合在一起，为社区提供咨询和支持服务，不仅解决问题，积累经验知识，还发展出社区成员情感支持和归属感，与邻里互助相似，但需要政府资金保障和其他治理工具配合 | 在社区发展计划、青少年犯罪预防与矫正、养老健康护理、社区物业、娱乐文化、街道环境整治(如垃圾分类)等领域常见，社工是具体落实人员，在中国由街道、居委会、物业和业委会来规划，一般与政府项目联动，接受政府指导，实现共建共治共享治理格局 |
| 志愿者行动 | 志愿者不以利益、金钱、扬名为目的，在自身条件许可下，不关心报酬地奉献个人时间和精力，主动承担社会责任，开展切合实际的活动帮助有特定需要的人群，具有一定专业技能。志愿者行动有个体行动和参与社会团体行动两种形式 | 以孤寡老人、残疾人、生活困难下岗职工和退休人员、特困学生、因病返贫等群体为服务对象，常见于农村扶贫开发、环境保护、基层社区治理、大型比赛或展览活动、抢险救灾、社会公益和社区救助领域，如"中国青年志愿者行动""大爱清尘""卢瑟江河""西部支教"，等等 |
| 非营利组织 | 有时被称为"第三部门"，是政府、企业之外的一切志愿团体、社会组织或民间社团、协会，不以营利为目的，具有民间自治、志愿、非政治性、非宗教性等特征。但为了筹集活动资金，除了接受公私捐赠之外，它们并不排斥盈利。慈善组织是其中一种，通过募捐集中一定资金或财物，然后分配给有需要的群体 | 被广泛地运用于公共机构所提供的公共服务中，这些服务也存在由带薪雇员完成的可能，通过政府服务购买等方式，将某些公共服务交给非营利组织承担，有助于集中全社会力量，群策群力并降低公共财政开支① |

资料来源：程惠霞：《公共部门管理学》，159～160 页，北京，北京大学出版社，2009。

上述治理工具大致可分为四类。

(1)规制类工具。政府运用合法性权威和强制性法律、规章、指令、命令、规范、标准等，要求企业、社会组织和公民执行政策，背后隐藏着惩罚

---

① 近年来出现了爱心筹、水滴筹等 P2P(peer to peer lending)众筹集资帮助患病者及其家属的社会互助现象，但"罗一笑事件"等表明，互联网 P2P 众筹慈善模式还有很长的路要走。另外，支付宝平台"运动捐步"＋商家同步捐款慈善、能量收集、植树捐蛋等新公益活动参与方式，也给 NPO 的平稳发展提出了募捐平台、募捐机制、资金筹集渠道、信息披露等新的研究主题。

或惩罚威胁。

（2）组织类工具。由政府通过公共预算配置资源，将企业、社会组织和公民纳入自身组织系统，并由政府职能部门和公营企业直接提供公共物品，常见于邮政服务、铁路电信、水电煤气污水处理等公用事业，公众没有"用脚投票"的权利与机会，容易导致垄断和效率低下。

（3）经济类工具。政府通过给予或剥夺物质、金钱等利益方式，如税收减免、财政补贴、补助等，落实政策意图，有"政策红利"之称，强制性相对较弱。企业、社会组织和公民可以选择服从政策而获取政策红利，也可以选择承担损失不配合政府行为与政策意图。

（4）社会类工具。通过给予社会组织、民间团体、公民一定范围内的自治互助权利，辅以政府购买服务、税收减免、财政补助等治理工具，在环境保护、扶贫济弱等政府力量难以覆盖的领域发挥作用，落实政策意图。

### 3.3.3　治理工具选择、组合与创新思路

传统上，治理工具被视为一个技术性命题，是政府应用合法性权威和公共权力，配置公共资源、履行管制职能。通常政府倾向于使用强制性和权威性最强的规制类、组织类工具，因为合法性权威一旦建立，在委托-代理框架内，其工具行使的边际成本几乎为零，因而较少使用经济类与社会类工具。然而，并非所有公共问题的治理工具选择都局限于技术性范畴，有的问题结构复杂、因果关系不清楚，涉及道德伦理与价值取向，强制性工具对此很难发生效果。逐渐地，在一线公务人员不断试错过程中，招投标、合同与契约、内部市场化等经济工具、市场工具以及自主协商手段等社会工具获得官方认可后被纳入合法性范畴。这种变化意味着，在外部环境日趋不确定的情况下，资源配置机制选择从官僚机制转向市场机制乃至混合机制是一种基于回应性调整的自然演进过程，政府治理风格也从刻板僵化、冷冰冰的"官僚机器"向柔性、灵活与人性化"服务型政府"过渡。这并不是对政府合法性权威的挑战，相反，通过放松管制，促进更多元化与更适配性的治理工具的选择、组合与创新，既能改善公共物品供给效率和公共服务质量，也能提高信息对称性，更好地实施公共规制，降低"寻租"空间，及时回应公众诉求，实现善治。

简·库伊曼（Jan Kooiman）的政府-社会互动治理分析框架高度强调，现

代社会具有与熟人社会完全不同的"复杂性、动态性和多样性"①，基于命令-控制的组织秩序和基于规则-互动的自发秩序②均在社会秩序的形成与运行上发生效用，层级式命令-服从关系、自组织与"非人际交换（impersonal exchange）"③关系并存。相应地，公共事务也呈现出复杂性与动态性，根据公共事务和公共物品属性选择不同治理工具，避免"刻舟求剑"式的治理成为一种共识。

换言之，在公共物品供给方面，达成目标的技术性安排有很多，既可以通过公共部门直接提供，也可以运用公共规制工具设立准入标准；既可以与私人机构建立合作关系，也可以将某一领域民营化；还可以将民间组织、社会团体、志愿机构等社会力量纳入其中，官僚工具、市场工具与社会工具各具特色，都有其适用范围。特别地，同一种治理工具的具体操作在不同条件下相差甚远。例如，税收工具的使用，是增税还是减税取决于具体治理目标的重心；公共规制是偏向"准入性""禁止性"还是"限制性"，都与执政者的治国理念息息相关。

依照胡德和玛格丽特有关政府治理过程就是政府工具选择过程的论点，政府工具选择需要按照一定标准针对特定情境操作。④ 在政府拥有中心地位、合法性权威、财政实力和官僚组织等独特资源条件下，强制、规制、命令等"硬性"工具不可能被随意抛弃，但社会复杂性与动态性则要求更多地使用市场激励、公私合作、社会规范等"软性"工具，因此"硬性"工具也衍生出行政指导、行政奖励、行政合同等柔性形式。受公共行政生态学和制度学者的影响，在"多样性"⑤思维指导下，创新治理工具，管理复杂公共事务成为

---

① Jan Kooiman，"Social-Political Governance：Introduction，" in Jan Kooiman，ed. *Modern Governance：New Government-Society Interactions*，Newbury Park，Calif.：Sage. 1993.

② ［英］弗里德利希·冯·哈耶克：《自由秩序原理（上册）》，邓正来译，北京，生活·读书·新知三联书店，1997。

③ Douglass C North. *Understanding the Process of Economic Change*. Princeton，NJ，Oxford. UK，Princeton University Press，2005.

④ Christopher C Hood and Helen Z Margetts，*The Tools of Government in the Digital Age*. Basingstroke，Palgrave Macmillan，2007.

⑤ Ostrom，Ostrom E. "Public Choice：A different Approach to the Study of Public Administration"，Public Administration Review，1971，31(2)：203-216.

业界共识，并在此基础上形成了"治理多样性分析框架"①。在框架行动者、资源配置机制、公共物品属性、治理绩效与治理结构5个要素中，"行动者"是分析重点，关键问题是"谁有权力参与治理"。围绕这一问题，无论是罗兹（Rhodes）等人倡导的"政策网络分析架构"②还是欧洲学者倡导的"多层次治理框架"③，都注重"更多参与者""权力分享"和"共同行动"的治理价值。进一步研究表明，行动者采取共同行动分享权力还需要解决"行动者之间采取什么机制联动"的问题，由此出现了"等级治理""合作治理"与"自主治理"等多种治理机制，以开放、多中心、合作、信任与竞争为主流基调。结合公共物品属性、资源配置机制、治理目标、治理情境，以及全球化、信息化、智能化等对治理带来的挑战与机遇，强调根据环境与情势做适应性调整的"治理多样性分析范式"对"行动中的治理"并不预设最优选择，而是着眼适配性和动态演化性。

就理论而言，政府可以灵活运用多元化政策工具实现其治理目标，但如何选择治理工具达成目标则需要具体问题具体分析，至少需要考虑治理目标、问题性质、情势、决策者偏好、资源拥有、治理目标、市场依赖程度、社会发育程度、相对成本、价值判断等综合因素。在"基于经验的治理（Evidence-Based Governance）"发展成一般性治理理论之前，萨瓦斯（Savas）提出的治理工具的分类、选择及其影响因素研究仍然具有现实价值。萨瓦斯根据各类物品安排者、生产者和消费者的差异，将物品划分为政府服务、市场系统、志愿服务、自我服务等10种类型，在个人物品、征税物品、集体物品和公共池塘物品等叠加分类的基础上，对10类物品的制度安排与治理工具做了理论探索（表3-5）。他认为选择组合治理工具的影响因素包括：公共物品的特征、生产者或供给者数量、供给效率与效益；公共服务规模、收益与成本；消费者回应性、对欺骗行为的敏感度；经济平等、种族平等；政府回应性、政策规模等。④ 这些因素可简化为资源限制、政治压力、法律限制

---

① 李文钊：《理解治理多样性：一种国家治理的新科学》，载《北京行政学院学报》，2017(2)。

② R A W Rhods, "Understanding Governance: Ten Years On,"Organization Studies, 2007, 28(8): 1 243-1 264.

③ 毛寿龙、李梅、陈幽鸿：《西方政府的治道变革》，北京，中国人民大学出版社，1998。

④ E S Savas, *Privatization and Public-Private Partnerships*, New York, Chatham House Publishers, 2000.

和工具选择失败的教训。

表 3-5　物品类别与治理工具

| 服务安排 | 个人物品 | 征税物品 | 集体物品 | 公共池塘物品 |
|---|---|---|---|---|
| 政府服务 | √ | √ | √ | √ |
| 政府出售 | √ | √ | | |
| 政府间协定 | √ | √ | √ | √ |
| 合　同 | √ | √ | √ | √ |
| 特许经营 | √ | √ | | |
| 赠　与 | √ | √ | | √ |
| 有价证券 | √ | √ | | √ |
| 市场系统 | √ | √ | | |
| 志愿者服务 | √ | √ | √ | √ |
| 自我服务 | √ | | | |

资料来源：Savas E S，*Privatization and Public-Private Partnerships*，New York，Chatham House Publishers，2000：92.

　　事实上，萨瓦斯的治理工具选择研究更多地表现为一种理论模型，为政府选择与创新治理工具提供了一种理论指导。如集体物品，既可以选择由政府直接提供，也可以由政府之间通过合同发包的方式来提供，还可以由志愿组织来提供，但如果试图通过特许经营或有价证券方式来提供的话，很可能遭致失败的结局。这是对科斯"灯塔服务功能"的一种解析，科斯认为公共物品不必由政府机构主导来提供，公私部门或私人部门之间通过市场机制来安排可能更有效率。奥斯特罗姆[①]（Ostrom）和奥尔森[②]（Olson）提供了另一种解释，公共物品提供必然是一个涉及多方利益的集体行动，了解各方利益主体动机、资源与手段约束是治理工具选择的前提。在实验、观察等实证研究基础上，奥斯特诺姆强调以"自我管理"为核心选择治理工具，既可以是纯粹民间的，也可以是完全政府的，或者是民间与政府某种程度的结合，完全可以因

---

[①] Ostrom，"Polycentric Systems for Coping with Collective Action and Global Environmental Change，"Global Environmental Change，2010(20)：550-557.

[②] Mancur Olson M，*The Logic of Collective Action*，Cambridge，MA，Harvard University Press，1965.

时因地折中妥协，有效即可。在技术条件既定的情况下，任何公共问题的解决方案都必须同当地具体信息和利益相符，合宜性（commensurability）至关重要。[①]

## 3.3.4 治理工具选择探索的案例分析

工业文明在创造更多物质与经济财富的同时，也带来水污染、大气污染等副产品，城市化、人口增长、农药化肥滥用、垃圾未有效分类等因素进一步加剧了环境污染。其中，水污染尤为触目惊心，全球80%的人口面临用水安全问题。世界银行指出，微生物、污水、化学品和塑料相结合，从水中吸取氧气，将水变成人类和生态系统的毒药；严重污染地区会损失1/3的潜在经济增长。"清洁水源是经济增长的一个关键要素，水质恶化阻碍经济增长，影响健康状况，减少粮食生产，导致很多国家贫困加剧。"[②]因此，政府必须采取紧急行动治理水污染，确保经济以公平和环境可持续的方式加快增长，这是政府不可推卸的责任和义务，也是考核各级地方政府执政能力的关键，治理工具探索与多元化组合至关重要。

首选的环境污染治理工具是公共规制，以立法方式明令禁止排污或者制定排污标准，包括《中华人民共和国环境保护法》《中华人民共和国水污染防治法》《中华人民共和国海洋环境保护法》等均有条款规定控制水污染，保护江河湖泊、运河渠道、水库和海洋等地面水以及地下水水质的良好状态，保护人体健康和生态平衡。如《中华人民共和国水污染防治法》规定，禁止向生活饮用水水源地和一级保护区的水体排放污水，已设置的排污口，应当限期拆除或限期治理；在生活水源地、风景名胜区水体、重要渔业水体和其他有特殊经济文化价值的水体保护区内，不得新建排污口。在排放标准方面，《污水综合排放标准》（GB 8978-1996）适用于全国，地方政府根据本地区实际情况再行制定地方排放标准，"省、自治区、直辖市人民政府对国家污染物排放标准中没做规定的项目，可以制定地方污染物排放标准，对已做规定的项目则可以制定严于国家标准的地方排放标准，对造纸、船舶等12个行业实施更严格的行业排放标准。对那些不遵守规定的排污企业实施罚款等惩罚

---

① Elinor Ostrom E, "A Diagnostic Approach for Going beyond Panaceas," Proceedings of the National Academy of Sciences, 2007, 104(39).

② 冯迪凡，《世行：全球正面临水质危机，严重污染将令经济增速降低三分之一》，https://www.yicai.com/news/100302684.html，2020-05-15。

手段，《中华人民共和国环境保护法》将"生态保护红线"写入法律，对污染企业按日连续计罚，罚款上不封顶。

但以单一罚款为形式的治理工具必须配合强有力的监督与巡查，在人力物力有限的条件下，问题重心逐渐从"检查与处罚"转化为"如何才能有效激励企业服从规制"，"排污收费"与"排污权交易"等市场类治理工具因此被逐渐纳入政策工具篮中。"排污收费制度"是指环境排放污染物超过国家或地方标准的排污企业，按照污染物种类、数量和浓度，根据排污收费标准向环保部门设立的收费机关缴纳一定的治理污染或恢复环境费用的法律制度。其基本原理是排污企业排放的污染物损害和污染了环境与生态，造成负外部性，缴纳排污费用是为了补偿污染损害造成的经济损失。该制度是"使用者付费"原则在环境治理方面的应用与拓展，旨在敦促污染型企业通过技术创新、工艺创新和其他创新减少排污量，同时为治理环境和补偿损失提供资金来源。该制度 20 世纪 60 年代在西方国家兴起，后来逐渐向全世界扩展。中国于 1982 年发布《征收排污费暂行办法》，正式将"排污费"作为一项重要的水污染治理工具。

如果说罚款是一种负向激励工具，那么排污费则确立了一种责任原则，为排污主体创造了通过创新减少污染成本的内在驱动力。不过，将排污费列入地方财政的规定，却在某种程度上限制了其激励效应的发挥，也间接影响了其他各项环境保护法律的执行。作为一种弥补和变通，一个新的治理工具随后出现，这就是排污权交易制度（Emission Trading System）。这一制度强调，在一定区域内，在污染物排放总量不超过允许排放量的前提下，允许内部各污染源之间通过货币交换方式相互调剂排污量。1990 年《美国清洁空气法修正案》将这一基于市场的污染控制策略应用于 $SO_2$ 排放控制领域，取得了很好的效果，随后政府逐渐采用排污权交易制度替代排污费制度。

成熟的排污权交易制度操作方法是：政府机构或政府机构授权的第三方机构评估出一定区域内满足环境容量的污染物最大排放量，并将其分成若干规定的排放指标，每份排放指标等于一份排污权。政府在排污权一级市场上采取如招标、拍卖等方式，将排污权有偿出让给排污者。排污者购买到排污权后，可根据使用情况，在二级市场上进行排污权买入或卖出。排污权交易制度的经济学基础是一定区域内环境纳污能力的商品化、市场化和外部不经济的内向化。该制度将污染物排放视为企业的一种合法权利，并将这一权利视为可以出售给其他污染主体、政府和环境保护组织的商品，从而创造了一个新的收入来源，相对于罚款等治理方式，对排污主体有更强烈的正向激励效应。

自浙江省嘉兴市 2007 年 12 月成立首个国内排污权交易中心后，中国污染治理工具由此变得更加多元化，特别是在太湖、滇池等跨行政管辖权的水域，以主要水污染物排污权有偿使用和交易的"总量控制"原则打破了行政区域管辖权桎梏，增加了交易灵活性，避免了市场碎片化，极大地驱动了排污主体的工业与技术创新，并衍生出碳排放交易、用能权交易等新的交易方式，为绿色金融改革创造了有利条件。比如，福建省自 2014 年开始先后开展排污权交易、碳排放权交易和用能权交易试点，截至 2019 年第一季度，排污权交易累计成交额突破 12 亿元，位列全国第一，近 63％的交易额发生在企业之间。①

排污权指标的跨流域、跨区域流转，一方面引导企业向高科技、低排放转型，真正落实淘汰落后工艺与设备，提高原材料利用效率，减少污染物产生等节能减排措施；另一方面创新了排污权抵押贷款或租赁等金融产品，将"沉睡资产"激活为"流动资本"，为另一个市场化污染治理工具创造了应用条件，这就是能源绩效合同（Energy Performance Contracting，EPC），又被称为"合同能源管理"。

EPC 是一种使用节省的能源费用来支付节能项目全部成本的创新型投融资方式，允许企业使用未来的节能收益实现现阶段的节能升级目标，降低能源成本和减少排放。根据 EPC 安排，作为外部组织存在的节能服务公司实施一个提供能源效率提升或可再生能源的项目，并使用节约成本或可再生能源的收入来偿还项目成本。EPC 以节能减排结果为导向，节能服务公司与客户签订技术和能源管理服务合同后，负责融资并承担技术、财务风险，为客户实施和管理节能项目，在合同期内按合同规定与客户分享节能效益。这意味着节能服务公司在项目产生节能效益之前收不到任何款项。为了避免财务风险，节能服务公司寻找和发现客户后，必须运用被实践证明的、成熟的、没有任何风险的技术帮助客户节能减排，而且必须具备融资、交易、项目管理和风险控制等知识与能力。

市场化治理工具的探索与开发并不妨碍公共规制类等传统行政工具的应用与创新，如采用环境保护税、生态税、绿色环保税等特殊税种来维护生态

---

① 潘园园：《福建省排污权交易累计成交额突破 12 亿元》，载《福建日报》，2019-04-14。

环境，针对污水、废气、噪音和固体废弃物等显性污染行为强制征税。荷兰是征收燃料税、噪音税和水污染税等多种环保税的先行国家，后来其他发达国家也广泛采用环保税这一治理工具来保护环境，如意大利征收"废物回收费"、法国征收"森林砍伐税"、欧盟征收"碳排放税"。中国自 2018 年 1 月 1 日施行《中华人民共和国环境保护税法》后，环保税也成为一个力保"绿水青山"的有力工具。环保税具有"多排多缴、少排少缴、不排不缴"的反向约束与正向激励作用，有利于塑造各界的环境保护意识。充分发挥环境保护税和企业增值税、车辆购置税等税种的杠杆作用，激励企业对设备和工艺进行技术改造，将有效促进经济结构优化和发展方式优化，丰富环境保护的治理工具。

环境污染治理工具的探索与多元化组合案例说明，寻找到一个公共问题、公共物品或公共事务的有效治理工具并不是一件容易的事情，会受到问题属性、因果关系复杂性、政府治理理念、技术条件、资金与资源等各种因素影响。有些公共问题的解决有赖于行政工具、市场工具和社会工具的多元复合治理体系，如环境污染、垃圾分类；而有些问题的解决则适合运用经济与市场工具，如促进就业、吸引人才；还有些问题则需要全社会参与协作来解决，如未成年人犯罪预防与矫正、留守儿童教育、校园欺凌治理等。

以促进就业为例，澳大利亚联邦政府以报销搬迁至其他地区就业的费用、租房押金、房租等方式，鼓励青年失业人员异地再就业，并提供津贴鼓励他们连续工作 12 个月以上。我国浙江省杭州市为了吸引人才到杭州工作，对本科、硕士和博士毕业生分别提供 1 万元、3 万元和 5 万元的一次性生活补贴，如果就业人员在富阳区、临安区、桐庐县、淳安县、建德市等区县连续工作满三年，可再次申请该一次性生活补贴（市委办发〔2019〕41 号）。成都、长沙、武汉等"新一线"城市也在展开类似的"抢人"大战。

# 3.4 治理工具应当追求合宜性

合宜性是治理工具选择的基本指导，但要实现治理工具与拟治理问题、治理目标之间的合宜性并不简单，正如环境污染治理工具多元化探索进程所展示的那样。如果治理工具的选择与公共问题不适配，可能会带来严重问题。最具强制力与合法性权威的"政府强力直接干预"有时候可能并不是良策。比如，由于看病找专家太困难，卫生部门为此曾经提出延长医师和专家坐诊时间，但结果表明，粗暴地采用行政管制方式解决公共问题的思路并不能从根本上解决问题。本研究将以价格管制为例进行深入分析。

### 3.4.1　价格管制的适应性

价格管制和罚款一样，是政府最常使用的民生问题治理工具，如"蔬菜限价令""煤炭限价令""猪肉限价令"等。从政策效果来看，"限价令"一出，蔬菜、猪肉、煤炭的价格应声回落。2010年11月中旬，福州市各大市场的蔬菜价格飞涨，市政府回应民众菜篮子呼声，对大白菜、上海青、豆芽菜和空心菜等主要蔬菜采取"限价令"，永辉、新华都等主要超市约80家门店的蔬菜价格很快全部调整到政府指导价以下。福州是第一个政府干预控制菜价的城市，当地民众对此很满意。

价格管制也有一些其他形式，如"约谈稳定价格""涉嫌价格垄断调查""明星限薪令""煤电价格管制"等。在物价飞涨的情况下，政府关心民生、稳定物价是其职能所在。从自由经济理论视角看，价格是由供求关系决定的，通过价格信号，市场可以有效配置资源，并确保消费者权益与资本方权益得以实现，但其前提是市场处于充分开放、公平竞争的条件下。当市场失灵时，政府适度干预价格具有一定的合理性。那么，哪些物价该管，哪些物价不该管呢？

《中华人民共和国价格法》规定："价格的制定应当符合价值规律，大多数商品和服务价格实行市场调节价，极少数商品和服务价格实行政府指导价或政府定价。"经营者有自主制定属于市场调节的价格和在政府指导价规定的幅度内控制价格的权利。按照规定，对于与国民经济发展和人民生活关系重大的极少数商品价格、资源稀缺的少数商品价格、自然垄断经营的商品价格、重要的公用事业价格和重要的公益性服务价格，政府在必要时可以实行政府指导价或政府定价，具体定价权限和具体适用范围以《国家计委和国务院有关部门定价目录》和地方的定价目录为依据。凡是列入定价目录的商品和服务项目，其价格的制定和调整均由目录中规定的政府部门统一负责；凡未列入定价目录的商品和服务项目，由经营者自主定价。按照上述法律规定，日化、乳制品、方便面、酒类等产品实行市场调节价，应当由经营者自主定价；电信资费实行政府定价；药品、原油、成品油等则实行政府指导价。

在此背景下，无论是发改委约谈企业稳定产品售价还是命令经营者限制商品价格，都是有其内在行为逻辑的。表面上，价格管制思路运用的是计划经济管制思维，迷信行政手段效力；实际上是权力和垄断利益驱动所致。纵观近年来的火车票、景点门票、拥堵费、燃油费、土地出让金、日化用品价格、电信资费、煤电价格、天然气价格、自来水价格、蔬菜价格等，有的应当采用行政手段干预管制却采取了市场机制调节，有的需要市场机制调节却被政府强力干预，行政干预也过多关注价格上涨，对价格下跌却鲜少关注。

进一步地，价格管制等管制思路能否应用到所有领域呢？答案有待商榷。企业与厂商遵循成本收益原则合法运营，它们可以听从政府指令控制价格，也可以选择"不供应"来回应政府指令，由此可能导致恶性循环怪圈：政府干预导致价格失灵，以致厂商减少供给，于是政府又再次干预……继而引发下一轮价格"报复性上涨"、政府干预……这类管制与干预最具路径依赖特征，一种行政干预手段造成的不良结果通常需要另一种行政管制手段去化解，政府宏观调控微观化，会酝酿出更严重的短缺问题。2017年北方供暖季遭遇的"气荒"很大程度就缘于此。①

"气荒"表现为供暖不足，天然气供应进入Ⅱ级预警，其形成与"煤改气工程"直接相关。为了解决煤炭供暖污染问题，在《大气污染防治行动计划》指引下，北方各省开始有计划地推行采暖改造，"煤改气"就是其中一种，因此对天然气的需求随之增加，但天然气的生产供给并没有相应增加。原因有以下几点：其一，2017年是燃煤禁燃区全面实现以集中供暖、气代煤、电代煤为主的清洁能源的目标年；其二，因为地方"煤改气"实际数量超过预期目标，导致天然气消费量暴增；其三，消费者对天然气价格的承受能力不足，一些困难人群选择停止取暖；其四，一些地方的天然气管道和燃气设备安装到户工作严重滞后，人为原因导致天气燃气供应断档；其五，大型央企垄断能源市场，天然气供应结构单一。由此可见，"气荒"与消费者能力、设备安装工作、供给不足均有关系，但短缺的集中爆发却与"一刀切"的政策执行有直接关系。在改革能源市场、打破天然气进口垄断格局、供给方式更加多元化的目标短期内无法完成的情况下，政府治理工具的选择必须兼顾环境保护和民生需要。

---

① 王晓波：《煤炉撤了天然气却没来，"气荒"是怎么造成的》，搜狐财经，2017-12-04。

幸运的是，环保部门很快做出调整，向京津冀及周边地区"2＋26"城市①下发了《关于请做好散煤综合治理 确保群众温暖过冬工作的函》（环办大气函〔2017〕1874 号）特急文件，提出"坚持以保障群众温暖过冬为第一原则"，主张在"没有完工的项目或地方，继续沿用过去的燃煤取暖方式或其他替代方式"。"气荒"至此结束。

## 3.4.2  价格管制的依据

价格本身其实并不是解决问题的焦点，问题的焦点是明确价格管制的依据是什么，是以合法性为原则来决策还是利用信息来决策。如何协调众人的行为、如何利用分散在无数不同人头脑中的信息或想法制定出一个所有人都接受的政策方案？"如果世界是一成不变的，经济问题可以通过全盘量化和集中计算来求得最优决策。"②其他问题也可以通过同样的方法得到最优决策。然而，现实世界是复杂而动态变化的，每个人的想法今天和明天都可能不一样，因此协调众人行为，利用零散甚至碎片化的知识集中处理信息是不可能的。既然信息并非都可以得到预测和量化，那么只有通过独立的个体处理各自的信息和需求才能协调众人行为。这就是市场和商品价格的形成过程，因为新信息的披露是不确定、不可预知的，价格通常也就难以预测。

在此情况下，无论是生产商还是经销商，只能根据某一段时期的供求信息判断价格走势，并自己承担判断失误的后果。但政府调控某类物品价格的首要依据是回应民生诉求，尽管决策者也需要寻找、消化和利用信息来决策，但绝不是单一的供求分析、成本收益分析，而是必须兼顾政府责任性、合法性、多重性和公平性等多重目标。这是公共管理学思维与经济学思维的根本差异，因此治理工具的选择和应用更强调合宜性而非最优性。

具体到价格与收费问题上，政府不是不能干预，也不是不能管制，但在价格干预范围、力度和方式上需要更审慎的判断。同理，环境保护、垃圾分类、交通拥堵、公共卫生医疗、学前教育等公共物品的治理工具选择也应当

---

① 这些城市包括北京、天津，河北省石家庄、唐山、保定、廊坊、沧州、衡水、邯郸、邢台，山西省太原、阳泉、长治、晋城，山东省济南、淄博、聊城、德州、滨州、济宁、菏泽，河南省郑州、新乡、鹤壁、安阳、焦作、濮阳和开封。

② ［英］弗里德利希·冯·哈耶克：《自由秩序原理》，邓正来译，北京，生活·读书·新知三联书店，1997。

以"合宜性"为指导法则。新加坡交通拥堵治理①、日本垃圾分类治理②提供了两个合宜性样本，为中国大城市交通拥堵和新一轮垃圾分类落实提供了有益借鉴。

1. 新加坡交通拥堵的多元治理及启发

交通拥堵是大城市的常态与亟待解决的主要问题，不同国家、地区和城市都在探寻合宜的治理工具，以新加坡的多元治理措施成效最为突出。据2018年数据，新加坡人口密度高达7 540人/平方千米，是北京的6倍，同时新加坡也是全世界汽车密度最高的国家，但其道路通常很少堵车，公共交通发达便利且低廉。拥有车辆和使用车辆昂贵是最主要原因，其背后是新加坡政府对法规、价格、税费等多元治理工具的综合使用。

其一，政府直接供给完善便利的公共交通系统。地铁、轻轨和公共汽车之间优势互补，基本实行同站台换乘，车站有便捷通道与社区、地铁入口相连，遮风又挡雨；票价不高，对低收入群体还有援助补贴。

其二，用"拥车证"严格控制私家车总量。拥车证等于中国的汽车牌照，是公民拥有车辆的官方证明，其价格与汽车类型、排气量大小挂钩，随市场供求关系浮动；每月拍卖拥车证的数量不超过汽车总量的3%。通常1.6升排气量以下的拥车证接近6万新加坡元（约为30万元人民币），1.6升以上排气量的拥车证则接近9万新加坡元，旨在鼓励公民购买环保节能型小汽车。拍到拥车证的人必须在6个月内注册一辆新车，10年内有效；汽车使用超过10年后必须再拍一张拥车证，同时须缴纳的道路税增加10%，超过14年则增加50%。

其三，征收高额进口关税和额外注册费用进一步限制私家车数量。新加坡对进口新车一律须征收45%的进口税，购车还需要缴纳1 000元的注册登记费和一笔相当于汽车市场价格150%的额外注册费，以及保险费等杂费。通常一辆1.6 L排量的普通轿车，上路前所需缴的系列费用包括拥车证费用在内，大概近10万元新加坡元（约50万元人民币）。

其四，征收"拥堵费"，调整私家车通行时段来应对高峰期拥堵。新加坡

---

① 唐奕奕：《拥车证与高税费用并行：管制交通的新加坡版本》，载《21世纪经济报道》，2008-07-02；林芮：《新加坡交通独特：人口密度大，堵车却不多》，载《人民日报》，2018-08-14。

② 中国科普博览：《日本垃圾分类为什么做得这么好》，新浪科技综合，2019-06-28.

法律明确规定，新车购买后，经销商必须给每一辆新车安装车载读卡器，并插入预付电子卡，且与电子道路收费系统（Electronic Road Pricing，ERP）对接。政府在所有通往市中心的主要道路上设置电子收费闸门，根据时间、车流量与车型，通过闸门传感器自动从预付电子卡扣除费用，收费标准每次0.5～6新加坡元，车速快时收费少，反之就提高，出租车也不例外。整个过程随处可见大数据技术身影，无论是1998年就实施的ERP系统、"免费早鸟计划"，还是出租车预召系统、出租车停靠站点热感应技术，以及路线规划规避拥堵、自动驾驶工具测试，均表明新加坡致力于通过发展智能交通来服务未来的经济与社会发展大方向。

中国上海的车牌竞拍制度借鉴的就是新加坡的"拥车证"，2019年7月上海车牌成交价已经达到9万元左右，中标率在5.6%左右；北京、天津则以购车"摇号"方式控制汽车增量；深圳市同时采取车牌竞拍与"摇号"政策，居民只能选择其一，2019年第8期个人车牌竞拍价平均为37 048元。

总体看来，车牌竞拍价是一种市场思维，在供求关系变动下价格持续上升，未来合法上路汽车的牌照比汽车本身昂贵可能会成为现实。而北京、天津的购车摇号政策偏向行政管制，看似公平实际却损害了市民的消费权利，摇不到号、乘坐公交的市民要一直为有车者造成的交通拥堵以及空气污染买单。为此，早在2010年就有国务院参事主张采用固定车位证明等行政手段，高燃油税和停车费、高峰时段进程征收拥堵费等经济手段，提高北京小汽车购置与使用成本。[①] 数年之后，作为北京清洁空气计划的构成，交通拥堵费征收思路逐渐清晰，在借鉴伦敦和新加坡经验的基础上，计划以环线为界征收，或在重要商圈、常见拥堵点收费；车辆排放标准越低收费越高，收费标准和时间呈"被动性"，并奖励不开车的市民；征收的拥堵费用于提高公共交通便捷度和舒适度。[②] 当然，不同城市地形地貌、社会需求与民众出行习惯有极大差异，治理交通拥堵还是得因地制宜。

2. 日本的垃圾分类治理经验及启发

日本非常重视垃圾分类和循环使用，相关法律明确要求各县市区有计划地对垃圾做分类收集处理。虽然国家层面并没有出台一个统一标准，但各县

① 欣文：《国务院智库为拥堵支招 征拥堵费等成焦点》，载《京华时报》，2010-10-14。
② 黄海蕾：《北京或以环线为界征拥堵费 车辆排放标准越低收费越高》，载《京华时报》，2013-09-18。

市区根据本地人口数量、垃圾处理厂数量和垃圾处理能力自行规定了家庭垃圾分类制度，对本地居民、外来人员均具有强制约束力。各县市役所负责向居民说明该地区的垃圾分类规则，并发放《垃圾分类手册》等说明资料，相关说明资料图文并茂，便于人们快速准确地了解当地垃圾分类规则。

通常情况下，家庭垃圾分为可燃垃圾、不可燃垃圾、粗大垃圾、资源垃圾和有害垃圾 5 类；每种垃圾都有对应的丢弃方法、丢弃费用和丢弃时间；特定垃圾必须放入特定垃圾袋，包装好后按照规定的丢弃时间，丢弃到指定的垃圾放置处。人口聚集的社区、公寓会设置专门放置垃圾的垃圾场，并在不同垃圾的丢弃时间提醒居民。

日本如此严格而细致的垃圾分类制度的制定并非一蹴而就，而是随着人口增长、经济发展与不规范垃圾导致污染的教训不断增加而逐渐修改完善的。第二次世界大战后，人口快速增长产生了大量垃圾，人们随意丢弃垃圾造成了河流污染、蚊虫肆虐、重金属污染等公共卫生与健康问题。1955 年日本引入垃圾焚烧炉，初步将家庭垃圾分为"可燃"和"不可燃"两类，但塑料包装物被作为可燃垃圾处理带来了严重的大气污染，干电池被填埋也产生了重金属污染隐患，于是进一步的垃圾分类成为必然。到了 20 世纪 90 年代，基于循环利用有限资源的考虑，日本 1997 年的《容器包装循环利用法》细化了垃圾分类标准；2000 年制定了《循环型社会形成推进基本法》，提出"3R处理步骤"，即：从源头减少垃圾，反对过度消费；重复利用与延长使用，倡导义卖与捐赠；垃圾再生利用。此外，增加了"商品包装盒"的垃圾归属及相应处置办法。

日本的实践证明，家庭垃圾严格分类能带来居民环保意识提升、垃圾减少、垃圾焚烧效率提升、大气污染减轻、垃圾填埋场寿命延长等积极效果。

2019 年 6 月，我国住房和城乡建设部、国家发展改革委、生态环境部等九部门联合印发《住房和城乡建设部等部门关于在全国地级及以上城市全面开展生活垃圾分类工作的通知》，标志着生活垃圾分类将成为一项法律，新一轮垃圾分类工作随之展开，各地都开始采用适应本地区的治理工具。

广州首先实施了《广州市城市生活垃圾分类管理暂行规定》，将生活垃圾分为"可回收物""餐厨垃圾/厨余垃圾""有害垃圾"和"其他垃圾"，并规定了相应标记和垃圾箱的颜色；通过服务购买协议等方式，由专门企业负责收集、运输和处理；出台《广州市生活垃圾处理终端阶梯式终端计量收费及奖惩办法》，鼓励从源头减少垃圾。

　　杭州制定了《杭州市区生活垃圾分类收集处置工作实施方案》，将生活垃圾分为"可回收物""厨房垃圾""固体垃圾"和"其他垃圾"，分别用不同颜色标识；将厨房垃圾和其他垃圾分开运输；城管部门领导和市级领导承担垃圾分类指导员和宣传员角色；给市民发放可降解垃圾袋装厨房垃圾；对正确投放垃圾的居民实施奖励。

　　北京印制了《北京市生活垃圾管理条例》《北京市生活垃圾分类指导手册》，帮助居民了解垃圾分类标准、投放要求、收运和处理过程，并通过招投标、政府购买协议等方式，将社区垃圾分类项目承包给投标人。其中的典型代表是"绿馨小屋"再生资源回收站，该回收站采取了发送无纺布袋和宣传手册、走进菜市场宣讲、搭建"一站式"垃圾回收的"绿馨小屋"、研发旧书循环书架、设计垃圾分类送积分、厨余垃圾换积分、小手拉大手等方式推动居民养成垃圾分类习惯；将回收的厨余垃圾分类存储在专门的垃圾箱内，每天定时由厨余垃圾清运车运送到专门的垃圾处理厂，统一进行资源化处理。

　　《上海生活垃圾管理条例》将生活垃圾分为"可回收物""有害垃圾""湿垃圾"和"干垃圾"，要求居民严格按照垃圾分类标识投放，并实施"罚款"和"行政处罚"手段。

　　垃圾分类，无论是在城市还是乡村，看起来是小事，但实际上是利国利民的大事。日本提供了垃圾分类规制，各区县制定具体规则，由专门的政府机构负责宣传教育、发放简单易学的材料、激励社会广泛参与；广州、杭州、北京、上海也都积累了许多经验，但要持续做好还需结合本地区实际情况，创新垃圾分类落实方法。

　　城市交通拥堵和生活垃圾分类的案例说明，面对同样的问题，不同地方在具体做法上千差万别，或注重教育或偏重罚款，或财政补贴或纳入征信系统。相对于最优化求解思路，"合宜性"才是选择治理工具时首要考虑的问题。

# 第 4 章
# 政府为何如此行动：治理逻辑

政府职能及其变迁、政府治理工具选择及多元化组合，背后都隐藏着深刻的现实动因与理论逻辑。从全能政府到有限政府、服务型政府、回应型政府，从单一依靠管控规制等强硬手段到广泛应用自主选择、社区自助与协作等柔性工具，是公共管理理论界与实务界共同努力探索社会现实问题解决良方的自然演进。政府为什么这样做而不是那样做，固然与问题属性有关，公共管理理论能否提供创新性的解释思路也至关重要。正因如此，政府治理逻辑才会因为政治学、社会学、经济学等学科思维的影响而发生转向。

## 4.1 威尔逊-韦伯范式的治理逻辑

毫无疑问，19世纪中后期普遍的政治腐败、资源浪费、行政效率低下等问题是公共管理学缘起与发展的现实动因，威尔逊、古德诺、韦伯（Max Weber）等学术巨擘都将问题的求解思路放在行政系统本身：一是将行政系统独立出来，单独探索从技术层面改善行政效率的可能；二是在法理上赋予政府合法性权威，讨论管控、规制与干预的治理逻辑。

### 4.1.1 效率至上是威尔逊-韦伯范式治理逻辑的起点

1. 行政系统要相对独立和稳定

威尔逊最关心的问题是如何解决周期性政治选举对美国行政组织稳定性、行政效率造成的不利影响，将研究重点放在"如何富有启发性地、公平地、迅速而又没有摩擦地实施法律"①这一属于行政管理范畴的问题上。他的研究思路受到欧洲学者斯坦因(L. V. Stein)有关政治与行政区分思想的启发。斯坦因认为"政治"主要是国家的宪政建构,是国家意志及其活动,为行政活动提供限度与秩序;在宪政结构之中,行政具有相对独立性,行政机关的运行与活动有其自身规律。在此基础上,威尔逊根据其所处时代美国行政系统臃肿低效等实际情况进行了理论再建构。针对"如何改变政府低效"问题,他主张建立一个负责任、有能力、具有行动力的政府系统,为此必须重新认识权力和授权,将行政系统与政治系统分离开来,专注于政策执行,从而避免周期性政治系统选举对政策执行、政府运行效率施加影响。

古德诺同样关注美国政府低效问题。与威尔逊将问题归因于周期性政治选举的观点不同,古德诺认为美国政府行政低效固然与寡头资本干预和周期性选举有关,但究其根本是"三权分立"所致。在激烈抨击三权分立制弊端的基础上,古德诺明确提出,用政治与行政两分法代替立法、司法和行政三分法,政治应集中表现为体现国家意志的立法过程与政策制定,行政则专注于国家意志执行和政策实施的具体过程,进而提出"政治是国家意志的表达,行政是国家意志的执行"这一著名论断。但古德诺并不认为政治与行政的分离是绝对的,他强调建立行政系统的时候必须考虑其与政治之间的协调一致性:"分权原则的极端形式不能作为任何具体政治组织的基础,因为这一原则要求存在分立的政府机构,每个机构只限于行使一种被分开了的政府功能。然而实际政治的需要要求国家意志的表达和执行之间协调一致。"②这种一致性一定程度上可以通过政治对行政的适度控制实现,如英国议会党团机制和政党制国家的定期竞选与人事任命。中国则通过共产党员干部培养和人事制度来实现,由此达成国家意志表达机构与执行机构之间的协调。不过,古德诺认为政党政治对行政的控制必须限定在合理范围内,为此他提出了"适度行政集中"和"法外调节"原则。前者是指在美国立法—司法—行政横向分权和中央—州—地方的纵向分权背景下,在保留立法分权的限定条件下,加强行政权力集中,确保地方政府在中央政府立法意志下有效行政;③ 后者

---

① Woodrow Wilson, "The Study of Administration,"Political Science Quarterly, 1887, 2(2): 197-222.

② [美]古德诺:《政治与行政》,王元译,14 页,北京,华夏出版社,1987。

③ 在"美国进步运动"期间推行的市政体制改革,鲜明地带有古德诺这一行政集权思想,如"城市经理制""强市长型"暨议会制等形式已经成为现代美国城市行政体制的主流形态。

是指通过统一政党意志来促进国家的政治与行政、中央与地方的协调一致，"没有政党，民主是不可思议的"，只有党内统一意志、统一行动，才有助于实现党内组织控制，才能发挥全方位协调功能。此外，他还主张通过制度化、法治化规范政党行为，防止政党独裁或过度政党分肥等现象发生。

威尔逊和古德诺主张行政系统独立，是来自对周期性政治选举和三权分立制造成行政低效弊端的反思与批判，"若没有三权分立的政治制度以及政党政治，政治与行政的二分法能否发展出来是值得怀疑的"[①]。其重心并非抛弃分权制衡体制，而是在既定的分权体制框架内，重新确立新的研究方法，从事制度创新和治理创新研究。一定程度而言，将"政治"与"行政"分开是西方民主政治制度的一种自我调整与修正，出现了"政治行政观"和"管理行政观"[②]，反映了19世纪末20世纪初社会变革所提出的"国家职能强化以及科学化问题"，以及提高政府效率的呼声。这一变化背后隐藏着19世纪之后西方政治权力重心从议会逐步移向行政部门、行政权力从政治家移向文官的趋势。

2. 行政人员保持政治中立

当行政系统专注于政策执行之后，为了避免政治选举对行政系统稳定性造成影响，威尔逊首次提出在人员配置上区分政务官和文官，对后者实行功绩制原则，以便革除政党分赃制所致的任人唯亲的弊端。[③] 政党分赃制忽略了被任用者的文化修养、专业水平和工作能力，导致许多有能力的人无法进入行政系统。因此，为了建立民主制度，必须对文职机关的人员进行竞争性考试，通过这种方式选拔出来的文官队伍，还要进行系统性的训练，使其对所服务的政府政策与法律形成坚定而强烈的忠诚。

古德诺同样主张由专门队伍专司政策执行，他继承威尔逊关于政务官和文官区分的思想，强调既然"行政管理很大一部分与政治无关……应当把其中很大一部分从政治实体中解脱出来"[④]，文官实行常任制且必须保持政治中立，排除行政环节中的政治因素，保证行政系统的价值中立，从而维持政

① 景跃进：《"行政"概念辨析——从"三权分立"到"政治与行政二分法"》，载《教学与研究》，2003(9)。

② 薛冰、柴生秦、梁忠民：《行政学原理》，北京，清华大学出版社，2005。

③ Woodrow Wilson, "The Study of Administration," Political Science Quarterly, 1887, 2(2): 197-222.

④ [美]古德诺：《政治与行政》，王元译，北京，华夏出版社，1987。

府工作的稳定性、连续性和政治清明。

威尔逊与古德诺对文官制度、文官选拔与政治中立要求等法理特征的阐释，为韦伯"理性官僚模型（rational bureaucratic model）"的运行创建了人员要件。

## 4.1.2 效率来源于政府合法性权威的确立

资本主义精神特征的全部内涵在于它的理性化，表现在政治生活中就是官僚制，现代官僚制是建立在工具理性基础上的政治与行政方式，官僚体系和官僚的存在赋予了"分裂混乱状态中的国家与社会以整体性甚至有机性"[①]。

### 1. 官僚制与组织效率来源

世界范围内，普鲁士强国与统一德意志帝国的经验为现代行政管理学理论建构提供了丰富的历史素材。1740—1748 年，从西里西亚战争到七年战争，普鲁士与奥地利、英国、荷兰、西班牙、法国、俄罗斯等国交战，势如破竹，均以胜利告终，一跃成为欧洲强国，更是在 1870 年普法战争后统一了德意志王国。后世军事学家认为普鲁士军队令人惊叹的动员效率和战斗力来自"步兵从纵队变成横队防御"的新战术；而历史学家给出的是更全面的答案，即：相对于法国等交战国家，普鲁士兵源充足，军备力量强大，铁路运输能力被充分应用在军事领域，军队集结迅速，等等。但考虑到同期英、法等国不逊色的工业化水平，上述因素都不足以完全解释普鲁士乃至德国在战争中的高效行动力和战斗力。

1745 年，法国学者 V. 德顾耐提出了一个"官僚制（bureaucracy）"论点，从政府组织结构与运作方式的角度来解释普鲁士的战力，其主旨是：在王权是唯一合法性主体的前提下，为了统一德意志，王国首先按照政府职能、职位分工、分层管理原则建立了行政权力体系，然后设计了一套命令-服从的权力行使规则。显然，这是一套从属于政治的官僚制，国王拥有至高无上的权威，并具有组织结构呈金字塔形、追求效率等显著特征。其效用在战争中最为显著，曾作为普鲁士王储学习教材的《战争论》中就明确提出了"战争无非是政治通过另一种手段的继续""只问胜负，不问对错"等观点。

韦伯从普鲁士强国的历史经验中引申出了一个问题——组织效率从何而

---

① ［德］马克斯·韦伯：《经济与社会》，林荣远译，北京，商务印书馆，1997。

来？他的答案是：组织效率来自理性服从。即便是稳定的权威系统也不可能依靠下级的纯物质利益需求、对个人好处的精准计算、思慕或喜欢等情感动机或思想动机来维持，稳定的服从模式必须依赖对权威系统合法性的信念和对系统中的命令来源毫不犹豫的服从，即"理性服从"。理性意味着效率，理性服从是组织高效率运转实现的根本动因："经验普遍倾向于表明，行政组织的纯粹官僚制度模型源自一个纯粹技术观点即能够获得最高效率，在这个意义上，就形式而言，它实施的是对人类强制控制的、已知最合理的方法。它在规章制度的准确性、稳定性、严厉性和可靠性方面优于其他任何形式，从而使组织领导与组织相关的人有可能获得特别高的测算结果的能力。"①

韦伯解决了"在一个充满合作与冲突、遍布协作与竞争的世界里，如何才能将分散个体集合起来产生巨大威力"的问题，包括如何领导和激励许多人为了实现共同目标而努力，如何创造让许多人一起为实现共同目标而努力的环境。整个过程在本质上是一种"一体化（As One）"的思维方式。②

2. 理性官僚制与合法性权威的确立

回答了效率来源和服从义务之后，韦伯在批判性继承中国古代官僚制和普鲁士官僚制的基础上，提出"理性官僚制"模型：否定"忠于人（即血缘与宗法）"，主张"忠于物（即组织与制度）"，确立法理型权威的唯一性与稳定性；在技术层面上，政府职能和职位实行纵向与横向分工，实行层级管理；借鉴中国古代科举制创建文官考录制度选拔常任文官。

在韦伯看来，"组织权威"是整个理论框架的基石。任何社会与组织秩序的形成运转都是以某种形式的权威或权力为基础的，只有权力能够消除混乱，实现对组织的领导、指挥与控制，实现组织目标。但韦伯认为只有"合法性权威"才具有"合法性统治"这一功能，进而将合法性权威划分为法定权威、传统权威和超人型权威："合法性统治有3种纯粹的类型。它们的合法性的适用可能首先具有下列性质：①合理的性质，建立在相信统治者的章程所规定的制度和指令权利的合法性之上，他们是合法授命进行的统治；②传统的性质，建立在相信历来适用的传统的神圣性和由传统授命实施权威的统

① Max Weber, *The Theory of Social and Economic Organization*, trans by Henderson A M, Parsons T. New York：Free Press，1922：337.
② ［加］梅尔达德·巴格海、杰姆斯·奎励杰：《一的力量：从松散到合一的八大突破性领导法则》，魏薇译，上海，上海财经大学出版社，2012。

治者的合法性之上；③魅力的性质，建立在非凡的献身于一个人以及由他所默认和创立的制度的神圣性，或者英雄气概，或者楷模样板之上。"①在这 3 种权威基础上建立的组织分别是法理型组织、传统型组织和魅力型组织，其中，法理型组织又被称为"理性官僚组织"。

韦伯认为"官僚"是一种对大规模群体有效管理的基本形态，是大规模集体行动成为可能的组织基础。他毫不讳言对法定权威的偏爱，认为要对规模较大的群体或组织实现良好管理，必须依靠法理型或法定权威，在运行中实行集权与理性遵从原则。在此基础上，韦伯提出了"理性的行政组织体系"理论。与以传统权威为基础、忠诚于君主的中国古代官僚制相比，理性官僚组织是一种层次分明、制度严格、权责明确的等级制组织模式，特别强调法治条件下的层级制组织结构形式，重视组织内部的规范化管理，通过规章制度规定组织层级、职能划分、职位设置、成员资格，形成"非人格化"的层级节制体系，组织成员是否胜任职位要求仅取决于其能力而非对组织领袖的个人忠诚。

3. 以"非人格化"运行规则确保组织效率

理性官僚组织强调组织内部的规范化管理与理性服从，具有专业分工、等级严明、法定规则和非人格化等基本特征，具体表现为六个方面：①法定的关系范围，政府各部门和组织成员具有一定的权限范围，其职责是通过一种连续而经常的方式履行的，是以书面文件为基础的工作流程安排；②等级制，组织内部职责按照职能划分，并建立牢固而有序的上下层级制度，不同职责和不同等级的政府官员具有不同的管理权限，并享有对应的薪酬福利等级和权力等级（表 4-1），外观上表现为"金字塔"结构；③专业化，受工业革命、科学管理思想与流水线作业影响，组织各部门职能要求明确的分工、程序与决策，办公室管理和管理人员也必须具备专业背景知识，为此需要彻底而熟练的专门培训，以便拥有处理公共事务的专业技能；④职业精神，不仅要求公职人员有专业知识背景与工作能力，还需要他们全身心地投入公务工作，并以之为终身职业追求；⑤公私分离，公共管理和公共服务是一种职业，公务人员必须将私人目标和公职目标明确区分，办公场所和私人住所分开；⑥效率，遵循一般管理原则，强调以最小代价取得有效管理，为公众提供各类公共物品。

---

① ［德］马克斯·韦伯：《经济与社会》，林荣远译，北京，商务印书馆，1997。

表 4-1　2018 年中国公务员级别工资等级标准表

| 级别〉档次 | 1 | 2 | 3 | 4 | 5 | 6 | 7 | 8 | 9 | 10 | 11 | 12 | 13 | 14 |
|---|---|---|---|---|---|---|---|---|---|---|---|---|---|---|
| 一 | 6 135 | 6 604 | 7 073 | 7 542 | 8 011 | 8 480 | | | | | | | | |
| 二 | 5 625 | 6 029 | 6 433 | 6 837 | 7 241 | 7 645 | 8 049 | | | | | | | |
| 三 | 5 160 | 5 524 | 5 888 | 6 252 | 6 616 | 6 980 | 7 344 | 7 708 | | | | | | |
| 四 | 4 721 | 5 055 | 5 389 | 5 723 | 6 057 | 6 391 | 6 725 | 7 059 | 7 393 | | | | | |
| 五 | 4 318 | 4 632 | 4 946 | 5 260 | 5 574 | 5 888 | 6 202 | 6 516 | 6 830 | 7 144 | | | | |
| 六 | 3 949 | 4 243 | 4 537 | 4 831 | 5 125 | 5 419 | 5 713 | 6 007 | 6 301 | 6 595 | 6 889 | | | |
| 七 | 3 622 | 3 896 | 4 170 | 4 444 | 4 718 | 4 992 | 5 266 | 5 540 | 5 814 | 6 088 | 6 362 | | | |
| 八 | 3 336 | 3 590 | 3 844 | 4 098 | 4 352 | 4 606 | 4 860 | 5 114 | 5 368 | 5 622 | 5 876 | | | |
| 九 | 3 079 | 3 313 | 3 547 | 3 781 | 4 015 | 4 249 | 4 483 | 4 717 | 4 951 | 5 185 | 5 419 | | | |
| 十 | 2 841 | 3 056 | 3 271 | 3 486 | 3 701 | 3 916 | 4 131 | 4 346 | 4 561 | 4 776 | 4 991 | | | |
| 十一 | 2 620 | 2 818 | 3 016 | 3 214 | 3 412 | 3 610 | 3 808 | 4 006 | 4 204 | 4 402 | 4 600 | 4 798 | | |
| 十二 | 2 415 | 2 598 | 2 781 | 2 964 | 3 147 | 3 330 | 3 513 | 3 696 | 3 879 | 4 062 | 4 245 | 4 428 | 4 611 | |
| 十三 | 2 225 | 2 395 | 2 565 | 2 735 | 2 905 | 3 075 | 3 245 | 3 415 | 3 585 | 3 755 | 3 925 | 4 095 | 4 265 | 4 435 |
| 十四 | 2 049 | 2 207 | 2 365 | 2 523 | 2 681 | 2 839 | 2 997 | 3 155 | 3 313 | 3 471 | 3 629 | 3 787 | 3 945 | 4 103 |
| 十五 | 1 887 | 2 034 | 2 181 | 2 328 | 2 475 | 2 622 | 2 769 | 2 916 | 3 063 | 3 210 | 3 357 | 3 504 | 3 651 | 3 798 |
| 十六 | 1 738 | 1 874 | 2 010 | 2 146 | 2 282 | 2 418 | 2 554 | 2 690 | 2 826 | 2 962 | 3 098 | 3 234 | 3 370 | 3 506 |
| 十七 | 1 602 | 1 727 | 1 852 | 1 977 | 2 102 | 2 227 | 2 352 | 2 477 | 2 602 | 2 727 | 2 852 | 2 977 | 3 102 | |
| 十八 | 1 478 | 1 593 | 1 708 | 1 823 | 1 938 | 2 053 | 2 168 | 2 283 | 2 398 | 2 513 | 2 628 | 2 743 | 2 858 | |
| 十九 | 1 365 | 1 470 | 1 575 | 1 680 | 1 785 | 1 890 | 1 995 | 2 100 | 2 205 | 2 310 | 2 415 | 2 520 | | |
| 二十 | 1 263 | 1 358 | 1 453 | 1 548 | 1 643 | 1 738 | 1 833 | 1 928 | 2 023 | 2 118 | 2 213 | | | |
| 二十一 | 1 171 | 1 256 | 1 341 | 1 426 | 1 511 | 1 596 | 1 681 | 1 766 | 1 851 | 1 936 | | | | |
| 二十二 | 1 089 | 1 164 | 1 239 | 1 314 | 1 389 | 1 464 | 1 539 | 1 614 | 1 689 | | | | | |
| 二十三 | 1 017 | 1 082 | 1 147 | 1 212 | 1 277 | 1 342 | 1 407 | 1 472 | | | | | | |
| 二十四 | 954 | 1 010 | 1 066 | 1 122 | 1 178 | 1 234 | 1 290 | 1 346 | | | | | | |
| 二十五 | 899 | 947 | 995 | 1 043 | 1 091 | 1 139 | 1 187 | | | | | | | |
| 二十六 | 851 | 893 | 935 | 977 | 1 019 | 1 061 | | | | | | | | |
| 二十七 | 810 | 846 | 882 | 918 | 954 | 990 | | | | | | | | |

（注：按照定期增资制，每一等级工资每年都会有所变动）

## 4. 人事制度安排以效率为导向

在理性官僚制组织框架下，专业化意味着知识、技能和能力（KSAs）成为组织成员胜任力的关键依据，一种新的人事制度安排成为必须。韦伯延续威尔逊、古德诺的政务官与常任文官思想，结合 1883 年以来《彭德尔顿法》的功绩制实践操作做法和经验，将技术官员、文官视为理性官僚制的人员要件，并借鉴中国古代科举制创立了文官考录制度，要求理性官僚组织内的文官必须通过公开考试择优录取。他们是未经政治选举产生的、无过错不被免职的常任文官或职业官僚，根据其知识、技能、能力与绩效得以录用、考核和晋升，其薪酬福利全部由国家财政支付，以确保其政治中立、以公共管理为职业、维护公共行政精神。逐渐地，专业化、考试录用、新式忠诚、政治中立、常任制、功绩制和终身制等构成了文官制度的基本原则。

在理性官僚组织的人事制度安排框架中，传统官僚制体系内的幕僚、师爷等非正式职位被制度化为正式的秘书、参谋等行政助手职位，接受领导者安排，负责收集信息资料、筛选并评价相关政策、整理信息、跟踪并评估政策执行情况，对政府管理科学化和有效性发挥积极作用。秘书或参谋在理性官僚组织结构中的位置很微妙，与组织当中受权威等级制硬性约束、从事具体职能业务的其他文职官员和技术人员相比，他们与领导直接接触，更了解领导者的工作作风、生活习惯与个性特征，以及领导者对某些政策问题的心理偏好。① 因此，他们更接近权威和权威背后的资源，进而具有了某种权威。②

## 4.1.3　非人格化行政与刚性治理工具

从 19 世纪中后期探索行政低效的求解思路开始，威尔逊等公共行政学者在反思与批评政党分赃、三权分立对政府效率造成弊端的基础上，将行政独立出来专注于执行效率的研究，一开始就打上了管理技术的功利主义烙印。政府文职官员区分为政务官和常务官，初步隔离了周期性政治选举对政策稳定与行政效率的影响，功绩制原则也确保了常任文官努力追求效率，但"效率从何而来"这一关键问题并没有得到根本解决。

韦伯生活在现代化进程中的官僚资本主义德国，他认为现代化的精髓是理性化，既包括人性、信仰、关怀、平等、公正等价值理性，也包括制度、渠道、方法、技术与手段等工具理性，前者追求正当性与合法性，后者追求

---

①　王怀志、郭政：《参谋助手论——为首长服务的艺术》，西安，西北大学出版社，2012。

②　行政助手职位用不好，可能会妨碍效率的实现。倘若领导者对行政助手监督不力、使用不当，后者可能通过影响领导决策而获得命令发布、权力应用等控制权，出现为自身利益考虑的倾向。如上海"第一秘"秦裕案所揭示的那样，行政助手问题根源在于领导，首先是"拐杖化生存"，其次是疏于监督进而合谋，最后是利用组织考察干部制度的信息不对称漏洞提拔秘书以形成更稳固的利益关联。究其根源，秘书腐败的本质问题还是对领导干部权力如何约束，秘书的所有权力都来自领导。随着我国反腐力度的加大、反腐的制度化建设，秘书腐败现象也会淡化，得到治理。

科学性与有效性，工具理性从属于并服务于价值理性。在这一思辨前提下，韦伯明确提出了"组织效率来自理性服从""理性服从来自合法性权威"的命题，在分离3种合法性权威基础上，提出了"理性官僚制模型"，强调建基于法理型权威基础上的理性官僚制才是实现现代化使命的工具理性。以理性法律作为组织权威来源、金字塔形严密等级的组织结构、文官考试录用制、以能力与功绩为依据的考核激励机制、政治中立等要素构建的理性官僚组织，以各种规定为基础的非人格化的制度取代了"人格化的行政"。① 这彻底解决了因裙带关系、个人特权、出身或身份、公职人员能力不足所致的效率问题。奥斯特罗姆（Vincent Ostrom）评价"韦伯的官僚理论与传统的公共行政理论在形式和方法上都是充分一致的"②，适应了近代社会向现代社会转变的政府治理实践需要。19世纪下半叶以来，西方国家出现了官僚行为由"人格化"向"法治化"转变，公共职位由"政党分赃制"向"常任文官制"转变，行政管理"通才"向行政管理"专才"发展等诸多变化，在提高政府效率的同时，社会活力也得到前所未有的释放，科学与技术得到了长足发展。③

在这一过程中，政府成为唯一拥有合法性权威的治理主体，"权威是使政府成为可能的核心现象"④，是一种行之有效的社会控制方法，强制力是其鲜明标志："它拥有对其他一切人或权利要求的权威，不会遇到来自一个与之平起平坐的权利要求者的挑战，它在维护自身秩序方面具备居于其他一切组织之上的权威。在冲突的情况下它也许无法使其声称的优先权生效；在某些场合它甚至可能无法谋求实行优先权。但是它对优先权具有的要求的普遍性和唯一性，使它与众不同。"⑤理性服从与规则至上等非人格化要求是效率目标实现的强有力保障。在效率至上的功利主义影响下，规制、管制或控

---

① ［澳］欧文·E. 休斯：《公共管理导论》，第4版，张成福、马子博译，北京，中国人民大学出版社，2015。

② ［美］文森特·奥斯特罗姆：《美国公共行政的思想危机》，上海，上海三联书店，1999。

③ 西方国家的政府治理现代化正好从另一个侧面解释了18世纪以来中国日益落后的原因：传统权威、金字塔结构、中央集权、科举制等传统官僚制有力地保障了统治者统治、利益和权力格局，但对于社会发展、技术进步、生产力改善、民生福利却毫无助益。

④ ［美］查尔斯·林德布洛姆：《政治与市场》，王逸舟译，上海，上海人民出版社、上海三联书店，1994。

⑤ ［美］约瑟夫·斯蒂格利茨：《公共部门经济学》，第3版，郭庆旺译，北京，中国人民大学出版社，2005。

制成为政府治理工具的理性选择。规制是政府凭借其法定权威，制定行政规章、设定行政审批、行政许可、监督检查、行政处罚和行政裁决等行为，对社会经济主体行为施加限制和约束，维持社会秩序，确保社会稳定有序运转，维护其合法性权威。

在规制或管控逻辑下，政府治理工具偏向于刚性，呈现机械、僵化与刻板特征，如行政管控与处罚、法律惩罚、税收征管等。在公共物品供给方面偏好政府直接提供，包括国有企业、特许经营和财政补贴等工具。正如希克斯（Hicks）所言，公共部门负责提供服务和产品，但其范围、种类并不由消费者的直接愿望所决定，而是由政府机构来决定。①

在经济领域，政府规制与干预的宗旨是弥补市场失灵，实现社会福利最大化。这一治理逻辑在 1929 年经济大危机出现后，适应了西方国家稳定经济与社会秩序的需要。以"罗斯福新政"为开端，在凯恩斯理论加持下，第二次世界大战后，西方国家开启了政府强力干预市场与社会、行政权限扩张、"从摇篮到坟墓"的政府全能趋势。

政府规制与干预的治理逻辑在本质上是"依照条文行事"的依法行政，强调的是对既定政策、法律与规章的高效服从与执行，并不考虑政策、法律与规章本身的合理性。在"非人格化"的理性服从与效率追求中，工具理性从服务于价值理性转变为服从自身，"工具变成目的""程序大于实质"，忽视公平、参与、民主等价值理性追求，导致公共管理实践在管控型政府治理逻辑下陷入"有管理无行政""有行政无公共"的困境。

究其根源，是韦伯思想的时代局限性所致。他采用的是"完全理性人"假设，排除了组织成员和社会成员的个性、情感与情绪因素，将有血有肉的组织成员个体视为庞大官僚机器上的一个个零件，期待通过职位分类、层级制、职能分工、业绩考核等管理手段的技术操作，实现理性官僚组织的有序运行；而唯一的合法性权威与高耸的金字塔架构更是使这种官僚组织获得了超强稳定性，能消解任何来自行政系统外部的压力和挑战，以致人浮于事现象逐渐滋生。

马识途以"科员"为对象，对官僚制的人浮于事做了形象比喻："科员对于任何一个衙门都是不可缺少的，就像那车子一样，没有轮子，就玩不转了。或者说像老爷们坐的轿子，没有抬轿子的人，老爷的威风也就抖不成

---

① ［美］约翰·希克斯：《经济史理论》，厉以平译，北京，商务印书馆，1987。

了。因此无论是南军打北军，赵大老爷打王大老爷；一会儿放爆竹，张县长到任了，一会儿一个姓李的、姓赵的，或无论姓什么的，反正长着鼻子眼睛的人，拿一封公文进衙门，宣布张县长'劣迹昭著，革职查办'，于是这位李县长又上台了。李县长的屁股在太师椅上还没有坐热，忽然又被当兵的给抓走了，于是那位穿二尺五的军官又弃武从文，来当县太爷了。不管是谁，就是那些师爷、科长，以至贴身马弁、随房丫头，都可以换来换去，反正科员是不换的。这科员像铁打的饭碗，总没有被打破过。没有人来夺取我这个宝座。过这种与世无争的舒服日子，岂不快哉！"①

威尔逊-韦伯范式在 20 世纪 60 年代之前居主导地位，在政府机构和大型公司得到广泛应用，公共行政研究与实践倾向于探索一般性管理原则、静态组织结构及其优化、固定作业程序、职位分类制、工作分析、行政管控策略等，因而被称为"机械式-封闭式系统理论"②，虽然有追求提升行政系统效率的善意，但现实结果不如人意，政府机构规模持续膨胀，高福利政策导致财政赤字不断攀升，稳定有余而灵活不足的理性官僚组织无法有效应对与价值理性相关的社会问题，政府行动迟缓，陷入"效率悖论"，合法性权威日益耗损，政府失灵日益严重。

# 4.2　新公共行政范式的治理逻辑

威尔逊-韦伯范式效率至上与政府强力干预的治理逻辑，由于错误的"完全理性人"假设，忽视民主、公平、参与等价值理性对工具理性的反作用，引发了民权运动和政府信任危机，也触动了公共管理学者对威尔逊-韦伯范式及其工具理性的反省与批判：一方面建议通过精简政府职能、减少财政开支、提高行政效率来缓和民众不满情绪；另一方面直接介入社会运动提出新问题，采取现象学、符号互动论等新方法，重新重视价值理性，并延展出代表性、回应性、参与度和社会责任感等价值问题，力图推动政治权力重新分配，行政民主化，并将研究重点从政府组织机构等静态层面转向公共政策过

---

① 马识途：《马识途文集：夜谭十记》，成都，四川文艺出版社，2005。

② ［美］海尔·G. 瑞尼：《理解和管理公共组织》，王孙禹、达飞译，27 页，北京，清华大学出版社，2002。

程、公共行政过程等动态层面。① 以"社会公平"为核心的人本主义构成了新的政府治理逻辑，被称为"新公共行政范式（The New Paradigm of Public Administration）"，成为 20 世纪 60—70 年代一种新的公共管理分析范式。

## 4.2.1 "社会公平"是公共行政范式治理逻辑的核心

新的政府治理逻辑探索开始于以弗里德里克森（H. G. Frederickson）、罗尔斯（John Rawls）为代表的新公共行政学者对威尔逊-韦伯范式治理逻辑的批判。

### 1. 反对价值中立

弗里德里克森认为，威尔逊-韦伯范式坚持政治中立，将行政学研究局限在狭窄的工具理性领域，回避价值判断，只关注行政系统内部的预算、人事、组织等"中性"问题，很少重视与社会、政治密切相关的政策制定与分析，实际上是以接受既存制度与主流价值为前提，导致公共管理学科既不能实现效率，也难以解释社会现实问题。② 进一步地，威尔逊-韦伯范式主导的公共管理学所追求的是一个有效、经济和协调的行政系统，通过确立行政系统合法性权威及理性服从之后，围绕"如何耗费最小限度的社会资源，获得由法律规定的最大限度的收益""如何花费最少的人力和物力完成正在进行的工作"等核心问题，但其研究结论也超不出政府规制与政府干预这一既定答案。

这一逻辑实际上意味着行政系统人员绝不是价值中立的，而是应当把良好的政府管理与实现社会公平等价值理性同等对待。政府管理和政府功能的实现受到公众、地区、科技、社会治理、希望、理想和灾难的影响，行政官员如果能够自觉认知到这些因素，就有助于对行政过程和公共政策制定做出更具体的分析，且更明智地应对外部环境需要和挑战。相应地，纯粹的价值中立在学术研究中也是不存在的，公共管理学者和其他人文社会学者一样，只有以其专业知识和才干从事价值判断，"将价值理论放在优先考虑地

---

① 张鑫：《公共管理中"极点式思维"与"线段式思维"的逻辑内涵》，载《法制与经济》，2007(4)。

② H G Frederickson，*New Public Administration*，Tuscaloosa，AL，University of Alabama Press，1980.

位"①，才能深入社会与政治现实，推动改革那些在制度上、功能上妨碍社会公平目标的行政管理体制。简言之，超越行政系统的封闭性与内视性，关注社会与政治现实、公共政策制定过程，重视社会公平等价值理性在公共管理学研究中的重要性，是公共行政范式治理逻辑的起点。

2. 所谓"效率"与开放的行政系统

瓦尔多（Dwight Waldo）、弗雷德里克森等人认为"效率"本身就具有两重含义，即机械效率和社会效率。前者强调投入产出最大化，后者主张机械效率应当与公共利益、个体利益、平等自由等价值理性结合起来。② 而威尔逊-韦伯范式的政府治理追求的是机械效率，个体丧失自我反思与自我了解意识，进而缺乏创造精神和人格的健全发展，甚至导致行政系统与其他系统、行政人员与其服务对象的疏远、隔离乃至对立，丧失了其社会责任意识，严重影响政府合法性权威和公信力。为此，批判者们主张政府机构应当突破系统的封闭性，通过"沟通"对话促使政府机构与公众之间互动，增进对公众需求的回应性来消除理性官僚系统的低效率，引导社会价值偏向社会效率而非机械效率。只有这样，行政系统才能适应社会急剧变迁，及时回应民众诉求，为社会发展助力而不是增加阻力，这样才能将政府绩效评估标准从机械性效率转变为公共服务绩效，夯实政府公信力；才能突破机械的、狭隘的行政系统运行效率，将机械效率与社会效率协调在一起。

这一思路将政府从内向型的机械效率装置转化为面向公众、社会环境的开放的行政系统，公共管理系统目标的实现从控制"政策暗箱"——政策信息输入、理性分析与转化、最优政策方案输出，转变为与外部环境、民众需求之间的互动。汤普森（James Tompson）把封闭式系统理论和开放式系统理论联系在一起，指出组织中"居于支配地位的同盟"力图建立封闭式系统和理性决策过程，但是随着任务、技术、环境条件、战略决策的复杂性和不确定性不断加强，组织必须采取更为灵活的、权力更为分散的结构和工作程序。③ 在开放的行政系统当中（图4-1），为了维持自身正常运行，避免浪费资源，

---

① H G Frederickson, "Toward a Theory of the Public for Public Administration," Administration & Society, 1991, 22(4): 395-417.

② Waldo. *The Enterprise of Public Administration: A Summary View*, Chandler & Sharp Pub, 1980.

③ Thompson, *Organizations in Action: Social Science Bases of Administrative Theory*, New York, Routledge, 2003.

政府治理应当塑造人本主义规范价值，以民众需求和社会公平为导向制定公共政策。

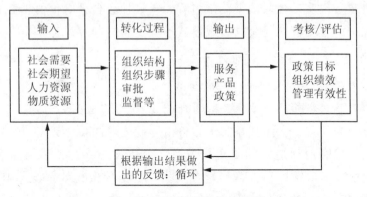

**图 4-1  开放的行政系统模型**

社会心理学范畴的"公平"是一种把自己与他人收入与付出之比做比较而产生的一种心理感受，而伦理学与政治哲学范畴的"公平"则意味着"收入与付出相符合、贡献与报酬相一致、权利与义务相对称"，是"责权利相结合"，从而将社会意义定义为"社会公平"，在内涵上包括：不简单追求行政组织自身需要的效率；对组织设计和管理形态做价值取向选择；政府提供服务具有平等性；公共管理者在公共政策制定中负有责任和义务；积极回应公众诉求，"推动政治权力以及经济福利转向那些缺乏政治、经济资源支持、处于劣势境地的人们"。

逐渐地，"社会公平"取代传统技术性效率成为了公共管理学研究的中心，并在 1968 年美国锡拉丘兹大学密诺布鲁克（Minnowbrook）会议上对其内涵达成共识："社会公平是我们使用一系列价值偏好，包括组织设计偏好和行为方式偏好时的关键词语。社会公平强调政府提供服务的公平性；社会公平强调公共管理者在决策和组织推行过程中的责任与义务；社会公平强调公共行政管理的变革；社会公平强调对公众要求做出积极的回应（responsiveness），而不是以追求行政组织自身需要与满足为目的；社会公平还强调在公共行政的教学与研究中更注重与其他学科的交叉以实现对解决相关问题的期待……。"[①]公共管理学应当将道德观念引入行政过程分析，行政活动要更多地关注社会公平、代表性、回应性、责任性和参与等方面的价值问题，建构

---

[①]  H G Frederickson，*New Public Administration*，Tuscaloosa，AL，University of Alabama Press，1980.

一种世俗化、具有广泛民主的新公共行政学。①

## 4.2.2 公平参与是实现社会公平的保障机制

### 1. 公平的参与与民主的行政

罗尔斯"作为公平的正义"思想体系为社会公平观的进一步落实提供了理论依据：每个人都拥有享受彼此相容的最大限度自由的平等权利；社会经济应当让权力和地位在机会均等的基础上对每个人开放，且尽可能地有利于从中得益最少的人。② 前者被称为"最大的平等自由原则"，涉及的是基本自由的分配，强调投票等政治权利、集会结社自由、言论及思想自由等应当在社会成员之间最大限度地平等分配；后者被称为"差异原则"，处理的主要是经济与社会等其他非基本权利的分配问题，在强调机会均等的前提下，保证最少受益者也能从中获益。

罗尔斯明确主张"公平的自由"高于一切，体现在政治秩序中就是为"公平的参与"，即所有社会成员都拥有公平参与政治事务的权利。每一个有选举权的人都有一张选票，"每张选票对于决定选举结果都具有大致相同的分量"，要求"在机会平等的条件下，职位和地位向所有人开放""所有公民至少在形式上应当有进入公职的公平途径"，确保"所有公民都应当有了解政治事务的渠道"，进而"有参与、影响政治过程的公平机会"；依照最少受益者利益最大化原则，改革经济与社会制度，避免由于资产与财富分布的不均等而导致其"不能有效地行使他们那一份与别人相同的影响力"。

在新公共行政学者视域中，政治与行政两分法过于理想化，在现实中是不存在的。如西蒙（Simon）强调，行政管理的核心确实是高效率地执行政策，但它并不是就与"决策环节"毫无关联，决策（行为）应当成为公共行政研究的关键。③ 政策并非政治机构制定出来的，政治系统通常仅提出原则性目标，具体政策方案通常是由行政系统人员制定并通过人、财、物配置来执行的。

---

① H G Frederickson, "Toward a Theory of the Public for Public Administration," Administration & Society, 1991, 22(4)：395-417.

② ［美］约翰·罗尔斯：《正义论》，何怀宏、何包钢、廖申白译，北京，中国社会科学出版社，2001。

③ Herbert A. Simon, *Administrative Behavior*, London：Macmillan, 1947：9.

基于"公平的自由"原则，公共政策制定是确保社会公平的首要环节，政府及其官员有责任和义务为促进社会公平而做出努力，重视行政系统及人员在政策制定中的地位，激励其以更主动的态度设计政策议程、使用行政裁量权发展公共政策，让公共政策与社会问题更具适配性，是加强政府干预经济与社会机会不均等干预、确保弱势群体平等获得公共服务、实现社会福利最大化的具体路径。"行政管理者不是中性的，应责成他们承担责任，把出色的管理和社会公平作为社会准则、需要完成的事情或者基本原理。"①

但与此同时，行政管理必须尊重民众的权利和意愿，既反对滥用公共权力，也反对行政无能低效。换言之，行政管理者负有实现社会公平的基本职责，但其内在驱动力和运转轴心并非政府机构，而是公众需要，公众权利和公众利益高于政府自身的规模扩张、运行效率和利益满足。而这一切实现的关键在于民主行政。进一步往前推导，民众直接参与公共政策制定，或者民众通过与行政系统充分沟通间接地参与公共政策制定，能够增进行政系统的政治回应性，将"社会公平"的价值观、道德观、伦理观融入公共政策主张当中，引入到政府目的和运作机制当中，倡导并落实公共服务的平等性，特别是创造某种机制将政治与经济福利引向弱势群体。

2. 有限理性、满意决策原则与渐进优化

然而，基于"公平的自由"原则的民众公平参与只是一种理想状态。在复杂和不确定的条件下，民众公平参与创造了庞大的民意基础，然而受组织内部、外部环境，参与民众与决策者自身局限性的影响，要选择出一项最优决策几乎是不可能完成的任务。对此，西蒙认为在以"决策"为核心的行政管理中，人是具有有限理性与选择偏好的，只能遵循"满意"原则。理查德·西特(Richard Cyert)和詹姆斯·马奇(James March)进一步提出了"垃圾桶理论(the garbage can theory)"②，对个人如何参与组织决策做了深刻分析，对理解公共政策制定过程富有启发意义。

公共政策是一个永续命题，社会成员总是在不断提出问题并试图给出相应的解决方案，但只有极少数才能成为最终政策方案的组成部分。在有限理性条件下，社会成员具有选择偏好，不管问题发生在何时何地，他们都会以

---

① H G Frederickson, *New Public Administration*, Tuscaloosa, AL, University of Alabama Press，1980.

② Richard Cyert, James March J, *A Behavioral Theory of the Firm*, Eastford USA, Martino Fine Books，2013.

此为契机实施其早已选定的解决方案。这种偏好最终会影响公共政策制定过程和选择结果，呈现出"垃圾桶内的淘金过程"，具有政策目标模糊、治理方法不确定、民众流动性参与等特征，公共政策方案最终由问题、解决方案、决策参与者偏好、决策机会四个要素综合决定，涉及广泛的冲突。因此，"公平的参与"仅仅提供了参与机会均等，不可能一蹴而就地实现社会公平。

为此，林德布洛姆(C. Lindblom)提出了渐进主义决策理论。他认为，理论上存在两种决策方法：一种是被称为"教科书方法"的"理性综合方法(synoptic analysis)"或"根本方法"，另一种是"连续有限比较方法(incremental analysis)"或"分支方法"。[①] 在复杂与不确定决策条件和政治因素影响下，政策方案也许不能一次实现目标，还需要多次妥协折中与边际调整，最终趋于满意乃至最优。

## 4.2.3 动态开放的行政组织和柔性化治理工具

随着公共政策研究的兴起，在新公共行政学者看来，理性官僚制造就了一种超稳定能力，过分强调等级制，规则也过于严苛，使政府及其成员丧失了对外部环境应当具备的敏感性和同情心，既与民主精神相冲突，也导致行政官员在长期的等级约束中丧失创新精神，太过于注重公文传递等内部行政过程、行政程序和运行效率问题，而忽视行政产出的社会绩效，本身就阻碍了社会公平。因此主张改造科层制组织，建立更具开放性、灵活性和回应能力的组织结构、组织形式和运作方式，如实行分权、权力下放、扩大基层责任、项目合同、引进"顾客至上"等理念，注入社会公平等价值理性目标，有效关注和回应民众需求。[②]

如果将理性官僚组织看成一个系统的话，其生存就必须纳入各种资源并对资源进行转换，其转换方式必须保证它能获取新的资源。然而在威尔逊-韦伯范式下，理性官僚组织追求的是合法性权威与组织内部机械效率，强调政府权威高于其他系统，政府和政府官员无须了解公众需求就能制定出最优政策。但这一逻辑在20世纪60—70年代诸多规模巨大、主体多元、关系复杂、参数众多的复杂问题中败下阵来；而组织结构更具弹性、权力更分散、

① [美]查尔斯·林德布洛姆：《政治与市场》，王逸舟译，上海，上海人民出版社、上海三联书店，1994。

② M Shafritz, Albert C Hyde, *Classics of Public Administration*, Oak Park, Illinois, Moore publishing Company, Inc., 1978：392-426.

工作程序更灵活性的开放系统模型，将关注点转向适应社会需求、调整政府职能、优化政府组织结构，将公众诉求纳入公共政策制定过程中，并由公众评估政府行为和政策方案的社会绩效。

在开放系统模型中，任何一个组织都不是独立存在的，更不是封闭生存的，有效运转必须纳入系统外资源，并与立法、司法、社会等其他系统与环境保持互动。换言之，理性官僚制组织必须关注并满足其他系统的利益诉求，换取其他子系统支持，才能维护其合法性权威和主导地位。

这样一个动态而开放的行政组织运作既包含组织内部的分配与整合过程，也包含组织与外部环境之间的交换过程。行政系统内部各种权力、资金与利益的分配按照成本效益、成本边际效用方法来决定，但高层管理者必须协调组织成员工作，建构有凝聚力、有能力、有弹性的组织运行机制。行政系统与外部环境、服务对象之间存在共生关系，行政人员应当超出对权威层级的依赖，接受各种社会风险的挑战，在灵活适应社会环境的过程中训练社会情感，将快速回应公众对公共物品的诉求作为行政组织存在与发展的前提，而不是相反。

作为调适性结果，政府与社会关系、政府与市场的关系出现了新的变化，政府从拥有合法性的唯一治理主体，变成了接受纳税人委托的代理人。在行政系统内部治理上，政府采用雇员制弥补常任文官制的不足，促进竞争，打破铁饭碗（专栏 4-1）；精简政府职能，压扁金字塔组织结构，改革行政审批制度向基层、市场和社会下放权力，打造"有限政府"和"小政府"，以"大部制"为主流方向。在社会治理上，将"政府失灵"根源归于政府官员"经济人"特性、政治市场的强制支配和有效竞争匮乏等结构性因素，因而更倾向于政府服务外包、合同、项目等柔性治理工具，减少政府对社会经济生活的规制与管控，打破政府在公共物品供给市场的垄断地位，在倡导基本公共服务平等化、行政官员政治回应性与公平参与的民主行政过程中，以更偏向市场的治理工具实现"社会公平"和"公共性"。

**专栏 4-1            聘任制能打破公务员的铁饭碗吗？**

自 2007 年深圳率先试点至今，中国公务员聘任制已有十多年历史。但借由聘任制来打破"铁饭碗"仍有许多细节需要完善。制度设计之初，公务员聘任制曾被普遍看好。考任制和委任制公务员身份稳定，一般实行终身制，非因法定事由和非经法定程序不得辞退或开除；聘任制合同期限为 1～5 年，其公务员身份会随聘任合同的终止而结束。在设计者看来，聘任制是改变僵化的公务员进入与退出机制，改变人才无法吐故纳新、公务员群体懒政怠政等问题，破除公务员终身制的"灵丹妙药"。公务员"终身制"有望变成"合同制"，可降低机关用人成本、提高政府行政效率。

但从实践来看，借由聘任制来打破"铁饭碗"仍有许多细节需要完善。聘任制为公务员改革的一大趋势，西方很多国家对政府雇员合同制的实行，可以成为中国实施的参照蓝本。无论是公务员聘任的范围、条件与程序，还是聘任公务员的工资、福利待遇，抑或是人事争议的仲裁及司法救济等，中国公务员聘任制都还有待明细和完善的规范。只有确认考任制、委任制与聘任制公务员同身份、同待遇、同竞争地位，考核优者"能上"，考核劣者"能下"，绝不把聘任制公务员变味为传统公务员，才会真正形成竞争压力。

资料来源：田清涛：《聘任制：打破铁饭碗仍需细节完善》，光明网，2015-07-07。

公共行政范式对社会公平与正义、社会效率和公共性的兼顾追求，纠正了威尔逊-韦伯范式主导下的"有行政无公共"现象，推动公共管理学进入"自觉建构公共性"发展阶段；"开放的行政系统模型"不仅强调政府要维持自身合法性就必须在有限资源约束下做出满意决策、积极回应民众合理诉求，还注重特定情境下不同管理经验的使用，否定任何"普遍使用的管理规则"和经验主义[①]；它还关注公共政策制定环节中的"公平的参与"，并初步提出"弱势群体保护"等概念。不过，公共行政范式未能成为公共管理学的主导研究范式，一个原因是概念连贯性的缺失和法理基础的薄弱，另一个原因则是"社会公平"名义指导的政府机构改革失败，如英国富尔顿委员会改革、美国卡特政府改革都没有逃脱精简—膨胀—再精简—再膨胀的怪圈。在石油危机、滞胀危机的压力下，为了进一步解释和解决"政府失灵"问题，公共管理学科沿着公共行政范式提出的"顾客导向"与"竞争"理念转向新公共管理范式。

---

① 经验主义又称"经理主义"，旨在向大企业经理提供管理企业的成功经验和科学方法，其代表人物有彼得·杜拉克（Peter F. Drucker）、欧内斯特·戴尔（Ernest Dale）和威廉·纽曼（W. H. Newman）等。经验主义认为管理是有关管理技能的活动与知识的一个独立领域，管理者必须形成一个"生产统一体"，在做出每一个决策和行动时，需要把眼前利益和长远利益协调起来，认为泰勒主义（偏向于工作忽视人）和人际关系学说（偏向于人而忽视与工作结合）都不能完全适应管理发展的实际需要，提出"目标管理"，把组织所有人员纳入决策，与每一个人的绩效结果联系；综合以工作为中心和以人为中心的管理方法。

# 4.3　新公共管理范式的治理逻辑

20 世纪 70 年代中后期，西方国家普遍面临石油危机、严重财政赤字和经济滞胀等危机压力，对政府的不信任和不满情绪日益高涨，美国民众在"对政府不信任程度到达最高点""对总统支持率下降到最低点"的时候，"把华盛顿的局外人卡特选进了白宫"。[①] 因此，卡特面临的首要任务是改革失信于民的文官制度，提高政府效率，恢复民众对政府的信心。此后美国先后通过"1978 年文官制度改革法案"，设立"高级行政职位"和"改革文官管理机构"，并推进功绩工资制、退伍军人优待政策、文官权利与解雇程序等人事管理制度改革，但没有从根本上改善政府低效问题。重新认识政府角色、重新界定政府与市场、政府与社会的关系成为再一次改革方向确定之前的当务之急。深受自由经济学和企业管理学影响的公共选择学派（Public Choice Theory）、新公共管理理论（New Public Management，NPM）分别完成了"官僚制不如市场有效率、主张减少政府干预"的逻辑阐释和在公共领域实施市场化治理工具的具体操作设计，并推动了一场盛行于全球的"新公共管理运动"，其逻辑基础都是经济人假设和交易理论，优先追求效率，因而被称为"新公共管理范式"。

## 4.3.1　重新认识政府、政府过程和与市场关系

韦伯的理性官僚制模型早在 20 世纪 60 年代左右就在企业管理实践领域逐渐失宠。"社会公平"和"民主参与"等人本主义价值理念在推动公共政策学科兴起的同时，也推动着人们反思官僚制对公共行政的意义。[②] 公共选择理论主张回归个体自由，以个人选择最大化作为效率问题疗方，通过公平的宪法遏制政府自利、膨胀的动机，保护少数人（弱势群体）的利益，实现社会利益最大化。[③]

---

① Stephen E Condrey，Robert Maranto，*Radical Reform of the Civil Service*，Maryland，Lexington Books，2001：31.

② 薛澜、彭宗超、张强：《公共管理与中国发展——国内外公共管理学科发展的回顾与前瞻》，载《管理世界》，2002(2)。

③ ［美］丹尼斯·缪勒：《公共选择》，张军译．上海，上海三联书店，1993。

1. 政府失灵是因为"官员不是天使"和政治市场的存在

在封闭系统内对理性官僚组织所做的所有人事与组织优化改革都不能改变政府失灵（government failure），新公共行政学者将其归因于缺失社会公平的机械化效率追逐。"政府失灵"是一个与"市场失灵（market failure）"相对应的术语，两者相互关联。20世纪30年代之前，以斯密-李嘉图为代表的传统经济学认为，完全竞争市场通过价格机制能够自动促使社会资源实现最优配置，每个人在应用其资本创造最大价值的时候，虽然无心公共福利和公共利益，但在追逐个人利益的过程中经常促进社会利益，"每个人都试图应用他的资本，来使其生产的产品得到最大的价值。一般来说，他并不企图增进公共福利，也不清楚增进的公共福利有多少，他所追求的仅仅是他个人的安乐、个人利益。但当他这样做的时候，就会有一只看不见的手引导他去达到另一个目标，而这个目标绝不是他所追求的东西。由于追逐个人的利益，经常促进了社会利益，其效果比他真正想促进社会效益时所得到的效果要大"①。"人人为自己，上帝爱大家"，政府是"最后的守夜人"，对市场基本不干预，面向民生的公共物品因为这个原因而长期缺失。但是1929年经济大危机让人们意识到一般均衡模型与现实经济世界的不一致，出现了广泛的市场失灵。为了解释和解决市场失灵，新古典凯恩斯综合学派、新自由主义芝加哥学派和强调企业家精神的奥地利学派，做出了各自的解释。因"罗斯福新政"的成功实践经验，政府逐渐变成了一只"看得见的手"，主张政府通过对市场的合理干预可以恢复市场有效性的凯恩斯学派获得了主流地位。第二次世界大战之后凯恩斯主义更是推动政府向"全能"方向发展，并在发展中国家普遍流行，表现为配给制、计划经济等。② 然而，这是一种建立在"官员是天使""公共权力天然追求公共利益"等假定基础上的实践操作。由此，消除凯恩斯主义对政府和权力的浪漫想象，成为解释和解决政府失灵的出发点。

阿罗（Kenneth J. Arrow）等人坚持"政府干预"的凯恩斯学派立场，选择从"社会选择"和"个人价值"角度去论证"政府失灵"，认为是集体决策的各种基本规则之间存在冲突，特别是投票方式、投票规则等，导致投票选出来的

---

① ［英］亚当·斯密：《国民财富的性质和原因的研究》，郭大力、王亚南译，北京，商务印书馆，1972。

② John M Keynes, *The General Theory of Employment，Interest and Money*，London，Palgrave Macmillan，1936.

政治官员存在问题。[①] 传统上认为，各种架构中的经济行为是在有限方案中做理性选择，不同决策者根据偏好进行排序，基于决策过程的传递性，最后会选出一个大家都偏好的方案。这一分析模式被霍特林、熊彼特等人拓展到候选人选举和政策制定领域的投票，将其视为个体选民对候选人、政见偏好加总的社会选择结果。但阿罗发现，现实世界大多数情况下都会碰到由两个以上不同偏好的人来选择方案，且备选方案也大于两个的情形，如果各方都坚持其偏好，那么就不可能做出一个大多数人都满意的决定，从而提出了"不可能定理"。按照不可能定理，政府干预作为一种集体决策，在每个企业、每个社会成员对其都有特定偏好序列的情况下，要找出一个逻辑上与个体偏好相容的社会偏好序列是不可能的，其结果必然是既"难以表现民主"，也难以"控制官僚主义特权阶层的蔓延滋长"，从而出现政府失灵。为此，他主张重新设计政治制度，重视集体决策规则后果，通过设计投票规则增进社会选择的传递性，提高政府干预效率，以此解决政府失灵。[②] 阿马蒂亚·森（Amartya Sen）进一步论证，如果个体放弃效用不可比条件，那么通过妥协、协商与沟通便能得到一个令大多数人满意的决策，因此应将解决政府失灵的重心放到个体的人身上。[③]

图洛克[④]（Gordon Tullock）、克鲁格（Anne Krueger）、布坎南（James M. Buchanan）[⑤]以"自私自利"这一人性假设作为论证前提，旗帜鲜明地指出正是由于政客、选民和官僚共同的自私行为，才导致了政府失灵现象的发生。因为政府干预就是错误，干预会带来"寻租"，寻租就会导致政府失灵。传统经济学认为，资源通过市场竞争可以实现帕累托最优配置，但市场运作难免受到政府权力的影响。在竞相寻租的条件下，每个人都认为疏通花费与

---

① ［美］肯尼斯·J. 阿罗：《社会选择与个人价值》，丁建锋译，上海，上海人民出版社，2010。

② 顾昕：《社会选择理论与社会冲突的治理之道》，载《社会科学》，2015(12)。

③ A K Sen, "The Impossiblity of a Paretian Liberal," *Journal of Political Economy*, 1978，78(1)：152-157.

④ Gordon Tullock, Gordon L Brady and Arthur Seldon, *Government Failure*, Washington D. C. , Cato Institute，2002.

⑤ 布坎南的观点集中体现在《公共债务的公共原理》(1958)、《在投票与市场中的个人选择》《成本与选择》以及和塔洛克共同发表的《同意的计算》(1962)中，基本观点是反对通过效用的简单叠加来计算和优化社会总福利，为现代公共选择理论奠定了基础和主体框架。

期望收益相比是值得的，但整体社会福利损失却大大超过通常估算。① 这一点可以解释国际贸易保护主义政策②，也可以解释政府失灵，它第一次打破了人们对政府和权力的迷信及浪漫想象。"我们必须从一方面是利己主义和狭隘个人利益驱使的经济人，另一方面是超凡入圣的国家这一逻辑虚构中摆脱出来，将调查市场经济的缺陷与过时的方法应用于国家和公共经济的一切部门。"无论是政府运用行政权力干预管制企业与个体的经济活动，还是某些企业和个体刻意谋取政府保护、维持垄断地位，都创造了少数特权者取得超额收入的机会，严重破坏了正常市场的竞争环境。寻租行为还浪费了原本应该投入生产活动的经济资源，扭曲了资源配置和政府官员行为。只要有税收、关税和垄断的存在，就不可能实现完全竞争，人们会竞相通过各种疏通活动争取自身获利，包括获得政府批准、同意、配额、许可证，或者规避政府管制，获得监管套利。既然政府寻租难以避免，就"应该发明一种新的政治技术和新的表现民主的方式"，来使寻租行为难以发生，并"控制官僚主义特权阶层的蔓延滋长"。③ 为此，布坎南将希望放在了尽量降低政府干预方面，从而创立了公共选择理论。

简单地理解，公共选择是指通过集体行动和政治过程来决定公共资源配置机制，通过民主政治过程来决定公共物品的供求关系，是对资源配置的非市场决策，是对非经济市场决策的经济分析。"公共选择明确提出公共经济一般理论的一种努力，它可以帮助我们在集体选择方面从事人们长期以来在市场微观经济学方面所做的事情，即用一种相应的尽可能合适的政治市场运转理论来补充商品或服务的生产与交换的理论。该理论是这样一种尝试：它要建立模拟今天社会行为的模式，其特点是：根据个人是在经济市场还是在政治市场活动，采取不同方式处理人类决定的过程。一切传统模式都把经济决定视为制度的内在变化，而把政治决定视为外部因素，人们拒绝就这些外因的规律及其生产进行探讨，在这种情况下，公共选择论的宗旨却是把人类行为的两个方面重新纳入单一的模式，该模式注意到：承担政府决定结果的

---

① ［美］戈登·塔洛克：《关税、垄断和偷窃的福利成本》，李政军译，载《经济社会体制比较》，2001（1）。

② Anne Krueger, "The Political Economy of the Rent-Seeking Society," American Economic Review，1974，64（3）：291-303.

③ ［美］亨利·勒帕日：《美国新自由主义经济学》，北京，北京大学出版社，1985。

人就是选择决策的人。"①

"政治市场"概念的提出，"开辟了一条全新的思路，在这里有关政府及官员行为的浪漫的、虚幻的观点已经被有关政府能做什么、应该做什么的充满怀疑的观点所替代，而且这一新的观点与我们所观察的事实更为符合"②，即"政治中个人参与者的地位非常接近市场中商人的作用，他通过可以得到的工具表达自己的利益，他接受从过程中产生的结果。政治是利益或价值的市场，很像一般的交换过程"③。权力的寻租过程无处不在，体现在三个层次：第一个层次的寻租导致资源稀缺，由于获取租金的权力不可能是在全体人中进行均等或者随意分配，或者资源不允许在公开条件下进行买卖，那么相关利益群体或者个人为了获取更大利益就会以贿赂、游说等方式获得稀缺资源，或者在资源买卖中取得相对优势地位；第二个层次体现在潜在政治家和官员的个体选择中，当政府职位薪酬收入大于私营企业同等职位时，潜在官员会通过金钱买卖来获取或守护这一职位；第三个层次则体现在利益集团之间的恶性竞争上，相关利益团体为了保护自己的相对竞争优势地位，或者为了避免陷入相对劣势地位而相互竞争，这种竞争不是传统意义上的平等竞争，而是一种恶性竞争，它破坏了正常的市场经济秩序，浪费了社会资源，同时造成政府工作人员腐败行为的发生。④

在公共选择论看来，公共行为和公共目标很大程度上受到政治家和官员自利动机的支配，政治市场的存在导致政治家和官员双边垄断，他们在预算规模上具有利益一致性，政府规模会一直扩张，一个充斥着利己主义官僚的组织可能会导致一个既低效又背离公共利益的大政府。在公共部门目标多重性、复杂性和分散性对人力资源造成重大影响的条件下，公务人员较低的责任感、工作投入度和工作满意度必然导致"不可避免的官僚主义"及恶性循

---

① James M Buchanan，Robert D Tollison，*The Theory of Public Choice*，University of Michigan Press，1972.

② James M Buchanan，Robert D Tollison，*The Theory of Public Choice*，University of Michigan Press，1972.

③ ［美］詹姆斯·M. 布坎南：《自由、市场与国家：80 年代的政治经济学》，平新乔、莫扶民译，北京，生活·读书·新知三联书店，1989。

④ James M Buchanan，"Rent Seeking and Profit Seeking," in James M Buchanan，Robert D Tollison and Gordon Tullock，*Toward a Theory of the Rent-Seeking Society*，Texas A & M University Press，College Station，1980.

环，大量财政资金要么被低效浪费，要么落入利益集团的私囊。① 显然，官员不是天使，他们同样追求个人利益最大化，他们希望的是不断扩大政府机构规模，增加官僚组织层级，提高机构级别与个人待遇，结果导致资源配置效率低下，社会福利减少。

这一新颖论点推出之后得到了许多学者的支持，如尼斯坎南（Niskanen）在考察官僚行为方式和官僚组织内部关系后认为，是官僚组织内部特有的行政程序所造就的"官僚主义"导致了政府扩张，政府机构有自我增长的内在动机；② 而施莱佛（Shleifer）和威士力（Vishny）也强调，政府和政府官员都有自己的目标和利益，不能天真地假设政府目标是社会福利最大化，而且政府更多的时候会追逐短期利益，过度掠夺社会资源。③

公共选择理论在本质上是对"非市场决策的经济研究"，将经济学基本原理应用于政治科学、公共政策制定和选择领域，是"相对于市场个人选择的非市场集体决策"，是探索社会在分配资源时面临公平或公共利益问题的一种新思维。作为一个完整的逻辑体系，公共选择理论以"理性经济人－个人利益最大化"作为逻辑假设前提，以"交易"或"交换"、"价格机制"和"选票机制"作为理论命题，阐释了政府因何失灵的基本逻辑。④

公共选择论在"理性经济人"假设基础上，提出现实世界存在经济市场和政治市场，政治市场分为初级政治市场、政策供给市场和政策执行市场。经济市场中的选择是价格博弈的结果，政治市场中的"公共选择"是各个集团之间出于自利动机而进行讨价还价的交易结果，即：在初级政治市场上，政治家把政策"卖"给选民，选民为政治家支付选票；在政策供给市场上，政府官员为了实现当选政府的政策目标而提供不同的行政手段；在政策执行市场上，则主要分析政策执行结果及其影响。

公共选择论将"市场交换关系"引入政治过程和公共政策制定过程后发现，实际的政治过程并不是基于公共利益最大化的决策过程，而是各种特殊

---

① ［美］海尔·G. 瑞尼：《理解和管理公共组织》，王孙禹、达飞译，北京，清华大学出版社，2002：137-140。

② William A Niskanen, *Bureaucracy and Representative Government*, Chicago: Aldine Atherton, 1971.

③ Andrei Shleifer, Robert Vishny, *The Grabbing Hand: Government Pathologies and Their Cures*, Cambridge, MA, Harvard University Press, 2002.

④ ［美］丹尼斯·缪勒：《公共选择理论》，杨春学等译，北京，中国社会科学出版社，1999。

利益相互竞争与妥协的过程。"公共利益"在政府部门和政府官员那里可能并不是目的，通常只是达成其利益或背后利益集团利益的手段，进而带来两种"政府失灵"的结果。

其一，公共政策制定低效且一再背离公共利益。既然政治制度就像市场制度，政治家就像企业家，选民就像消费者，选举制度就像交易制度，选票就像货币。那么，在政治市场里，人们所建立的契约交换关系，以及所进行的一切活动都必然以个人成本收益分析为基础。由于政治家行为的灵活性和自利动机的刺激性、制约性，他们倾向于根据个人效用最大化原则来选择政策方案，"公共利益"沦为其实现私利的工具。特别地，当选民无力支付投票成本之时，政策制定很容易被利益集团所操纵。

其二，官僚主义普遍存在，政府机构和国有企业管理效率低下，社会资源浪费严重。在官僚制与政府干预框架内，追求组织内部循环与自我运转，公共物品供给领域普遍缺乏竞争、激励和监督，政府官员为了私人利益倾向于规避风险和发展个人事业，特别致力于寻求扩大项目和增加超出实际需要的财政预算，从而出现大量腐败、高度冗员和财政浪费等现象。此外，特殊利益集团通常会抵制任何不利于其利益的变革，只要政府没有被强制必须有效运作，政府项目实施中所涉及的每个人似乎都乐意看到政府按照原样运转下去，呈现出典型的路径依赖(Path-Dependence)特征。①

2. 政府失灵的公共选择论解决方案

针对政府失灵原因，公共选择论提出了两个并行的解决方案：一是将关注焦点转向有效秩序和制度的构建；二是对非市场的政治决策做经济研究，处理政府和市场的关系，将政府干预降到最低限度，仅弥补经济市场运转不足即可。

(1)尽量减少政府在公共服务领域内的作用，允许市场竞争与个体自由选择。既然官僚制阻碍效率的实现，政府干预过多会破坏市场机制发挥效应，那么就以个人自由和效用最大化为个人选择出发点，尽量减少和约束政府权力，减少政府对社会与经济生活的干预与控制，破除垄断，让市场自由运行。人们为了使自己效用最大化，总想在全国范围内寻找地方政府所提供的公共物品与所征收的税收之间的最佳组合。通过人员自由流动的竞争，可

---

① Douglass C North, *Institution*，*Institutional Change and Economic Performance*，Cambridge，Cambridge University Press，1990.

以形成数量和质量最优的地方公共物品[①]，"分散化供给模式"具有公共物品供给的比较优势[②]，地方政府与中央政府相比，更接近选民也更了解其需求[③]，为此，地方政府应当有相对独立的财政权力[④]。相应地，必须改革赋税制度，从技术上限制政府征税权；改革行政审批制度，缩小政府管辖的空间范围，其活动内容仅限于提供市场做不了也做不好的服务，提供非排他性的公共物品，以此遏制政府权力和政府规模扩张的内在驱动；在公共部门推行分权化，中央政府与地方政府分权，政府向市场、社会分权，精简公共组织；在公共物品供给领域引入竞争机制，以招投标机制实行公共服务外包，允许公众自由选择公共服务机构，打破政府和公营企业的垄断地位，从而维持政治和社会自由。

这一方案在 20 世纪 90 年代之后重新被诠释为对公共政策制定者的外部激励：既然政府官员也有物质利益诉求，并有可能从政治决策中寻租，那么有效的政府结构应当实现对政府官员的激励和地方居民福利的相容。[⑤] 特别在发展中国家，公众监督能力有限、地方政府的政治责任观念比较单薄，且税收征管能力较低，此时通过分权、内部竞争等方式实现政府激励问题就显得比较重要。[⑥]

（2）通过监督和制衡权力、创新政治技术提高社会民主程度，避免公共利益被特定利益集团操纵控制，进而通过公平宪法实现社会利益最大化，实现社会公平。在布坎南看来，宪法就是一套游戏规则，既然社会要达成一致意见很困难，公共政策方案容易被特定集团所掌控，那么为了确保社会公平，首先必须公平地选择"让人们在其中进行选择"的规则。因为没有人能够在选择规则的时候，就预见自己将来在社会博弈中的输赢，在规则选择上会

① Charles M, Tiebout, "A Pure Theory of Local Expenditure," Journal of Political Economy, 1956, 64(5): 416-424.

② ［美］华莱士·E. 奥茨：《财政联邦主义》，陆符嘉译，南京，译林出版社，2012。

③ Stigler G J, "The Tenable Range of Functions of Local Government," in Federal Expenditure Policy for Economic Growth and Stability, Joint Economic Committee, Subcommittee on Fiscal Politics, Washington DC, 1957: 213-219.

④ Richard A Musgrave, The Theory of Public Finance: A Study in Public Economy, New York: McGraw-Hill, 1959.

⑤ 钱颖一、［日］青木昌彦：《转轨经济中的公司治理结构——内部人控制和银行的作用》，北京，中国经济出版社，1996。

⑥ Bardhan P, Mookherjee D, "Decentralisation and Accountability in Infrastructure Delivery in Developing Countries," The Economic Journal, 2006(1): 101-127.

比较公正，有利于保障社会冲突中的少数人利益。这一思路显然受到罗尔斯"无知之幕"理论的影响。

总结来看，公共选择论开创性地采用微观经济学原理来解释宏观政策制定与方案选择等政治过程，将"个人目的性"放在首位，从"个人是一切问题的起点"出发重新认识政府和政府过程，认为理性官僚制框架内的政府官员和工作人员都是经济人，其目标是自身利益最大化而非公共利益最大化，为此会开展寻租活动，甚至为了获取利益不惜破坏正常的社会秩序。这一论点打破了人们对政府和政府官员曾经持有的浪漫想象，揭开了政府制定政策的"暗箱"，挑战了"官员比商人更高尚的信条"，确定"官员不是天使"，他们不会按照公平或争议标准分配资源、制定政策、追求公共利益和社会公平。

进一步地，从个人选择到集体选择的转换过程存在障碍或非传递性，个人效用简单叠加不能有效增进社会总福利，决策结果不一定体现公共利益，从而打破了人们对"少数服从多数"投票规则的迷信，进而提出创新政治技术提高社会民主水平，以公平宪法来保障社会公平的解决方案。虽然有一部分思想比较理想，但其恪守经济学教训，解构政府"黑盒"、政策"暗箱"与官员动机，捍卫个人选择自由，并不懈追求平等的理念得到学界广泛认可，并在中国行政审批制度改革中产生了深远影响："凡公民、法人或者其他组织能够自主决定，市场竞争机制能够有效调节，行业组织或者中介机构能够自律管理的事项，政府都要退出。凡可以采用事后监管和间接管理方式的事项，一律不设前置审批。"①

## 4.3.2 "去政治化"倾向与显著的市场与企业偏好

重新认识政府和政府过程以解释和解决政府失灵的公共选择理论产生了三个命题：①政府与市场的关系，政府及其官员与市场、企业没有本质不同，都是为了追寻自身利益最大化，那么应当尽可能多地将政府职能交给市场、公众，并减少征税；②球员和裁判的关系，政府也是一个利益主体，不能自我评价履职情况，应当由市场和公众来评价；③政府采购与公共服务外包，招投标机制应用于公共物品领域。围绕这三个命题，在"官僚制不如市场有效率"这一理念的指引下，20世纪80年代一场"新公共管理运动"风靡全球，强调在市场条件下，遵循成本－收益原则来实现提高政府内部效率和

---

① 《国务院关于第六批取消和调整行政审批项目的决定》(国发〔2012〕52号)。

公共物品质量，甚至监狱也没有逃出私有化的影响（专栏4-2），其主要手段包括政府职能精简、私有化、公共物品外包、企业管理工具、顾客导向等，核心纲领是市场导向、自主选择、管理主义效率追求与公私伙伴关系（public-private-partnership）。

**专栏 4-2                           监狱私有化现象**

监狱私有化现象是美国政府将公共服务外包给私人公司的极端典型。20世纪 80 年代美国政府实施毒品严令控制政策、对犯罪零容忍政策，导致监狱囚犯数量快速增长。"把不断增加的犯人安置到哪里？""怎样支撑囚犯开销？"成为政府面临的两大难题。美国田纳西州首府纳什维尔市公共监狱首开先河，于 1983 年引入私人企业从事监狱事业，CCA（Corrections Corporation of America）是其中的一家。

CCA 第一单生意来自 1984 年的得克萨斯州移民局，项目内容原本是帮助德州政府建造一个监狱，但政府突然要求提前竣工。CCA 情急之下租下一个旅馆，并调配建筑队加强安保措施后，将移民局 86 个非法入境者押解到酒店里。待监狱建成后，双方开始了监狱事业更广泛的合作。随后，CCA 开始扩张，与公共监狱竞争犯人接收。因为不需要层层审批，CCA 新建一所监狱的速度比政府快，建造成本和平均运营成本都低于公营监狱。其主要收入来源是接收犯人每人每天数十美元的财政补贴。1994 年，CCA 在纽约股票市场上市。2000—2010 年，CCA 年收入平均每年增长将近 8 000 万美元。2011 年财报数据显示，每个犯人能为 CCA 提供 18.33 美元的净利润。数十年之后，CCA 在全美有 65 个劳改设施，近 1.7 万名职工，超过 9 万个床位，关押 8 万个囚犯，占据全美私人惩教市场 45% 的份额。

除了 CCA，美国还有许多这样的私人监狱公司，如 1984 年成立的GEO，它把"私人监狱"模式推广到英国、苏格兰、新西兰、南非和玻利维亚等国家和地区，分别在当地成立了第一家私人监狱，海外业务占其利润额的 13%。除了美国，全世界还有 17 个运营私人监狱的企业分布于英国、日本、南非和澳大利亚。

资料来源：《私人监狱公司：靠囚犯也能挣钱》，载《南方周末》，2012-08-30。

胡德在"新公共管理运动"实证经验的基础上提出的新公共管理理论，[①]

---

① C Hood，"A Public Management for All Seasons,"Public Administration，1991，69(1).

以私营企业因企业家创新动力具有独特优越性、管理工具能在公私部门通用为假定前提，将市场机制和企业管理策略引入公共管理领域；通过"政府企业化""公众客户化"彻底颠覆政府与公众、政府与市场、政府与社会之间的传统关系，政府从"既掌舵又划桨"的全能角色转变为"只掌舵不划桨"；具有明显的"去政治化"倾向，追求管理主义或新泰勒主义的效率理念；效仿并采用私人企业管理技术与工具；依据迈克尔·哈默与詹姆斯·钱皮的流程再造（BPR）理论再造政府，重新设计理性官僚组织的工作流程和行政程序，将官僚权威作风和消极牺牲民主的政体转换为追求效率、回应性和顾客导向的管理机制。①

NPM 旨在打造企业型政府（entrepreneurial government），采用企业家精神改造政府，把企业的经营管理方法移植到政府，在公共政策、绩效管理、组织结构、组织管理方式等方面有显著的市场和企业管理偏好②。

其一，公共政策领域专业化管理。公共管理者采取理性途径（rational approach）处置问题，在设置政策目标和阐明政策议题时，需要突出战略管理的角色和作用，且建构匹配的问责机制；

其二，强调绩效评估和绩效管理。建构明确的组织绩效标准和精确测量工具，根据经济、效率和效能标准发展绩效衡量指标体系，在常态化管理中衡量和比较组织发展成就，作为未来组织决策的参考，特别重视公共资源的有效使用，发展"网格化"等精细化管理手段。

其三，顾客导向、结果导向与产出控制。NPM 格外重视产出控制（output controls），而不是预算控制，相对于程序与流程，它更加重视实际成果是否满足顾客的真正需求；重视发展将公众视为顾客、消费者的公共服务导向（public service orientation），民众在选择公共物品方面可以行使"用脚投票"的权利，相关机构实行问责。

其四，公共服务供给必须建立一个负责任的行政单位，因而重新设计组织结构、分离政治与行政，建设具有弹性、回应性和学习能力的公共组织。NPM 强调公共部门内部从聚合趋向分化，打破理性官僚制结构中的本位主义，打破不同部门之间的樊篱，建设网络型组织结构，促使行政组织结构更

---

① Michael Hammer, James Champy, *Reengineering The Corporation*：*A Manifesto for Business Revolution*，New York，Harper Business，2003.

② ［美］戴维·奥斯本、特德·盖布勒：《改革政府：企业家精神如何改革着公共部门》，周敦仁等译，上海，上海译文出版社，2006。

加扁平化，缩短信息沟通与指挥链条，更灵敏地反映公众需求。

其五，公共部门引进市场机制，增加供应、打破垄断、刺激政府内部竞争和公私部门竞争，提高效率、降低成本和改善服务质量；在具体操作中，采取契约/合同关系（contractual relationship）替代以往以预算和层级节制来调节政府与市场关系、政府部门内部关系的模式。

其六，公共部门内部运用企业管理工具和管理风格，通过人力资源激励约束机制、绩效工资制度、项目合同、裁员与精简、政府雇员制等方式打破公务员无过错不被免职的保守做法，变革公共部门组织文化，推动其从被合法性权威、层级制控制支配的命令服从文化，转换为与市场、企业价值相调和的文化，淡化集体主义色彩，在组织变革中寻求组织成员支持和承诺的个人主义途径。

NPM 在公共领域创建了一种新型服务模式，政府与市场、公众等主体之间的关系从"管理者-被管理者"关系转变为契约规定的"供应者-顾客"关系，双方地位趋近平等；政府组织形态也从以职能为中心、以控制为导向、层级高耸的机械式组织转变为以流程为中心、以顾客为导向、扁平且富有弹性的新型有机式组织。其核心工作是"大部制"和扁平型组织结构的"政府再造"运动。

从形式上看，再造政府是以顾客为导向梳理政府业务流程、压扁层级高耸的金字塔，实质上是对公共部门和行政管理体制做根本转型，政府职能与目标、权力结构、内部责任机制、激励约束机制、组织文化等都会发生根本变革，注重从私营部门寻求公共部门的问题解决之道，将工商企业管理技术引入公共事务领域，充分利用 IT 技术建立信息共享平台突破专业化与部门主义导致的信息孤岛，建立以"问题诊断"为前提、以"问题解决"为宗旨的服务流程，适应"顾客、竞争、变化"为特征的外部环境，实现高绩效政府治理。

从 20 世纪八九十年代全球各国的新公共管理运动实践看，市场化主要表现为三种形式：私有化、契约化和增加供应。对铁路、航空公司、公共事业等国有企业做产权改制，当因为现实政治或其他原因行不通时，则将政府承担的公共物品供给职能以签订合同方式过渡给私人/民营企业，增加供给主体，打破垄断、刺激竞争和提升效率。从实践成效看，在政府"掌舵而不划桨"理念的指导下，广泛实施的产权变革、公共服务外包、政府采购、政府组织内部市场化改革明显缩减了政府职能和规模，改善了公共财政赤字，公共物品范围、类型可选择性和质量也得到显著改善，民众对政府的认同感和信任感也得到增强，政府治理能力成为国家竞争力的新来源。① 政府组织效率也在绩效评估、内部市场竞争等管理方法推动下稳步提升，使长久以来被忽视的政府基本功能得到了客观检验与评估，"改善政府做事的方法"逐渐成为"政府运作的固定部分"。②

## 4.3.3　新公共管理范式的逻辑问题：目的与手段之争

新公共管理范式从重新认识政府角色和政府过程开始，从个人主义角度提出的"经济人"假设与交易命题，有力地阐释了以"政府低效"和"公共政策难以保障社会公平"为主要表现的政府失灵，市场化方案在打破政府低效、提升市场与社会活力等方面的成效也通过新公共管理运动得到证实。英美等国家和地区在政府部门和公共物品领域广泛引入市场治理工具和企业管理技术的事实说明：公共管理领域并不排斥经济学理论和企业管理工具，相反，政府和公共政策领域的问题采用这些理论可以得到比较有效的诊断和处置。英国铁路和日本航空公司私有化，阿根廷 YPF 石油公司私有化，玻利维亚休克疗法，中国国有企业改制和教育、医疗、住房等市场化改革，都是其中比较典型的代表。但深入分析却发现，新公共管理范式存在目的与手段之争等逻辑问题。

1. 市场化工具成为政府目的本身

随着市场化在公共领域逐步推进，一个问题逐渐浮现出来：按照公共选择理论观点，官僚制不如市场有效率，公共物品应当尽可能交给市场、私人企业或社会组织。既然如此，政府还有无存在的必要呢？随着新公共管理范式在公共管理领域的应用日渐深入，随着市场化暴露的问题日渐增多，随着贫富差距撕裂社会的程度日益严重，学界终于意识到"政府或许有市场难以企及的价值"，不加区分地将公营企业交给市场运营恐怕会有损社会福利和社会公平。以铁路民营化为例。

20 世纪 90 年代中期，欧洲各国在铁路、电力等基础工业领域推行市场化改革，基本取向是网厂分离、路网分离，把带有自然垄断性质的电网、轨

---

① 陈振明：《从公共行政学、新公共行政学到公共管理学》，载《政治学研究》，1999(1)。

② David H Rosenbloom, *Public Administration：Understanding Management*，*Politics*，*and Law in the Public Sector*，4th ed，New York，McGraw-Hill，1998：22-23.

道系统与电厂、运输公司等运营部分分离，并在运营部分引入市场竞争机制。英国铁路私有化是当时最极端的一个改革案例，从1993年起酝酿，到1999年彻底实现私有化。然而很快就因为安全事故频发而遭到公众强烈抨击和抗议。2001年10月8日英国政府决定对路轨公司强制破产，由政府指定的管理部门接管路轨公司，并将此案提交高等法院裁决。在等待裁决过程中，铁路安全事故继续频发，加快了政府接管的进程。2003年10月23日政府宣布收回路轨经营权，有政府背景的英国铁路网（Network Rail）公司从私人手中回购所有铁路产权。至此，英国铁路私有化寿终正寝，随后人们提出将部分已经私有化的伦敦地铁重新国有化，建议政府支持全部铁路网络国有化，并接管列车运营公司。[①]

但同样的铁路民营化故事在日本上演却得到另一种结果：1881年成立后受政府保护的日本铁道几经发展，到20世纪80年代职工曾经高达41万人，超过20万人是冗员，工作时赌博、喝酒、赏花、娱乐等现象普遍，能够解决就业、上学问题的公营事业单位成为了"铁饭碗"，管理粗放混乱，财政赤字高达30万亿日元。1987年日本政府把日本国有铁道拆分为6个地区性客运铁路公司和1家全国性货运铁路公司，实行民营化、剥离债务、裁减大约一半的员工。无论是政治原因还是效率驱动，日本国铁民有化改革后，不仅票价没有上涨，下属公司大都盈利，还取得了超导磁悬浮技术创新等成效。

同一种故事不同的结局说明：市场化乃至民有化并不一定是变革产权，关键在于明确政府和铁路之间的关系，监管主体和经营主体必须分离，政府在放松管制的同时必须履行其监管职责；进一步地，公共领域的产权归属并不是影响效率的关键因素，政府监管程度、方式和能力才是应当高度重视的议题。因此，必须在承认政府有其独特价值的前提下讨论市场化改革才有意义，美国"新治理"改革就从来没有否认过这一点，中国市场化改革也同样如此。

事实上，回归政府角色这一本源后会发现，新公共管理范式的市场化从来不是简单的民有化或市场化，而是采用市场手段克服政府失灵：其一，对政府和国有企业实施顾客导向的市场化改革，强调的是放松管制而不是产权变革；其二，通过引入市场竞争机制和企业管理工具提高公共物品质量与效

---

① 阿其图：《英国如何进行铁路私有化改革》，载《环球市场信息导报》，2014(10)。

率，无论是压扁组织结构，还是解除政府管制、外包政府服务，其目的是避免浪费公共资源和滥用公共权力，防止欺诈。[①] 其优点是真正突破了封闭、机械的威尔逊-韦伯范式指导下的公共行政实践，重新审视市场机制在公共服务领域的作用，重新塑造政府与市场、企业、公众等主体的关系，以快速回应公众诉求而适应了社会发展现实，在经济管理、公共医疗卫生、义务教育、公共交通、城市建设、土地规划、公用事业等领域广泛应用。但是，公共服务领域的市场化改革能否成功，关键取决于政府如何看待市场，以及如何监管市场。

以此思路对监狱私有化现象做进一步分析：监狱的功能是惩罚和预防犯罪，维护社会公正，稳定社会秩序，其终极目标是维护律法威严和政府合法性权威，这里遵循的是权威主义哲学理念。相应地，监狱功能的评估指标应当是罪犯新生、社会犯罪率下降、社会秩序稳定等。由于监狱设施和人员需要政府财政预算支持，其评价就不可避免地与建设成本、运营成本关联起来，呈现出显著的功利主义色彩，从而推动监狱是由政府直接提供，还是通过市场化甚至私有化来履行其职责的探索。

显然，无论是铁路、监狱市场化改革，还是医疗、教育市场化改革，都是一种不同于政府直接提供的技术手段而已，但在不同国情背景下，在"公平的参与"原则下，市场化很多时候不再是一个技术问题，而是一个政治问题，深刻地展现出政府与企业的根本差异。政府必须同时追求合法性、责任性、公平性和效率性等多重目标，分别归属于"效率"和"威权"这两种完全不同的哲学理念，难以比较，也难以调和。但因为效率的可衡量性，在顾客导向和回应性要求下，政府不得不将效率作为首要达成目标，市场化、民有化、企业管理手段等治理工具因此登上历史舞台。但市场化在不同国家出现了不同命运，如休克疗法给玻利维亚带来 GDP 增长和通货膨胀率下降，激进式改革造成印度社会动荡，而渐进式改革让中国特色社会主义道路越走越顺畅，等等。成功经验各不相同，但失败则有共同原因，要么照搬西方现成经济模型与理论，忽视结合本国实际情况，要么政府在市场化中迷失了方向，错误地将市场化简单理解为政府将公共物品通过特许经营与其他契约方式交给私营企业，忽略自身对市场和企业的监管责任和能力建设。

---

① E S Savas, *Privatization: The Key to Better Government*, Chatham, NJ, Chatham House, 1987.

换言之，公共物品领域市场化改革的失败并非市场本身存在问题，而是政府在利用市场这一工具达成公共利益目标的过程中，或对私人资本的牟利动机缺乏足够重视，或对公共物品属性缺乏掌握，或忘记了公共权力来源，或缺乏保障整体社会福利最大化的制度设计，将市场化工具当成了政府目的本身，政府在保障公共利益和社会公平上的独特优势未能得到有效发挥，反而出现恶意排放、污染环境、食品药品安全事件、贫富差距扩大、道德伦理丧失、权钱交易腐败等不良现象。

2. 新公共管理范式在发展中国家毁誉参半

特别地，新公共管理范式在发展中国家的应用有成功也有失败，毁誉参半。一方面，通过市场化改革，减少政府干预和管制，将企业从行政权力控制下释放出来，参与公共物品供给，能有效配置资源、增加国民财富；通过精简政府职能、改革行政审批制度，明确政府与市场的关系与边界，有利于减少财政开支和改善行政效率。但另一方面，在应用市场化工具的过程中，政府有意无意地偏向了功利主义，对陷入亏损的公营企业不加选择地市场化，甚至一卖了之。究其根源，发展中国家的市场化更多是政府主导而非内生性、自发性的市场化，企业型政府的初衷是提高行政效率，实际却是与民争利，行政审批制度改革虽然取消和下放了很多行政许可与审批事项，也建构了"责任清单"和"负面清单"，但却在某些领域陷入了拆分行政权的"数字游戏"中。[①]

相对于发达国家，发展中国家在公共物品领域市场化改革过程中，更需要明确政府职责是什么，以及应当如何承担其职责。否则，新公共管理范式的应用会出现以下后果：①国有企业或公营企业通常是失败的，低效、浪费与冗员会驱动市场化改革，但如果将政府监管职责也一并交给市场，必然产生比低效更为可怕的问题；②效率取向趋近于完全抛离政治，政府企业化或政府公司化，导致公共物品从政府直接提供向市场转变时出现官商勾结、权钱交易、公权滥用、行政不当、国有资产流失等风险；③公共物品领域市场化过程中，如果将政府监管职责一并市场化，或者在契约签订过程中，没有强制执行合同的详细规范，反而可能损害公共利益；④由政府主导市场化改革，容易出现不考虑国情、历史传统、社会与经济发展条件而强行要求遵循的发展模式，系统地否定自己的过去，割裂历史传统，出现同质化；⑤政府

---

① 程惠霞、康佳：《我国行政审批制度演进轨迹：2001—2014》，载《改革》，2015(6)。

主导市场化改革容易不顾实际情况推行市场化，长官意志盛行，民众表达渠道被阻塞，与新公共管理范式倡导的顾客导向背道而驰；⑥政府和民众都对市场化改革抱有过高期望，忽略资本逐利本性、资本与权力勾结的冲动，一旦市场化出现问题，就会反对市场化改革，将所有问题归结为市场，然后回归国有和政府干预，极端者甚至可能出现暴力仇富运动。委内瑞拉萧条—繁荣—萧条的循环为我们提供了一份鲜活的样本。

### 3. 新公共管理范式存在逻辑问题

市场化改革到底是通往天堂还是通往地狱？问题的答案隐藏在公共选择理论体系当中。公共选择论虽然强调公平宪法和民主宪政制度对公共利益的保障作用，但因"经济人"假设和"交易"命题的存在，"政治市场"和"选票机制"导致这一制度设计难以落实。公共选择论也被简化为一个论断和一个方案，前者是依照经济人假设，政府官员是利己的，从而导致公共物品领域的低效和腐败；后者是把尽可能多的公共项目移交给私营企业来做，如果可能的话就全面私有化，如果因为政治现实或意识形态等原因，无法私有化，那么就采用契约承包方式刺激公私部门竞争、公共部门内部竞争，实质是用市场的自我纠错能力来取代政府官僚的低效决策。然而，新公共管理范式存在的基本逻辑问题，导致其在不同国家的命运截然不同。

第一，逻辑基础问题。在经济人假设下，政府官员与行政人员都会全力以赴追求有即时效用的个人权力、地位、安全、收入和外部报酬，必然"忽视理想具有战胜利益的能力，以及政治过程中公共精神对激励参与者行为所起的作用"[①]。然而，行政官员真的如此专注于个人利益而没有丝毫职业荣誉感吗？他们丝毫没有为公共利益服务的思想吗？按照个人选择最大化原则，就无法解释焦裕禄、沈浩、黄文秀等人在公职岗位上的鞠躬尽瘁行为。由此可见，以"理性自私"作为对政府失灵的批判起点和研究路径是一种危险的倾向，尤其当这种途径被作为改善政府效率和治疗药方时，必然导致政府与社会、行政人员与社会公众之间的对立。其实，公共选择论是混淆了"政府应该做什么"和"政府应该如何做"，将"市场化"工具当成了政府目的。

第二，政府和企业的本质不同，政府绝不是企业，效率也绝不是政府的唯一目标。但新公共管理理论集中精力研究手段和工具，无论是"顾客导向"还是"企业型政府"，都规避了公共管理中最关键的"公共利益"和"社会公平"

---

① 杨光斌：《政治学导论》，第 4 版，北京，中国人民大学出版社，2011。

问题。虽然公共选择论力图通过提高民主程度和宪政制度设计来保障公共利益，但当手段与目的混淆在一起的时候，简单容易的功利主义效率目标更容易得到社会认可，也是政府提高民众满意度的首选。

第三，合同不能自动执行。新公共管理范式特别强调政府服务购买、特许经营协议在公共物品领域的应用，合同特别是竞争性合同能改善服务质量，让纳税人的钱花得更有价值，节省公共财政开支，但是合同并不能自动执行，也不能自动维护公共利益。按照政府官员是自私自利的假设，政府直接提供会因此而失灵，但市场化的契约与合同存在同样问题。签订和执行合同的人就不自私吗？相反，在缺乏政府有力监管的条件下，他们会更加追求个人效用最大化，甚至不惜以牺牲公共利益为代价。

当人们厘清了逻辑假设、目的与手段之间的关系后，问题迎刃而解，即"不能用简单的合同形式把政府的责任一并移交给市场或企业去管理"，公共物品领域市场化并不意味着政府监管职责消失了，相反还需要加强政府在公共利益维护方面的独特优势。

4. 理性认识新公共管理范式的工具属性

新公共管理范式是建立在对政府行为过分简单化的理解基础上，展示出来的问题比其提供的解决方案更有价值；它明确提出"政府失败"，第一次真正发现了凯恩斯学派一直推崇的"看得见的手"在干预的正当性和合理性上并不如想象的完美；"企业型政府"和"顾客导向"理念创建了一套新的政府与市场、公众之间的关系原则，创建了一套新型公共服务模式，开创了一个民众有权利选择公共物品和服务的新时代，在应用当中出现了一些负外部性问题，但这些问题再次证明"政府依旧是被需要的"。

众多现实表明，公共物品领域的市场化或私有化不可一概而论，必须根据不同公共物品属性、不同地方实际条件谨慎判断与设计，否则会导致严重的社会与政治问题。典型如2011年4月英国司法部监狱官员罢工反对监狱私有化、同年9月美国爆发"占领华尔街"运动、2012年9月美国芝加哥教师罢工要求取消教师教育质量评估、2013年冰岛宣布国家破产。这些问题证实，在市场化改革的同时，应当强化政府监管职责。

回到理论本身，完全有理由认为，公共选择理论有"市场化"和"宪政民主"两个支柱，前者追求效率，后者追求公共利益。但新公共管理运动中，行政改革者关注的是只前者，从而将焦点引向了恢复自由市场竞争、减少政府干预、放松管制等工具范畴。然而，市场化永远只是一种工具，不能也不可能替代制度。因为政府的关注焦点不应是"资源如何实现有效配置",而是"什么样的制度能确保资源有效配置"。①

综观新公共管理范式应用中出现的问题,有多少与市场本身有关?又有多少与制度设计有关?然而,在相当多的学者如乔姆斯基、斯蒂格利茨看来,市场化是导致拉美地区经济发展缓慢、社会陷入混乱的罪魁祸首。② 但实际情况并非如此。阿根廷 YPF 公司从国有到私有化再到国有化的轮回经历证明,政府能源出口政策和价格管制才是问题根源,政府将自身定位为企业,必然与民争利。而新加坡淡马锡公司、挪威等北欧国有企业证明,产权国有并不一定意味着效率低下,其市场改革思路是改造国有企业内部管理,引入竞争机制,用上缴 60% 利润的强制规定迫使其不断优化经营管理,而不是简单的大规模私有化。③

市场化与企业管理手段都是新公共管理范式偏好的治理工具,其宗旨是履行政府职能、达成政府目的或政策目标,它们能否发挥效应,不仅与治理工具自身的生命力有关,还取决于应用者所在国家或地区的政治制度、历史文化、地理条件与人口结构。在市场化过程中,若不变革制度,新技术或新治理工具带来的技术经济发展更可能助长政府的机会主义,导致政府和官办企业利用特权形成垄断地位,最后非但私人企业无法发展,国家的整体活力也必然被蚕食!换言之,市场化改革还需要政治、行政、法律、社会福利制度方面的配套改革;产权固然重要,但绝不是市场化的关键;制度才是盛衰的关键。

### 4.3.4　以公共服务动机兼容自利性与公共性

公共选择论提出了一个"自利性能否与公共性兼容"的问题。如果说是新公共管理理论将二者对立,从而导致了一系列应用问题,那么,能否在经济人假设与个人选择最大化前提下,同时兼顾人的自利性和利他性呢?

1. 经济增长道德性讨论、美好社会与公共服务动机的提出

自利性与公共性之间的关系问题在资本市场已经是老生常谈。例如,以

---

① 〔英〕伊斯雷尔·M. 柯兹纳:《米塞斯评传:其人及其经济学》,朱海就译,上海,上海译文出版社,2010。

② 刘文静:《斯蒂格利茨对新自由主义全球化的批评》,载《理论观察》,2015(8)。

③ 尹伊文:《挪威国企启示中国:恐龙必须继续进化》,载《南方周末》,2010-01-21。

"校园贷"暴利起家的"趣店"赴美上市受到资本热捧，而舆论口诛笔伐"资本市场到底有没有底线"。这类案例引申的是企业运营是否应当遵循道德准则？资本逐利是否应该有边界？

新自由主义经济学家米尔顿·弗里德曼明确主张"企业唯一的社会责任就是利润最大化"，纯粹经济不具备任何价值目标。但是社会学家迈克尔·桑德尔则追问"金钱的购买力边界在哪里"，认为经济学应当具有正义性和社会性。① 政治经济学家马克斯·韦伯认为，人的经济行动主要以物质利益驱动，以个人效用最大化为导向的同时，兼顾其他参与者的效用。而现代企业管理理念已经从"零和博弈"演进到"利益相关者格局"，将普通公众、社会发展都纳入到了"利害相关人"范畴，形成"利益共同体"，从而将企业运营与公共利益、社会公平等价值理性联系起来。在此过程中，资本市场也形成了一定的道德约束机制，上市公司遵守环境保护、劳工标准、安全产品、反贪腐等企业社会责任已经成为社会共识。著名的"商业圆桌会议（Business Roundtable)"在2019年《公司宗旨宣言书》中将公司治理原则从以往的"股东利益至上"和"利润最大化"转变为"美好社会"，包括向客户传递企业价值、雇佣不同群体提供公平待遇、投资员工、遵守商业道德、积极投身社会事业、注重可持续发展，以及为股东创造长期价值，为创造社会和环境的"共享价值"打开了通途。②

类似思考更是在公共领域出现，比如，在"如何界定国家的成功"方面，该标准长期被限定在以GDP为核心的系列指标上。英国前首相布莱尔1997年执政之初提出了一个问题：成功只能用经济增长来衡量吗？结合当时英国铁路等私有化改革的背景，他应当是试图用此问题来表达对市场手段在公共领域应用的担忧。根据发展经济学理论，经济增长"常常形成更多机会、对多样性的容忍、社会流动性、坚持公平以及对民主的尊崇"，在创造物质财富的同时，会带来更高的伦理道德水平。然而，20世纪90年代发达国家却逐渐出现以"独自去打保龄球"为表现的"社会隔离"现象；发展中国家虽然在增加收入、摆脱贫困方面取得令人瞩目的成就，却也造就了"熟悉的陌生人"现象。"仓廪实而知礼节"，但实际上经济增长带来的是"显著存在的不断上升的不宽容、缺乏公民意识，以及逐渐减弱的大度和开放性"，反过来又导

① [美]迈克尔·桑德尔：《金钱不能买什么》，邓正来译，北京，中信出版社，2012。

② 于本一：《股东至上的退市，是美好社会的开始》，https://www.ithome.com/0/444/938.htm，2019-09-12。

致经济增长下降、民众生活水平相对停止。①

那么，单纯追求经济增长是不是政府的唯一职能？可否为了实现增长而损害环境和健康？政府如何调整才能超越企业型政府和经理人思维？答案显而易见，社会可持续发展需要充满伦理道德意义的增长。卡梅伦在 2010 年就任英国首相时以"国民幸福观"回答了布莱尔的问题："是时候承认生命的意义远不止于赚钱了，我们不能只盯着 GDP……幸福不能用钱来衡量，也不能通过买卖得来。幸福取决于我们生活环境的好坏和文化的优劣，核心在于彼此的关系是否密切。"②"包容性增长""普惠性增长"等概念表达了同样的思想，反映在公共管理学科上，就是不再局限在简单的政府-市场关系讨论中，而是开始关注社会资本、公民自觉和企业社会责任。伦理道德、公平自由、安全健康等人本主义价值理性应当在效率之上的看法逐渐深入人心。市场手段、"有边界的私"都没有不妥，但也需要制度安排和监管惩罚"越界的私"。在创造可持续经济与社会环境的过程中，政府和市场并不是对立的，无论是"大政府"还是"小政府"，都应以"回应需求"为要务，做"适度有为政府"，从制度层面建构规范资本市场和公司治理的道德力量。③

上述变化也表现在对公务员职业的认识方面。新公共管理范式推崇市场机制和私营部门管理技术，特别是金钱激励制度对效率的积极意义，但其治理逻辑否认了公共职业荣誉感、职业理想、公共精神的存在，"忽视理想具有可以战胜利益的能力，以及政治过程中公共精神对参与者行为所起的激励作用"，官僚制被冷嘲热讽，导致公共部门难以招聘到足够符合要求的人员并吸引其长久地留下来。④ 另外，新公共管理范式以自利性假设为基础的委托代理模型，忽视文化和制度对官僚行为的影响，将价值偏好视为外生变量，可以解释行政人员的懒惰、渎职和以权谋私等行为，但难以解释公共部门中大量存在的公益精神，不能回答诸如"为什么有许多默默奉献、甘于自

① ［美］本杰明·弗里德曼：《经济增长的道德意义》，李天有译，北京，中国人民大学出版社，2008。

② 王尔德、方旭燕：《英国明年实测国民幸福总值 结果将成决策依据》，载《21 世纪经济报道》，2010-11-26。

③ 冯禹丁：《浙江工资集体协商：政府推着工人跟老板谈判》，载《南方周末》，2013-01-17。

④ J L Perry, Lois R Wise, "The Motivational Bases of Pubilic Service," Public Administration Review，1990，50(3).

我牺牲的有原则代理人""为什么有些行政人员比其他人更加勤奋"之类的问题。①

大部分公共行政理论都认为是自我牺牲（self-sacrifice）、实现公共利益（realizing public interest）和利他主义（altruism）等因素所致，但基于主观偏好因素的研究无法解释人们在自私与理性选择前提下追求公共利益的行为，从而启发人们探讨"自利动机与利他动机在市场机制中相容的可能性"，并催生出一个新的术语——公共服务动机（public service motivation）。公共服务动机旨在探讨人们从事公共服务是否具有自利之外的其他动机，试图重新重视公共领域中的伦理性和公共服务精神，改变人们对官僚的刻板印象，重新唤起民众积极投身公共事务的热情。

2. 公共服务动机与自利动机具有相容性

公共服务动机研究者认为，既然新公共管理理论无法解释政府内部和社会现实存在的大量公益精神，就说明追求公共利益的动机是广泛存在的，进而提出一个命题：人们选择从事公共服务是受"非自利"动机驱动的，而且这一动机在公共部门更普遍。②

佩里（Perry）和怀斯（Wise）认为，动机是人们渴望消除或满足的心理或需求，公共服务动机则是"个人受主要或完全基于公共制度与组织的动机所驱使的倾向"，如"公民责任心""同情心"；③ 后来被拓展为个体、企业与商业性营利组织，政府公务员和非政府组织（Non-Govermmental Organization NGO）成员服务于他人、团体、地方、国家或其他公共利益的、"普遍的利他主义动机"④，包括理性动机、基于规范的动机和情感动机（表 4-2）。佩里将其划分为渴望参与政策制定、对公共利益的承诺、同情及自我牺牲精神 4 个衡量

① 冯禹丁：《浙江工资集体协商：政府推着工人跟老板谈判》，载《南方周末》，2013-01-17。

② J L Perry，Lois R Wise，"The Motivational Bases of Pubilic Service," Public Administration Review，1990，50(3)：367-373.

③ J L Perry，Lois R Wise，"The Motivational Bases of Public Service," Public Administration Review，1990，50(3)：367-373.

④ H G Rainey，Steinbauer P，"Galloping Elephants：Developing Elements of a Theory of Effective Government Organizations,"Public Administration Research and Theory. 1999，9(1)：1-32.

维度。①

表 4-2　佩里和怀斯的公共服务动机内涵

| | 类型 | 动机来源 | 表现 |
|---|---|---|---|
| 公共服务动机 | 理性动机 | 追求个人效用最大化 | 参与公共政策制定<br>认同并支持某个公共项目<br>倡导特殊利益 |
| | 基于规范的动机 | 服从规则 | 公益服务的义务<br>对政府权威的遵从<br>社会平等<br>承诺公共利益 |
| | 情感动机 | 特定社会背景下的情感反应 | 对政体价值的热爱<br>同情并帮助他人<br>同情和自我牺牲精神 |

资料来源：①J L Perry, Lois R Wise, "The Motivational Bases of Pubilic Service,"Public Administration Review，1990，50(3).

②J L Perry, "Measuring Public Service Motivation：An Assessment of Construct Reliability and Validilty,"Journal of Public Administration Reaearch and Theory，1996，6(1).

　　后来，人们在这一认识的基础上，将公共服务动机界定为一种"超出个人和部门利益的信仰、价值观和态度"，关注的是"更广泛的政治组织的利益，并且激发个人在适当的时候采取相应的行为"②，从而将公共服务动机与行政系统文化、组织制度建立了关联，强调公共服务动机与价值偏好一样，都可以通过社会学习过程习得。家庭社会化、宗教社会化和职业社会化与个人从事公共服务职业的动机也有直接相关性。③

　　从慈善、公益和志愿行动等经验层面看，只要是"引导个人做出有意义的公共服务的动力"都属于公共服务动机范畴。④ 因此，公共服务动机并非

---

　　① J L Perry, "Measuring Public Service Motivation：An Assessment of Construct Reliability and Validity,"Public Administration Research and Theory，1996，6(1).

　　② Vandenabeele W, "Towards a Theory of Public Service Motivation：An Institutional Approach,"Public Management Review，2007(9)：545-556.

　　③ J L Perry, "Antecedents of Public Service Motivation," Public Administration Research and Theory，1997，7(2).

　　④ Brewer G A, Selden S C, "Whistle Blowers in the Federal Civil Service：New Evidence of the Public Service Ethic,"Public Administration Research and Theory，1998，8(3)：413-439.

公共部门所独有，而是具有超越公共部门的普遍性，只是在公共部门及其从业人员中更为普遍。因为公共部门给个人创造了更多公共服务的机会，对个体存在自我选择效应；公共组织文化价值与制度对个体公共服务动机存在社会化效应。① 这说明：作为一种自我选择，个体通过公共部门工作获得的对社会有用、帮助他人的成就感和满足感等内在报酬能进一步增强公共服务动机，而作为一种社会化结果，稳定工作、高薪酬、晋升、绩效奖励、地位和声望等外部报酬也可能增强个体公共服务动机。有观点说，人们应当出于内在报酬，而非功利主义选择从事公共职业。② 也有观点认为，公共服务动机与内在报酬正相关，与外部报酬负相关，不应当过分强调外部报酬。③ 但是，通过组织文化、制度建构等施加社会化影响强化内在报酬的同时，并不妨碍适度外部报酬在塑造公共服务动机方面的作用。

换言之，人们对外部经济报酬的追求未必会削弱为公众服务的动机，适当运用外部报酬能适度增加个人自尊和对自我的肯定，有助于强化内在动机，两者之间具有相容性。④ 进一步地，公共服务动机并不否定自利动机的存在，肯定公共服务动机也不是要抑制自利动机，而是要打破公共选择理论引发的对官僚持有的自私自利的刻板印象，重视文化、制度和社会价值对官僚行为动机的影响，进而采取激励措施增强公务人员的公共服务动机。若能强化公务员或行政人员的公共服务动机，必然会发展出一个理想的公共行政系统，"不仅败德行为日益减少，而且还会提高以公共服务为导向的、亲社会的、利他行为的可能性"⑤。

公共服务动机倡导者认为，以自私自利（self-interest）为基础的人类动机模型（human motivation model）在解释责任心、同情心、主动奉献、自我牺牲等方面存在严重不足，而公共服务动机则不同，它以超越自私（self-

---

① Brewer G A，Selden S C，"Whistle Blowers in the Federal Civil Service：New Evidence of the Public Service Ethic，"Public Administration Research and Theory，1998，8(3).

② J L Perry，Lois R Wise，"The Motivational Bases of Pubilic Service，"Public Administration Review，1990，50(3).

③ Crewson P E，"Public Service Motivation：Building Empirical Evidence of Incidence and Effect，"Public Administration Research and Theory，1997，7(4).

④ Crewson P E，"Public Service Motivation：Building Empirical Evidence of Incidence and Effect，"Public Administration Research and Theory，1997，7(4).

⑤ J L Perry，"Federalist No 72：What Happened to the Public Service Ideal. Public Administration Review，"2011(71)：143-147.

interest)和组织利益(organization interest)的信仰、价值和态度,通过诱使(induce)基于目标行为的公众互动动机,关注更大规模政治共同体(a lager political entity)利益。其本质是将利他动机纳入人类动机模型当中,寻求市场机制与官僚机制、自利动机和利他主义、商业趋利性与公共政策性之间的相容性。① 个体家庭、政治环境、宗教信仰、教育背景、所处情境、组织文化、组织内部能力和资源、社会结构、社会制度与社会价值、社会稳定性、风俗规范等均会以自己的方式施加影响。

相对于公共选择和新公共管理理论,公共服务动机理论独辟蹊径,认为所有人都有公益精神,有追求正义和良善的良好动机,实证研究也发现公共部门人员比其他部门工作人员的公共服务动机更为强烈而普遍,从而找到了一种将"自利性"和"利他性"相容起来共同追寻公共利益、社会公平的可能,通过"内部报酬"和"外部报酬"等激励机制设计,鼓励人们选择公共职位从事公共服务,或者鼓励市场从业者和社会公众热心公益与慈善事业。比尔及梅琳达·盖茨基金会、河仁慈善基金会、马云的乡村教师计划、刘强东的"村官"扶贫行动、袁立参与的"大爱清尘"寻救尘肺病农民工等企业家和明星的慈善公益行为也证实了这一点,"互联网公开募捐信息平台"的筹款情况则提供了另外一个佐证(专栏4-3)。当然,公共服务动机与实际公共服务行动之间还有一定距离,但至少能让人们更全面地理解公务员和政府角色,让更多有志于为公共利益服务的人愿意加入公务员队伍,或者从事公益慈善事业。

**专栏 4-3　　　　　　　　每天坚持捐一点**

中国民政部统计,全国网友 2019 年上半年累计捐献善款超过 18 亿元。其中,支付宝公益平台筹款 6 亿元,占比 1/3。移动互联网公益让"人人随手做公益"成为一种生活方式和日常习惯,"小额高频捐赠"已成公益新趋势。数据显示,支付宝和淘宝的捐赠超过 50 亿笔,47％的捐款者来自小县城或农村,95％的善款不超过 1 元。除现金捐赠外,捐"虚拟鸡蛋""步数""积分""爱心"等多元互动公益方式也汇聚了惊人的力量,覆盖教育扶贫、健康扶贫、就业扶贫、生态扶贫、灾害救助、社会基础设施建设、基本福利与社会保障等方面。互联网、区块链技术提升了捐赠的便利性和透明性,很多公益

---

① Pandey S K, Wright B E, Moynihan D P, "Public Service Motivation and Interpersonal Citizenship Behavior in Public Organizations: Testing a Preliminary Model," International Public Management Journal, 2008, 11(1): 89-108.

机构收到捐赠后可以即时开出"电子捐赠票据"，使捐赠者获得社会的尊重与肯定，技术进步有效地增进了普通公众的慈善公益动机。

资料来源：《上半年中国网友捐18亿元 支付宝用户贡献最大》，http://gongyi.china.com.cn/2019-09/05/content_40885791.htm，2020-05-20。

## 4.3.5 回归二分法思考与建设服务型政府

公共服务动机理论的提出让世人重新认识政府角色和政府过程，初步提出了构建"服务型政府"而不是"企业型政府"的口号。所谓"服务型政府"是以满足社会公共需求为导向，为公众提供充足优质公共物品的现代政府，从具体投资和微观经济活动中解脱出来，解决市场和社会不能解决的问题，提供市场和社会不能提供的物品，为整个社会的良性运转提供支持，是公共政府、有限政府、有效政府、有为政府、法治政府、责任政府、企业型政府和电子政府的综合体。

1. 服务型政府的提出与批评新公共管理理论有关

"服务型政府"这一概念的提出与各国公共领域市场化改革暴露出来的问题有关，以查尔斯·泰勒、尤尔根·哈贝马斯、卡特森·格里夫等为代表的政治学者，以及加里·L.万斯莱、查尔斯·T.葛德塞尔等为代表的公共行政学者对其提出了诸多批评，主要集中在三个方面。

第一，政治与行政之间到底是什么关系？新公共管理运动着眼提高政府绩效、降低成本，强调的是执行手段，没有讨论政治领域的问题。批评者主张政治的实质是民主讨论，应当并只有在政治学理论框架内才能得到解决，不是简单纳入经济学或管理学理论就能得到解决的。

第二，政府和公众之间到底是什么关系？在新公共管理理论的"政府企业化""公众顾客化"指导下，政府是供应商，公众是消费者，两者之间是一种供求关系，能有效提高公共物品供给效率和品质，提高消费者满意度。而批评者认为这种"供求关系"剥离了公众的政治权利与社会权利，只承认公众的经济权利，会导致政客为了获得选民支持而讨好选民，甚至做出不切实际的承诺，反而损害公共利益。因此，政府不是掌舵人，掌舵人是公众，政府应该为民众服务，双方应当通过缩短距离、协商讨论来解决公共问题。

第三，公共事务的管理主体到底是谁？批评者认为，新公共管理理论将政府和公众分别看成公共物品的供给者和消费者，"政府掌舵而非划桨"意味着政府是公共事务管理主体，但批评者认为只有"全体公众"才是公共事务管理主体，强调公众不仅有经济权利，更有政策制定参与权，主张注重公众"参与公共事务讨论程序与标准"的研究。

著名的黑堡宣言（Blacksburg Manifesto）要为官僚制正名，认为官僚的声誉与其实际所为之间有很大落差，应当从宪法意义上而不是仅限于政府、官僚制来确定公共行政在政府治理中的核心地位；公共部门和私营部门之间存在本质差异，"市场只是社会福利的必要条件，而非充分条件""资本主义给了我们以社会航行的动力，但市场本身并不能带领我们航行"。①公共行政的角色从来不屈从于民意机关或民选首长的统治，而是通过"共同进行贤明的治理"尽可能维持最广泛的公共利益与宪政的治理过程；相应地，行政人员是"应当具有自我意识的公共利益的受托者"，其特殊性和重要性在于对公共利益做最广泛的理解，并捍卫合乎宪法规范的治理过程，促使公众正参真与治理过程。②"当法律赋予他们裁量权时，公共行政人员的誓言促使他们不仅仅以当下和短期的眼光考量行政行为，而且更有义务根据宪政的价值为依据运用此一裁量权。"③在行政绩效上，黑堡宣言认为重塑行政价值需要行政人员与官僚体系的共同努力，改变集体特有的价值、认知、态度以及行为等，同时从社会制度层面关注和强调公共利益。

丹哈特夫妇（R. B. Denhardt 和 J. V. Denhardt）综合各种批判思想，提出了以"公民第一"为核心理念的新公共服务理论，强调将公民置于（治理体系的）中心位置，政府职责是服务而非掌舵。④

2. 政府是服务而非掌舵，公众是公民而非顾客

新公共服务理论旨在修正"政府掌舵而非划桨"中"为谁掌舵"的逻辑偏误，主张政府角色是服务，重新确定政府与社会、公务人员和公民之间的关系。其基本逻辑是：要改变新公共管理范式下政府独自掌舵所造成的各种困

① ［美］查尔斯·T. 葛德塞尔：《为官僚制正名：一场公共行政的辩论》，张怡译，上海，复旦大学出版社，2007。

② Cheryl Simrell King and Camilla M Stivers, *Government Is Us：Strategies for an Anti-Government Era*, Sage Publications, Inc, 1998.

③ Wamsley G L, Wolf J F, *Refounding Democratic Public Administration：Modern Paradoxes, Postmodern Challenges*, Sage Publications, Inc. , 1996.

④ ［美］珍妮特·V. 丹哈特、罗伯特·B. 丹哈特：《新公共服务：服务，而不是掌舵》，丁煌等译，21、40～41页，北京，中国人民大学出版社，2004。

境，就必须明确"为谁掌舵"的关键问题。既然政府是公众授权的合法性权威主体，在掌舵时就必须听从公众意见。相应地，政府应当以服务作为第一要务，通过"民主行政"和"市民社会"构建具有完整性和回应性的公共机构，实现"服务"对"掌舵"的取代。

政府职责与角色是服务而非掌舵，社会发展方向不是由政府来把握，而是由公民来把握；公众角色并非顾客而是公民，政府服务对象是公民而非顾客；政府和公务人员必须追求公共利益，不局限于关注经济效率，还要关注政治行为准则、社会价值、伦理道德、职业标准和公民利益；在衡量绩效标准上不再是简单的节约财政开支，而是要建立一个利益共享、权利分享的机制。例如，在公共物品提供方面，主张公众应当有参与决策和选择的机会。在这一方面，政府官员要做的不只是讨好选民、回应顾客需求，还要推动建立民主机制、推动民众参与公共事务，关注政府与公民之间、公民与公民之间信任与合作关系的建设。在公众参与下，公共政策制定是一个经过战略思考的过程和民主行动的结果，能够选择出符合公共需要的政策方案，进而通过集体努力和协作过程，最有效和最负责任地执行政策，以此避免"拍脑袋式"决策。

在政府机构内部强调"重视人的成长"而不是"量化指标评价人"，结果导向的绩效评估是 NPM 的突出优势，但如果不能很好地应用评估结果帮助人的成长，反而会导致人的"异化"。事实上，如果能够在尊重所有人的基础上，通过合作和共同领导的过程来运作，则政府、其他公共组织及其参与的社会网络更有可能获得成功。在新公共服务理论框架中，"公务员的首要作用乃是帮助公民明确阐述并实现他们的公共利益，而不是试图去控制或驾驭社会"①。这意味着政府官员必须超越企业家身份，尊重公众的公民身份及其在公共资源配置、公共服务供给等决策领域的参与权利。

总体来看，新公共服务理论对新公共管理理论是一种批判性地继承：它肯定了政府与公众之间形成的新型服务关系模式，否定的是政府与官员代替公民做主；它肯定了公民的经济权利，但是反对将公民地位局限为"顾客或消费者"，强调公民不仅是公共服务的消费者，更是"民主责任"和公共利益系统中的"责任共同体"，公民不再处于被动、从属地位，也不再仅限于服从义务，而是有权利主动通过各种渠道参与到公共政策制定、执行、监督与评

① 顾丽梅：《启示与迷失：新公共服务理论之思考》，载《复旦公共行政评论》，2010(00)。

估过程中，与政府开展积极而广泛的合作；它肯定公务人员是公共资源管家和公共组织经理人，但反对将公务人员仅仅看成管家和经理人，认为公务人员角色还应当是"民主对话促进者""社区参与催化剂""基层服务领导者"；它还肯定了行政审批制度改革着眼打造的"服务型政府"的努力方向。

特别地，在政府与公民的关系上，新公共服务理论认为双方是一种新型合作关系，着眼于通过重构政府与公民关系、拓展公民参与渠道、扩展公务人员和公民合作共享权力来改善公共治理水平。在多元面向、流动、动态的公共事务属性下，如何在民主、社区、公共利益系统网络中建构公民参与和责任共担，是政府服务与引导民众的新公共服务的重要任务。[①] 它在一定程度上矫正了新公共管理范式在应用上的偏执性，特别强调公民参与公共管理(civic engagement)和公共利益目标，并阐述了"公民政治权利""民主参与"及"参与途径"，有效地补充和完善了新公共管理范式。它提出的"服务型政府"理念，推动政府政绩观念从"唯GDP"向民生方向调整，促使公务人员认识到纳税人的钱不可以随便乱花，将主导权交给公民，简政放权，实行权力清单、责任清单、负面清单制度，推行政务公开，拥抱信息技术和数字革命，发展电子政务，推进数字治理，强调"民主参与、民主行政"，在一定程度上铺垫了公共治理范式的逻辑基础。

# 4.4 公共治理范式的治理逻辑

新公共服务理论以"政府是服务而非掌舵"这一理念促使政府回归其本源角色与职责，建构重视公民权利的服务型政府，将美好生活与美好社会视为政务公开、公民参与、社区自治、市场工具使用等诸多过程与手段的终极目标与功能。如以"国民幸福观"闻名的英国前首相卡梅伦表示，"高效政府"是英国走向兴盛的关键步骤之一，对政府部门及其公务管理提出"严格时间要求"和"高事务复审收费水平"的目的是解决财政赤字、降低税收，进而提升英国在全球化时代的竞争力。[②] 这一现象说明，无论是实务界还是学术界都认识到超越单一价值取向来审视公共管理及其负载使命的重要性，对公共管理创新提出了更高要求。这一点从前如此，现在如此，将来也如此。

---

① Janet V Denhardt, Robert B Denhardt, *The New Public Service*, *Serving*, *not Steering*, New York, *M E Sharpe*, 2002.

② 王一：《卡梅伦称政府若不提高效率可能导致亡国》，载《环球时报》，2012-11-19。

## 4.4.1 对治理内涵的历史与现实思考

罗斯福在"大萧条"时就任美国总统并以强有力的政府干预、严格管制等手段实施"百日新政"，使资本主义起死回生。① 但这并非罗斯福施政的唯一指向，从其发明的"炉边谈话"可见一斑。无论是救济无家可归者还是解决就业问题，"道德"从一开始就是其施政方略的基本指引："不管有多富裕，没有国家能够负担得起对其人力资源的浪费。由严重失业引起的道德缺失是我们最大的奢侈……是对我们社会秩序的最大威胁。"大危机期间政府强力干预固然通过公共工程创造了许多就业机会，建立了救济署和社会保障体系，使财富分散到社会底层，也鼓励富裕阶层参与慈善救助……但是回顾整个过程，救济确实让许多美国人免于贫困，但同时也出现了一些道德问题，因而对救济制度潜藏的隐患做了警告："对救助的持续依赖导致一种精神和道德上的解体，对国家的本质组成具有根本的破坏性"，如果不加区别地继续"以这种方式发放救助就是应用毒品，是一种潜在的人类精神杀手……"。②

罗斯福总统关于贫困、救助、道德关注等问题的思考对今天的贫困问题、复杂社会治理问题求解仍然具有启发意义，推动人们超越简单的因果关系，追问"到底是什么导致贫困、落后与失败"，进而将问题指向对复杂问题、多元主体与集体行动困境的思索。有两则不是旧闻的旧闻能形象地说明这一问题：

其一，非洲援助困境。从联合国粮农组织对南苏丹、中非共和国等非洲国家的人道主义援助情况来看，贫困问题不仅没有得到解决反而更加严重，人道主义灾难因为资源争夺、宗教信仰冲突、种族主义矛盾等引发的战争更加严重，不排除民众会为了获取食物而采取更为极端的手段，包括售出联合国粮农组织、难民署和其他非政府组织（NGO）援助的种子、农具和家畜等用于改善贫困的生产资料。③

其二，贫困群体有尊严地活着有多难？四川资中"口袋婆婆"80岁老人蒋贵英在成都拾荒20年，照顾残障女儿和高龄丈夫，在极度贫困中始终坚

---

① 彭鑫：《谁拯救了美国：大萧条中的罗斯福》，北京，中国华侨出版社，2009。

② ［美］本杰明·弗里德曼：《经济增长的道德意义》，李天有译，194～195页，北京，中国人民大学出版社，2008。

③ 施建国、张淼：《联合国难民署呼吁向南苏丹和中非共和国提供资金援助》，新华网，2014-01-11。

持自尊。"她不死,我也死不成……"这篇文章在朋友圈转发后,引起各方重视,居住地与户籍地民政部门合作商讨帮扶措施,包括与其子女协商改善其居住环境、帮扶其外孙就业、纳入居住地社区关爱援助范围等。<sup>①</sup> 这个案例展现了城镇化进程中一批处于政策"夹心层"的老龄贫困群体或类贫困群体的生存现状,让他们"如何有尊严地好好活"绝不是依靠政府单一主体就能够达成的重任,应该探索"除了洒一杯同情之泪"外,还能做点什么去解决这类问题的有效方法。

世界银行、联合国曾经用"治理危机(governnance crisis)"和"无底洞(a bottomless pit)"来概括非洲等落后国家在现代化进程中面临的困境:一方面是源源不断的外部援助,另一方面则是没有改善甚至还继续恶化的治理情景。那么,到底是源源不断的外部援助导致非洲对救助产生了持续性依赖进而出现了懒惰、盗窃与抢劫等精神与道德解体?还是这些国家对"经济与社会资源管理中运用权力的方式"存在问题导致无法很好地利用外部援助改善民众生活?

有观点认为,非洲国家大多数没有经历过"现代政府的统治","陷入了介于不可利用的历史和还未进入的未来之间的'半成品社会'"<sup>②</sup>,缺乏必需的法律制度和权力规范,无法为处理公共事务提供一个可靠而透明的框架,本质上存在"发展的危机"。<sup>③</sup> 因此,世界银行在20世纪90年代提出了以"合法、效率、负责、透明、开放"为核心宗旨的"善治"框架来规范这些国家和地区的政治权力。

然而,值得注意的是,非洲之外还有数亿人深陷贫困深渊,又是什么导致他们的贫困呢?在今天的全球经济中,"幸运的国家各有各的成功故事,而不幸的国家却往往有很多共同的衰败根源"。科列尔认为"贫困国家的政府当局('资源陷阱')""援助国家各自心怀鬼胎的政客""唯利是图的所谓慈善机构",以及政府官员怠政、贪腐才是根本原因。<sup>④</sup> 从全球范围看,经济落后、内部治理失效与混乱,加上宗教冲突、种族矛盾或民族问题不断、资源争夺,这样的国家与地区很容易陷入恶性循环。虽然说一个国家内部的贫富分化和贫困与自然条件、资源禀赋差异直接有关,但教育机会不平等、政府治

---

① 侯雪静、许茹:《让"不敢死"的蒋贵英们好好活》,新华网,2017-12-07。
② 钱乘旦等:《世界现代化进程》,南京,江苏人民出版社,2015。
③ 赵灵敏:《苏丹和南苏丹失败国家的宿命》,载《南方人物周刊》,2012-05-17。
④ [英]保罗·科列尔:《最底层的10亿人》,王涛译. 北京,中信出版社,2008。

理失效、社会组织不足却要承担直接责任。

正是基于这样的认识，曾经在20世纪80年代以成功实施市场化、政府放松监管等"休克疗法"措施而闻名的杰弗里·萨克斯（Jeffrey Sachs）在20年后重新审视市场化在贫困问题上的局限性，正视政府和NGO等公共部门、全球或地区合作的积极意义。他说："贫困并非与生俱来，'结束贫困的关键在于让穷人走上发展的阶梯，需要基础设施、公共建设、人力资本等方面的投资，需要各发达国家及国际机构的支持与援助'，如果'私人市场和公共政策的相互补充，加上更为和谐的全球治理体系，人类完全有能力在2025年消灭极端贫困，将技术进步带来的经济繁荣惠及地球上的每一个人'。"①这是一种完全不同于单独从政府部门角度来理解市场化条件下的公共管理思路，其主旨不是讨论"最小国家治理""新公共管理"和3E（Economy，Efficiency和Effectiveness）等公共部门的微观经济问题，而是在迅速变化的不稳定社会环境中探寻复杂问题的多元治理及价值取向。20世纪70年代以来，制度分析学派提出的自治理和多中心治理（autonomy and multicenter governance）理论重新焕发生机，一个新的学科范式逐渐形成。

## 4.4.2 治理注重多元主体合作追求公共利益最大化

1. 自治理与多中心治理理论的酝酿发展

以奥斯特诺姆为代表的制度分析学派对发展中国家农村地区的水流、灌溉等"公共池塘资源"管理做研究后发现，乡村内部的自主性力量如祠堂家规、乡规民约、地方风俗等能够替代政府发挥作用，具体方法包括结成社团、相互理解、协商、信任、管制等非正式的社会控制方法，一个个小社区就是社会治理过程中有不同利益诉求的"小中心"。② 如果能够有效发挥这些"小中心"的自主性力量，就可以降低政府直接管理基层社会的行政成本，还能确保基层社会的活力。

此后，制度学派继续在城市社区、警察服务、公共池塘资源等基层领域的治理研究得到了类似结论，从而提出了多中心治理理论的雏形思想：个人

---

① ［美］杰弗里·萨克斯：《贫困的终结：我们时代的经济可能》，邹光译，上海，上海人民出版社，2010。

② ［美］埃莉诺·奥斯特罗姆：《公共事务的治理之道：集体行动制度的演进》，余逊达、陈旭东译，上海，上海译文出版社，2012。

是能计算成本收益、具有独立决策能力的理性人，但容易受环境影响，易犯错误，也能改正错误；是受所在社会所属群体非正式规范约束的社会人；强化层级节制、权责界限清晰、集权的政府"单中心"统治未必能够保证效率，因为政府既不能也无法垄断所有资源，而私有化或市场化也不是解决基层公共事务的有效途径，应当在政府与市场之外寻找"第三条道路"，将基层问题尽可能地在基层社会内部化和社会化。

奥斯特诺姆等人将上述思想命名为"自治理与多中心治理"①，主导思想是通过社区组织、群众团体、民间社团、家庭、社区与公众自发形成多中心的自治理结构，具有以权力分散与交叠关系为特征的多层级政府安排、多中心的开放性公共论坛，以及多样化的制度与公共政策安排，一方面充分调动多元主体积极参与公共事务，在协调互动沟通中创立治理规则，强调自发秩序和自主治理，另一方面强调所有参与主体享有有限而独立的合法地位，协调合作的同时相互制约，能最大限度地遏制集体行动中的"搭便车"和其他机会主义，实现公共利益的最大化和可持续性。

自治理与多中心治理理论与社区自治相互呼应，推动了基层自治、非政府与非市场第三部门的快速发展，为治理理论中的多元主体提供了源头，对非正式规范约束的认可也成为复杂社会问题求解中的权威来源之一，为治理理论酝酿了关键基础。而治理理论的真正兴起是来自政府失灵与市场失灵范围的扩大，在反思和批判新公共管理理论，特别是在重新认识政府与市场、政府与社会、政府与公众这三对基本关系的过程中，探索出优化配置有限社会资源、回应多元化公众需求的第三种可能性。詹姆斯·N. 罗西瑙(James N. Rosenau)继承自治理和多中心治理理论思想，明确提出打破管理主体局限在政府的传统束缚，认为公民参与并构建共同网络的发展路径才更加符合公共管理的公共属性，将"治理"界定为通行于"规制空隙之间的那些制度安排，或许更重要的是当两个或更多规制出现重叠、冲突时，或者在相互竞争的利益之间需要调节时才发挥作用的原则、规范、规则和决策程序"②，首次正式提出了治理存在的空间与运行规则。

---

① ［美］迈克尔·迈金尼斯：《多中心体制与地方公共经济》，上海，上海三联书店，2000。

② ［美］詹姆斯·N. 罗西瑙：《没有政府的治理：世界政治中的秩序与变革》，张胜军、刘小林等译，南昌，江西人民出版社，2001。

2. 治理理论的探索之路

"治理"首次得到正式强调是在公司治理领域，着眼点是权力相互制衡、运行机制对组织可持续发展、风险管理和利益相关者的积极性。① 在世界银行使用"治理危机"概念后，人们越来越习惯使用"治理"来形容与公共事务有关的管理活动，旨在突出"权威来源"和"权威运行方式"的变化，从而将其与"统治"区分开，即治理的权威并非必须是政府，但统治的权威只能是政府，治理的权力运行可以上下互动，而统治的权力只能自上而下。

依照被广为接受的全球治理委员的"治理"概念②，治理内涵包括治理结构、治理能力和治理工具3个层面（详见第3章第3节）。具体来讲，这一概念具有多层内涵：其一，在既定政治秩序与制度约束下，政府、公共部门、民间组织、私营企业等多元主体共同参与公共事务管理，在注重正式法律硬约束的同时，承认乡规民约、社会习俗、道德规范等非正式规则对正式规章法律制度具有补充价值，但非正式规则必须服从正式规则；其二，多元主体关系可以在不同的公共领域和制度关系中被引导和规范，以便最大限度地配置公共资源，增进公共利益；其三，强调维持政治与社会秩序的合法性权威在一定范围内得到维持，并作为对社会运行有效的非正式规则与制度的指引和约束。可见治理既有刚性约束，也有灵活处理机制，是一种介于统治和行政之间的权威运行和公共事务管理方式。"治理意味着统治的含义有了变化，意味着一种新的统治过程，意味着有序统治的条件不同于以前，或是以新的方式统治社会"③，充分体现出系统性、过程性、协调性、互动性与持续性等动态特征，是对"开放的行政系统模型"的进一步发展。

早期中国学者将"治理"局限在对市场经济条件下国家管理经济的基本要求范畴，认为治理是明确政府在现代市场经济发展中的角色、改革公共部门管理、完善法律框架、责任制度和规范公共权力规范等④，是通过公共权力

① Tricker R I, *Corporate Governance：Principles，Policies，and Practices*，Oxford，Oxford University Press，2019 reprint of 1984 edition.

② 俞可平：《治理与善治》，270～217页，北京，社会科学文献出版社，2000。

③ 刘军宁：《市场逻辑与国家观念》，见［英］罗伯特·罗茨：《没有政府统治的治理》，载《政治研究》，1995(154)。

④ 智贤：《Governance——现代"治道"新概念》，北京，生活·读书·新知三联书店，1995。

配置与运作"管理公共事务,以支配、影响和调控社会"①;是向公共领域引入市场治理工具,是"在市场经济条件下政府如何界定自己的角色,如何运用市场方法管理公共事务的道理……建设开放而有效的公共领域"②,有显著的市场与企业管理偏好。但随着 NGO、民间组织与社会团体的发展,以及新公共管理范式过于功利性与结果导向的逻辑逐步暴露问题,中国学界逐渐认识到,政府绩效追求和公共物品的顾客导向都不能忽略具有"本质规定性的公共价值基础",所有的"政府服务、公共政策与公共项目都应当建立在公共价值基础上"③,通过政府、企业组织、民间组织、NPO 等多元部门构成的自组织网络,在"善治"或"良治(good governance)"框架中追求公共利益。"由民间组织独自行使或它们与政府一道行使的社会管理过程,便不再是统治,而是治理……治理和善治的本质特征是公民社会组织对社会公共事务的独立管理或与政府的合作管理……"④

经过中西方学界阐释以及政治与实践的运用和检验,"治理"成为指导现代公共管理实践的一种崭新理论,被视为一种替代传统政府统治理论和新公共管理理论解释政府角色和政府过程的新理念,因阐释角度及想要强调的重点存在差异,有"元治理(meta governance)""善治""有效的治理""健全的治理"等流派之分,其共性是,虽然政府会失灵,但仍然不否认政府的独特价值。比如,"元治理"的提出者杰索普认为,即使在新时代新环境的新社会治理结构中,政府也不应当被随意抛弃,而应当被视为"同辈中的长者",其责任不仅仅是行使合法性权威规制社会,而且为社会运行确定行为准则,"虽然治理机制可能获得了特定技术、经济、政治和意识形态职能,但国家(政府)还是要保留自己对治理机制开启、关闭、调整和另行建制的权力"。⑤既然市场会失灵、政府会失灵,多元主体协商谈判同样会失灵,各方因立场、地位、利益等差异可能达不到预期的治理目标,此时就需要一个机构承担协调和平衡各方利益诉求的职责,政府是这个机构的不二选择。

---

① 徐勇:《国家治理的中国底色与路径》,北京,中国社会科学出版社,2018。
② 毛寿龙:《西方政府的治道变革》.北京,中国人民大学出版社,1998。
③ 王学军、曹钶婕:《公共价值范式下的政府绩效管理学科体系构建与绩效治理——第五届政府绩效管理与绩效领导国际学术会议综述》,载《中国行政管理》,2018(1)。
④ 俞可平:《中国公民社会的兴起及其对治理的意义》,见中国改革论坛网,2015-11-16。
⑤ [美]鲍勃·杰索普:《治理的兴起及其失败的风险:以经济发展为例的论述》,载《国际社会科学杂志》,1999(1)。

由此可见，"治理"是政府与其他社会主体对公共生活的合作管理，政府是多元治理主体中最重要的一个，但它不再控制一切，而是制定设计合作制度、构建愿景和规划，对公共事务承担职责，但并不一定直接介入公共事务，它存在于负责统治的政治和负责具体事务的管理之间，因此被称为"新公共治理范式"。①

3. 治理理论要义是善治

治理理论的要点包括：①治理主体由单一政府主体转变为由政府、企业和社会组织各方有序参与的多元合作集体；②治理规范由单纯的国家法令变为国家法令、道德、社会及公民的自主契约并存；③治理价值取向从仅仅考虑效率转变为公平、自由、民主和效率等并重；④治理工具由单纯强调法治变为重视法治、德治和社会公民自觉自愿的合作相互补充；⑤治理方向由单一的自上而下命令服从变为上下左右互动的治理网络。

治理理论核心是在既定政治秩序、合法性权威下，政府、私人机构、NPO 和社会个人等多元主体共同参与公共事务，相互之间的关系与利益可以在不同公共领域、不同制度关系当中被引导和规范，以"公共利益最大化"为追求目标。其最理想境界是"善治"，即通过有效治理实现公共利益的最大化，具有合法性、责任性、竞争性、透明性、法治性、回应性和有效性等特征。它不过多地强调多元化、多党制和政治选举取向的政治体制，主张不同形式的政治权威采用不同方式把效率性、责任性、竞争性、透明性等结合起来，具体治理体制也可以因为经济、政治和社会关系的不同价值设定而有差异。因为善治的最终实现和评价是由实际社会中每一个个体的具体感受与评价汇聚而成的，"是基于个体心理空间对治理状态的普遍的好的评价状态"，因此，善治机制设计至少需要考虑信仰、自由、信任、公正、秩序和生存 6 个层面的心理满足。②

"善治"为人们看待公共事务管理主体及其相互作用机制提供了一个新视角，将社会资本（social capital）引入分析框架③，强调公民个体、社区自治、企业、NPO 等非政府主体的权威性，探索"熟悉的陌生人""独自去打保龄

---

①　毛寿龙：《西方政府的治道变革》，北京，中国人民大学出版社，1998。

②　何哲：《"善治"的复合维度》，载《广东行政学院学报》，2018，30(4)。

③　[美]休·帕特南：《独自去打保龄球：美国社区的衰落与复兴》，刘波、祝乃娟、张孜异译，北京，北京大学出版社，2011。

球""不敢扶老人"等社会疏离、精神荒漠化、社会不宽容与社会排斥现象①的成因，以及公共池塘资源等问题治理的新思路(专栏 4-4)。它超越传统的"政府中心论"也避免滑向"社会中心论"，建立政府、市场和社会(公众)三者相互依赖与合作的公共事务管理模式；不追求唯一的、最佳的问题解决路径，而是强调灵活性与适应性；也不做政府大小还是强弱的争论，政府不再以防御的姿态看待社会，不再以管控手段维护自身地位与权威，而是在现代信息技术造就的网络社会中重新建构一个多元民主、协调合作、超越意识形态的治理网络；重新呼唤"熟人社会""公共空间"等传统社会概念，承认现存的政治秩序与合法性权威，在本质上是一种避免政治敏感性的中性政治发展理论，因其灵活性与互动性等特质受到普遍欢迎："越来越多的人热衷于以治理机制对付市场或国家协调的失败"②，甚至被当成治疗一切失灵的灵丹妙药(panacea)，出现了社区矫正③(community corrections)、社会企业(social enterprises)、众筹互助(crowd-funding)、社会投资(social inveesment)等重大成果，以时间银行(time is a bank)、公平贸易(fair trade)、小额信贷(microfinance)、绿色金融(green finance)、普惠金融(inclusive finance)、墙上咖啡(coffee on the wall)、爱心工作坊、水滴筹(water drop)等最为人所熟知。

### 专栏 4-4　　互助式"抱团养老"启航：非正式规则的约束力

　　浙江余杭区瓶窑镇，六个老年家庭和一位失偶老年女性共同生活，同吃一锅饭，"大家过得都很开心"，开启了一种自助式"抱团养老"模式。梳理记者的采访材料发现，互助抱团养老模式要成功，必须具备一些基本条件。①软硬件条件：有面积足够大、房间数量多、基础设施良好的房子，能保证独立空间，且房东性格谦和，具有组织能力和协调能力，能将互相不认识、性格脾气习惯不同的老年家庭聚拢在一起；②房客支持：有问题、有要求一起协商，费用分担，发挥各自专长相互帮助；③发挥非正式规则的约束作

---

① 诗人于坚用"忽然之间，人们彼此隔绝孤立"来描述这一现象，参见《视野》2015 年第 7 期。

② ［美］鲍勃·杰索普：《治理的兴起及其失败的风险：以经济发展为例的论述》，载《国际社会科学》，1999(1)。

③ 本意是希望通过保护观察的指导监督，给予犯人成为守法公民的机会，而不是让其等到刑满后没有任何制约、毫无准备地回到社会，从而降低罪犯的重新犯罪概率。尽管没有确切数据表明社区矫正达到了初衷，但人类文明程度和法学的发展促使各国刑法从野蛮转向人性化，并以最小支出获得最大的社会效益。

用：入住之前都要签署抱团养老协议，包括房租标准及其用途、伙食费标准、尊重个人隐私、不允许说人闲话、每户每周值日一次（做早饭、烧开水、买菜、帮厨洗碗、倒垃圾）。整个过程自愿自主、协商合作，共同打理好养老空间。

资料来源：罗传达：《中国抱团养老样本：杭州 7 个老年家庭是怎样一起快乐生活的》，载《都市快报》，2017-12-19。

　　然而，治理理论并非灵丹妙药，不能包治百病。从它的缘起和演进看，其广泛应用需要四个基本条件：一是以"服务"为导向的政府职能变革；二是培育社会组织并赋予其合理合法的名分；三是政府对社会、公众让渡自治权利；四是发展多元化灵活性的治理工具，拓展公民参与公共事务管理的路径与方式。此外，治理理论本身存在无可化解的内在缺陷，家庭、社区、街道、民间组织、非营利机构都不能享有政府所享有的合法暴力权力，面对资源配置有效性难题时更多侧重于协商与沟通，在公共利益最大化的社会管理过程中，理想特征过于浓厚，如"政府与公民对公共生活的合作管理""政府与公民社会的新颖合作关系""国家权力向社会回归"等，可操作性严重不足。但治理理论仍然为可操作性路径的探索提供了足够的想象力空间。

　　4. 治理理论的应用及其启发

　　治理理论在一定政治秩序条件下对公共事务实现有效治理，有利于避免"公共地悲剧"的发生，如法国卢瓦尔河的生态危机治理就提供了一个应用范本（专栏 4-5），为化解"搭便车"所致的集体行动困境提供了一定启发。

**专栏 4-5　　　　　　　　法国卢瓦尔河的生态危机治理**

　　法国卢瓦尔河流域面积约 10 万平方千米，流域内人口超过 1 000 万，流域内有大量珍稀动植物，其中大西洋鲑会洄游到支流阿列河（Allier River）上游繁殖。20 世纪 80 年代法国政府主导修建了 4 座大坝提高蓄水和防洪能力。但大坝造成了严重的生态影响，自然景观和动植物受到了不同程度的损害，尤其是大西洋鲑等鱼类的洄游通道被阻塞。法国政府 1994 年发布了"卢瓦尔河大自然计划"，提出洪水管理的替代方案，计划废弃卢瓦尔河上的 Villerest 大坝和阿列河上的 Naussac 大坝，恢复生态。作为流域内一级管理机构的 EP Loire 负有促进多方参与协作保护水环境、防洪和管理水资源等职能，在卢瓦尔-布列塔尼水务局的协助下，它负责修建了便于大西洋鲑等洄游鱼类栖息和繁殖的鱼道。但作为两座大坝直接运营主体，在拆除大坝上则进展不太理想。

世界自然基金会（WWF）及其创立的"生命卢瓦尔河委员会"力图全面改变政策以实现河流的可持续管理，为此它们和当地渔业协会、志愿者发起了一项以"保护大西洋鲑"为口号的拆除大坝运动，将目标先对准阿列河上18米高的 Naussac 水电大坝。阿列河是卢瓦尔河的最大支流，大坝阻碍了大西洋鲑洄游，导致当地鲑鱼濒临灭绝。在 WWF 等 NGO 的持续努力下，法国政府 2007 年通过决议终止了 Naussac 大坝的运营许可证，并着手拆除大坝，在阿列河上游修建鲑鱼养殖场。此后，NGO 力量采取类似方法，有力地改善了整个卢瓦尔河流域的自然、文化和景观遗产，并被联合国教科文组织列入世界遗产名单。

资料来源：周业安：《来自诺奖新贵的治水启示》，载《中国经营报》，2009-10-19。

这样一项集体行动的成功得益于 WWF 等 NGO 力量寻找到了一条不同于传统思路的制度变革路径，具有多元主体协商、公私合作、有效利用和保护公共池塘资源、利益共赢等特征。在具体做法上，为了促进大家有动力采取实际行动，NGO 力量不是空泛地强调卢瓦尔河环境保护的重要性和对下一代的责任，而是选择对当地渔民非常重要的大西洋鲑鱼的保护作为召集旗号，激励渔民和自己一起行动，满足了奥尔森有关克服集体行动"搭便车"动机的激励条件，获得了第一个阶段的成功。接着，志愿者在考察沿河风力发电可能性的基础上，设计了风电项目和其他能源项目作为水力发电的替代能源，满足了政府在经济发展、环境保护和民生改善职能上的利益诉求，获得了第二个阶段的成功。风电项目和其他能源项目交给水电运营主体来运营，拆除水电大坝的最后障碍被消除。整个过程采用了多元化方法来说服和动员主要利益相关者参与其中，通过一步一步的成功吸引更多人关注和参与，通过多元主体和相关机构的平等对话，促进各地在防洪救灾、民众安全、环境保护、经济发展、自然遗产保护等方面达成共识，政府、渔民、NGO 与志愿者、大坝经营者等多元主体利益都得到了保障。

卢瓦尔河的生态危机治理案例展示了在公共池塘资源上迥异于传统治理的新思路，认识到一项集体行动成为现实的前提是必须考虑多元参与主体背后的特定利益或情感动机，创造一个同时兼顾多元主体动机的激励机制和能够充分表达各方诉求与动机的议事规则，避免"搭便车"行为的产生。该案例还揭示，在集体行动过程中，产权也许并不是问题的关键。换言之，产权国有化并不是"公共地悲剧"的根源。

## 4.4.3 多元主体治理、集体行动逻辑及其困境

1. 集体行动困境与集体行动的现实条件

河道湖泊、山林空气等公共资源在传统治理逻辑当中的唯一合理方式是产权国有或公有，然而它们却在以"效率"为中心的经济发展过程中逐渐衰竭，这是因为没有能够找到一个与卢瓦尔河生态危机治理类似的激励机制，以致在产权国有条件下政府治理河流成本过高，不得不减少投入甚至放弃。类似的问题还有环境污染、交通拥堵、垃圾分类等治理，它们都可被视为与公共利益密切相关的集体行动的失败。在威尔逊-韦伯范式和公共行政范式下，依据政府合法性权威制定并执行资源分配方案，集体行动成败取决于政府派出官员的公正与能力。但是，新公共管理范式认为，政府官员并不是天使，政府管制干预只会带来效率损失，因而主张市场化，具体表现为"使用者付费"与"阶梯付费"机制，这确实在一定程度上推进了公共池塘资源的合理分配与有效使用，然而并非所有公共物品都可以采用价格机制调整，市场化手段会破坏家庭、社区与社会成员之间的亲密关系，将其简化为买卖关系，容易导致社会的疏离与不宽容。新公共服务理论提出的"公民第一""政府是服务而非掌舵"等理念后，在自治理和多中心治理理论基础上，公共治理理论提出公共池塘资源管理模式。此后，经济与社会发展中利益冲突的解决之道除了政府管制、市场自由竞争之外，还有多元主体与社会自治通路。

进一步地，水资源分配、河道治理、广场舞噪声治理、垃圾分类、空气污染治理等外部性特别大的公共地问题求解在本质上都是集体行动，而"公共地悲剧"彰显的其实是"集体行动困境"。这个概念的提出者奥尔森从一开始就将它与"搭便车"行为联系在一起："集团利益的公共产品特性会引致集团成员普遍的搭便车行为，进而导致寻求自身利益最大化的行为人不会采取集体行动来实现集团的共同利益。"[①]既然个体是否参加集体行动是基于成本收益的理性分析结果，那么影响集体行动的因素主要有个人获益度、效益独占可能性和组织成本3个方面，而这3个方面又与个体所处的集体的规模和异质性有关。奥尔森认为，理性而自利的个体通常不会为了争取集体利益或

---

① Mancur Olsen，*The Logic of Collective Action*：*Public Goods and the Theory of Groups*. Cambridge，Massachusetts，Harvard University Press，1971.

公共利益而努力做贡献，集团规模越大、人数越多，人均利益相应越少，人们"搭便车"的动机就越强烈；而且搭便车的行为就越难以被发现。

在此基础上，奥尔森论证了"自发性集体行动"要成为现实必须具备一些特定条件。①集体成员之间存在"利益不对称"，集体成员在集体行动中得到的收益差距较大，当个别成员从集体行动中得到的利益比其他成员要多得多的情况下，他为集体行动做贡献的积极性就越大。②集体内部存在"选择性激励机制"，即：集体对每一个成员按照其努力和贡献区别对待，赏罚分明。对那些为集团利益增加做了贡献的个体实施正向激励，除了使他能获得正常的一份集体利益之外，再给他一份额外的收益，如额外奖金、红利或荣誉、社会声望等，在形式上是通过搭售私人物品的方法，鼓励集体成员承担集体行动成本。相应地，对那些搭便车者实施惩罚，事前就制定一系列确保个体行为与集体利益保持一致的规章制度，一旦某个成员违背，就按照事先约定对他/她施加惩罚，保障集体行动按照预期计划与步骤继续进行。③提前考量集体行动的组织成本，如果之前集团中没有先期存在的组织，而且所需集体物品的直接资源成本超过任何一个人乐意承担的水平，那么就必须额外增加成本以达成一项协议来决定如何分担成本、如何协调集团成员行动，以及如何协调集团获得集体物品的努力，包括集团成员之间的交流沟通成本，讨价还价成本、以及建立、配置和维持任何一种形式集团的组织成本。

奥斯特诺姆的"集体行动制度演进理论"从另一个角度对提高公共池塘资源分配和公共地悲剧治理等集体行动的有效性提出了一些解决思路。① ①设计行动原则，包括：清晰界定公共池塘资源边界，公共资源占用和供应规则与所在地方的条件基本一致，通过协商安排集体选择机制，有效监督、分级制裁搭便车行为，设定冲突解决机制，对组织权威至少有最低限度的认可。②采取多层次角度分析公共池塘资源及其相关的集体行动，因为直接影响集体行动中个体策略与行为的是具体操作规则，而这些操作规则是在一套集体选择的规则中制定的，后者本身又是在一套宪法选择的规则中制定的，呈现"嵌套"式特征，其优点是在进行任何一个层次的分析时，可以把更深层次的变量固定化，避免将问题的结构复杂化，从而认识到成功的自发性集体行动或自主治理往往是在不同层次的互动和协调中取得的，强调集体行动是以政

---

① ［美］埃莉诺·奥斯特罗姆：《公共事务的治理之道：集体行动制度的演进》，余逊达、陈旭东译，上海，上海译文出版社，2012。

府、社会、企业和行业协会各自需求为基础，建构"嵌套式"社会治理框架。① ③确定分析集体行动的理论框架。理性行动理论涉及预期收益、预期成本、内在规范和贴现率4个内部变量，个体在决策时首先权衡预期收益与预期成本，但预期收益与预期成本会受到内在规范、贴现率及其变化的影响。

综合而言，如何化解多元利益主体诉求之间的冲突或不协调是疏解集体行动困境的核心要义，只有解决了这个问题，集体行动才有现实可能性。就公共治理范式而言，多元主体共同参与治理，必须在正式法律规章约束下制定非正式规则约束成员行为；在实际运行中，产权与实际政府权威、正式规则与非正式规则共同作用，治理程序与治理目标、效率与公平并重，治理手段的法治与德治相互补充，治理权威运行方向上下互动，强调与所在地区条件的一致性，主张灵活性与调适性，这是治理"公共地悲剧"的前提条件。

2. 多元主体参与治理是法律制约下的自愿协同行动

从本质上看，强调多元主体参与的公共治理仍然是一个技术活，它在传统政府干预和新公共管理市场化之外寻找第三条道路，寻求一定秩序下的公共事务治理之道。奥斯特诺姆通过实地体验、细节调查与试验方法发现，公共牧场、灌溉水源等利益冲突问题都可以通过多元主体互动方式得到有效解决，作为一种推论，她提出：在一些特定公共领域当中，需要更多地依靠社会自主治理与居民自愿参与，而不是政府干预，更不是行政管控。② 因为公共物品供给必然是牵涉多方利益的集体行动，对各方利益主体动机、资源掌握程度和可用治理手段等约束条件的了解与理解是激励多方主体有效参与的前提；公共物品或公共池塘资源管理可以实行以"自我管理"为核心的制度与机制，既可以是纯粹民间的，也可以是完全政府的，当然也可以是民间社会与政府的结合，完全可以因时因地灵活调整。典型如中国宋代蓝田县的《吕氏乡约》与美国的"屋主协会"。

《吕氏乡约》是一个建立在自愿联合的基础上，对乡民承担教化、救济与公共治理功能的村社共同体，通过"乡约"和"乡仪"规定了邻里乡党关系的准

---

① 郭岚：《政府、社会、行业协会与企业社会责任：一个嵌套框架》，载《四川理工学院学报(社会科学版)》，2018(4)。

② [美]埃莉诺·奥斯特罗姆：《公共事务的治理之道：集体行动制度的演进》，余逊达、陈旭东译，上海，上海译文出版社，2012。

则规范，修身立业、齐家交友的行为规则，以及迎送过往、婚丧嫁娶等礼仪俗规，并倡导和睦共处、规劝过错、患难相济，将儒家伦理纲常下沉到社会最底层，稳定社会秩序。类似的古代社会自治组织还有储粮备荒的"社仓"、协调劳资双方关系的"嘉会堂"、维护工匠利益的"西家行"。美国"屋主协会"则类似于当下中国居委会、业委会和物业公司的综合体，既是非营利组织，也是一个特殊的政治共同体，超过1/5的美国人在其管辖之下，在业主自愿选择的情况下，其管辖内容涉及公共区域绿化、卫生、设备维修、水电与社区安全等公共事务，有的还会对房屋外观、草坪高度、宠物花草等私人物业做出强制性约束。这些事实证明：在权力干预较少的地方，民间会自发形成良好的秩序。但这种自愿达成的规则与秩序必须在本质上符合正式规则精神，不得违背正式法律规定。

"现代法治精神"是多元主体参与公共事务实现良治的充分必要条件，在国家法与民间法发生冲突时，虽然"不能公式化或僵化地强调以国家制定法来同化民间法"①，但也不能因为民间法得到大多数人认可就违背国家法，而是应当在现代法律精神与公民平权等的基础上，寻求国家制定法和民间法的相互妥协和合作。否则，公共治理、乡规民约、乡贤治理可能会成为落后风俗观念的保护伞，即使有科学的议事规则也无济于事。对现代民主国家而言，议事规则是民主得以实现的必要条件，它就像一部精密的机器一样，通过具体操作规程设计，有条不紊地让各种意见得到同等条件的表达，然后按照规则表决。②"知屋漏者在宇下，知政失者在草野"，非正式规则必须受正式规则的约束。

治理理论发展与完善还受到协同理论（synergetics）的影响。协同论是20世纪70年代以来在多学科基础上发展起来的新兴学科，认为整体环境中不同属性的系统之间存在相互影响与合作的关系，社会系统也不例外；不同组织间存在协作配合，组织内部机构之间需要协调，企业之间相互竞争合作，等等。协同理论特别注重复杂开放系统中大量子系统相互协同产生"1+1＞2"的整体效应（synergy effects）。"良治"就是协同效应的典型，它不仅是政府内部各职能部门相互协作的成果，更是政府与其他公共部门、社会组织、市场企业或行业协会等NGO力量通力协作的结果。因此，有必要发展和协

---

① 朱苏力：《法律规避与法律多元》，载《中外法学》，1993(6)。

② [美]亨利·罗伯特：《罗伯特议事规则》，袁天鹏、孙涤译，上海，上海人民出版社，2008。

同社会组织、民间团体、非营利机构等 NGO 力量，提升社会资本（social capital），促进和谐社会的建立。

作为一种扩展性理解，任何公共问题的解决方案都必须同当地的具体信息和多元主体利益诉求相契合，过度强调产权国有或私有都不可取，将政府与个人、国有与私有绝对对立起来，都很难平衡多元主体利益诉求，因而无助于建设性解决方案的达成。这一论点既不同于萨缪尔森主张的政府提供灯塔的论断，也不同于同属制度经济学派、同样获得诺贝尔经济学奖的科斯市场化灯塔论。[①]

## 4.4.4　将公共价值最大化融入公共治理范式中

社会凝聚力与社会宽容度下降、贫富差距加大、阶层冲突、代际矛盾、区域竞争、民族矛盾、种族冲突等社会结构问题体现出的是典型"市场失灵"与"政府失灵"同时并存的现象，单靠官僚机构改革或者市场化层面的技术性努力都不可能得到有效解决，这类决策困境驱动人们将焦点从追求"看得见的效率"转向追求"看不见的精神层面"，思考"公共价值"与"治理"两者之间的关联，以及公共价值对公共治理范式的意义。

1. 公共价值的提出与争论

公共价值（public values 或 public value）是马克·H. 穆尔（Moore H. Moore）在 1995 年首次提出的概念，强调公共管理的目标是发现、定义和为社会创造公共价值[②]，旨在关注政府合法性与政府行为结果造成的社会效果，与新公共服务理论一样，都是建立在批评新公共管理范式的基础之上，同时继承了公共行政范式对官僚制的批判和对社会正义、公平等人本主义的价值追求，被视为回归"公民本位"，有助于化解"官员自私自利"这一假设下导致的政府与市场、社会之间的对立，以及这一对立所致的潜在政府信任危机与合法性危机。

前文提到，政府必须同时追求合法性、效率性、责任性和公平性，但政府治理似乎从来都在做取舍，无论是威尔逊-韦伯范式在封闭系统中追求"效

①　章荣君：《对科斯灯塔的公共管理学解读》，载《南京理工大学学报（社会科学版）》，2008，21(6)。

②　Moore M H，*Creating Public Value：Strategic Management in Government*. Cambridge，MA，Harvard University Press，1995.

率至上"、公共行政范式以"社会公平"为目标，还是新公共管理范式力求的"效率优先"，以政府为主体的公共部门在面对实际问题与环境条件时，始终要在组织决策、公共政策制定与行政行为中调和相互冲突的目标与职能。公共行政过程在理论上被视为是多元价值与多元主体利益目标的平衡，长期困扰着政府等公共部门，但似乎也没有很好的求解思路；而"公共价值"力图将相互矛盾冲突的政府目标整合为一体，与政府合法性、公信力危机联系在一起，通过强调"公共价值创造方式""公共价值识别、测量和评估路径"①寻求多元价值平衡难题，突出政府治理与企业和市场完全不同的特殊价值追求与运行模式。

综合文献发现，公共价值尚未形成清晰定义，有学者将它细分为结果导向的公共价值(PV)与规范主导的公共价值(PVs)。② PV 是公民对政府期望的集合，将"政府认为的重要需求和需要资源的公共服务供给"与"公众认为的重要需求"连接起来；③ 促使政府通过服务、法律规制和其他行为创造价值，实现政府信任和合法性；④ 是公民集体偏好的政治协商表达，由政府官员和核心利益相关者共同创造；⑤ 强调公共价值来源于社会价值，由公民和政府等公共组织共同决定，但其达成取决于公民判断，以收入增长、环境美化、食品药品安全、幸福指数等为指标，从而成为解释政府合法性、资源配置和评估的最重要框架。⑥ PVs 则是关于权利、义务和规范方面的共识，认为公民、法人组织和其他组织都应该享有某些权利，同时必须承担义务；⑦是对公共行政过程选择和平衡冲突价值的约束，如依法行政、勤政廉政与多

① Davis P, West K. What do Public Values Mean for Public Action. The American Review of Public Administration, 2009, 39(6): 602-618.

② 王学军、张弘：《公共价值的研究路径与前沿问题》，载《公共管理学报》，2013，10(2)。

③ Moore M H. Creating Public Value: Strategic Management in Government. Cambridge, MA: Harvard University Press, 1995.

④ Kelly G, Muers S, Mulgan G. Creating Public Value: An Analytical Framework for Public Service Reform. London: Cabinet Office, UK Government, 2002.

⑤ O'Flynn J. "From New Public Management to Public Value: Paradigmatic Change and Managerial Implications," The Australian Journal of Public Administration, 2007, 66(3): 353-366.

⑥ Horner L, Hazel L. Adding Public Value, London: The Work Foundation, 2005.

⑦ Bozeman B. "Public-Value Failure: When Efficient Markets May Not Do," Public Administration Review, 2002, 62(2): 145-161.

元主体合作。

### 2. 公共价值与治理具有契合性

"公共价值"这个概念在三个方面与治理实质相契合，成为治理的追求目标与指导原则：①强调政府以公共价值作为使命和目标，并以之为基础配置公共资源和公共权利、制定公共政策，其产出要满足公民需要，将利益相关者引入到公共项目评估中；②强调公共价值的确定是一个双向沟通过程，以政府为主体的公共部门对公民价值偏好承担引导职责，但公民是公共价值的最终决定者，有益于增进政府与其他社会主体之间的关系；③重新定义公务员等公共管理者的角色，他们不是简单的划桨者、掌舵者、服务者，也不是单纯的政策执行者角色，而是在合法性与公民支持、政府能力和公共价值三个维度之间不断寻求最优匹配，为绩效评估提供更宽广的路径，有利于改进公共政策。[①]

在效率、责任与公平等关系学科研究范式的问题上，虽然"公共价值"理论提出的公共行为以公共利益为基石、广泛利益相关者的合法性、公共服务供给的开放性、公共服务精神、适应性与学习路径等特征，适应了以网络治理为特征的公共管理新要求，但是在集体选择与偏好、多元主体合作与网络治理、民主政治与公民参与、效率、责任和公平等问题上，它并不能单独成为一个新的学科研究范式，而应当归属于新公共治理范式。[②] 一方面是因为公共价值的概念清晰度不足甚至有些虚无缥缈，成为另一种与"政府暗箱"相对应的"公共价值黑箱"，它首先需要被揭开；[③] 另一方面则与复杂社会问题的本质有关。

在复杂而不确定的环境及其挑战中，繁多的社会问题均与公共利益有关，确定新的治理工具之前必须捋清楚其治理逻辑。政府不再是高高在上的唯一合法性治理主体，公民在公共事务管理中的地位和角色越来越凸显，政府与公民、政府与市场之间也随着历次政府公信力危机，以及应对危机的适

① Cole M，Parston G.*Unlocking Public Value：A New Model for Achieving High Performance in Public Service Organizations*. Hoboken，NJ：John Wiley & Sons，2006.

② O'Flynn J. "From New Public Management to Public Value：Paradigmatic Change and Managerial Implications," The Australian Journal of Public Administration，2007，66（3）：353-366.

③ Bovarid T. "Beyond Engagement and Participation：User and Community Coproduction of Public Services," Public Administration Review，2007，67(5)：846-860.

应性改革，逐渐从管理者和被管理者、规制者和被规制者的关系演进为协同合作关系，通过集体行动寻求多元利益平衡，实现公共利益最大化。在这一过程中，法律从惩罚利器转变为保护公民及其合法利益的工具，行政机构从维护合法性权威转变为代表全体民众的利益。① 不管是公共治理、政府治理还是社会治理，都是"公共利益最大化的管理过程"②，寻求的是整体社会公共利益而非某个集团利益的最大化，政府等公共组织不仅需要采取各种管理手段追求行政效率，更要注重公民参与公共事务，在政治国家和市民社会之间形成一种合作治理新关系。

3. 多元主体合作需要公共价值做指引方向

政府失灵现象早已表明：公共价值不可能由政府单独创造和实现，多元主体"横向"合作对公共价值创造更加重要③，"唯一的最佳解决方案"思维已经不适应时代需求。在不确定环境的挑战下，与其追求公共问题最优解，不如从公共问题与环境条件、治理工具之间适配性的角度来寻求解决思路，即不同环境需要不同的管理路径与方法，倡导"问题解决精神"和权变管理传统④，将制度、政治和运作及管理控制系统结合在一起创造公共价值。⑤

然而，公共价值存在模糊性、多样性、竞争性和冲突性，无论是结果导向还是规范主导，它都是一个复杂的多元系统，必然涉及重要性、先达性排序。这一点早就体现在公共政策制定过程当中，不同情境及其问题、利益相关者角色与动机都会引发公共价值间的冲突。针对"如何调和公共价值间冲突并转化为公共政策输出"的问题，"政府应该带来什么"的"善治"标准被提出来作为公共价值管理框架和普遍价值标准，以获取社会的信任和支持。⑥

① ［法］玛丽·克劳德·斯莫茨、肖孝毛：《治理在国际关系中的正确运用》，载《国际社会科学》，1999(1)。

② 俞可平：《政治学教程》，北京，高等教育出版社，2010：85。

③ Brookes S, Keith Grint. *The New Public Leadership Challenge*, Palgrave Macmillan, 2010.

④ Alford J, Hughes O. "Public Value Pragmatism as the Next Phase of Public Management,"The American Review of Public Administration, 2008, 38(2)：130-148.

⑤ Smith R F I, Anderson E, Teicher J. "Toward Public Value?"Australian Journal of Public Administration, 2004, 63(4)：14-15.

⑥ De Graaf G, Van Der Wal Z. "Managing Conflicting Public Values：Governing with Integrity and Effectiveness,"The American Review of Public Administration, 2010, 40(6)：623-630.

然后通过制度化过程影响战略产出与结果，在不同程度上达到公共性。此外，"规范主导的公共价值"为竞争性的利益表达与制衡提供了一个框架，包括平衡效率与公平、民主之间冲突的管理策略，以及多元主体协商合作的协同思维，后者可以解决政府创造的公共价值与公民的公共价值需求之间的偏差，要求公共管理者参与政治过程，与其他主体、社区和用户相互合作，追求管理效率与效益，并发展起公共职责、责任和公共服务精神。[1]

以"公共价值"为基础和指引，看重问题背景、本质、可选治理工具、拥有资源对治理目标与策略的重要性，才能突破威尔逊-韦伯范式以优化组织结构、非人格化管理风格等机械性效率思维局限，才能打破新公共管理范式对市场化、企业管理工具的迷恋，回归政府本质思考问题。在"公共价值"语境中，无论是有效政府、责任政府还是服务型政府、创新型政府，无论是资源有效配置、行政效率改善，还是行政体制改革、政府职能转变、向市场与社会放权，抑或是公共政策输出与公共物品供给，都旨在探索公共利益与社会公平的本真含义和达成路径。

行政效率、政府绩效、公共政策方案、公共物品供给等政府行为最终会转化为政府公信力、政府满意度、国民幸福感等指标，作为结果的公共价值而存在，反映了公众的共同偏好与集体选择，是公众意愿与权利表达程度的直观体现。"公共价值"概念是政府治理从以"政府为本位"的政府管理向以"社会为本位"的社会治理转变趋势中的一个过渡与连接环节，只有在"公共价值"指引下民众才能真正"把自己组织起来，进行自主治理，从而能够在所有人都面对'搭便车'、规避责任或其他机会主义行为诱惑的情况下，取得持久的共同收益"。[2] 公共价值源起于公众需求，但这些源自公众需求的个人价值太过"碎片化"，必须通过民主化过程将其整合成社会公共价值。[3]显然，公共价值是一种互动共识的结果，"是公民、政府和其他利益相关者在谈判、辩论和协商的共同参与过程中认同并决定的价值""从建构到生成是一个复杂的演进过程，依赖于社会范围内核心的利益相关者在政治系统中的持续互动

① Spano A. "Public Value Creation and Management Control Systems," International Journal of Public Administration, 2009, 32(3-4): 328-348.
② ［美］埃莉诺·奥斯特罗姆：《公共事务的治理之道：集体行动制度的演进》，余逊达、陈旭东译，上海，上海译文出版社，2012。
③ Barry Bozeman. *Public Values and Public Interest: Counterbalancing Economic Individualism*, Washington D C, Georgetown University Press, 2007.

和博弈，并最终在价值偏好上达成共识"。①

## 4.4.5 对第三部门功能的再认识

"第三部门"是政府与企业之外所有组织的集合，在合法性之外，具有非营利性、志愿性等典型特征，因此经常被等同于非政府组织（Non Government Organization，NGO）与非营利组织（NPO）。在具体范畴上，第三部门覆盖了 NPO、慈善组织、志愿性社团、协会、社区组织、民间团体、利益团体、公民自发组织的社会运动、事业单位、民办非企业组织、社会中介，等等。虽然它们都具有自治、自愿、私人、非利润分配等基本特征，但在不同历史政治文化传统的国家与地区应用中，其内涵呈现出很大差异。

1. 第三部门是政府履行职能的治理工具

西方国家普遍认为"第三部门"是由自愿追求公共利益的个体、群体和组织组成的"公共空间"，是一种"没有政府的统治"，独立于国家体制之外，在东欧地区甚至被认为是"一度被国家剥夺的而现在正力争重新创造的东西，即一个自治的社团网络，它独立于国家之外，在共同关心的事务中将市民联合起来，并通过他们的存在本身或行动，对公共政策施加影响"。正因如此，第三部门在这些国家和地区还有"公民社会部门"与"公民社会的自组织网络"之称，被莱斯特·M.萨拉蒙等人赞誉为 20 世纪最伟大的"社会创新"，其作用是调节政府失灵或市场失灵。但在中国，第三部门来自市场化改革与政府职能精简，包括民政部门注册的社会团体、基金会、民办非企业单位和未注册的草根组织，依靠会员缴纳会费、民间捐款或政府拨款等非营利性收入，从事政府与市场要么没有能力、要么没有意愿作为的社会公益事务，与政府、市场是互为补充互相促进的，是作为政府职能履行的治理工具而存在的。

回顾治理理论的起源与发展，公共治理范式前所未有地将各类第三部门力量整合到治理主体中，赋予其自愿制定非正式规则解决公共事务，特别是公共池塘资源分配问题的权利，目的是更好地回应公众多元化需求、化解集体行动困境、实现有效治理。这意味着整个过程受到现存政治秩序和合法权威的强力约束，并不是"没有政府的统治"，更不是独立于国家体制之外，它们都承担着具体的功能，仅以中介性组织和慈善类组织为例进行说明：

---

① 钟晓华：《公共价值治理范式对社会治理的重构》，载《国外理论动态》，2016(12)。

　　毋庸置疑，社会中介组织的发展有助于政府从大量而具体的烦琐事物中解脱出来，专注于法律法规制定、宏观调控与监督、提供市场与社会无法提供的公共物品，降低因以往"暗箱"操作与政策失误导致的高昂社会交易成本，促进分配趋向公平，兼顾效率与公平。社会中介组织一般有三类：①政府与市场之间的行业协会；②政府与公众之间的公众权益保护组织；③公众与公众之间、企业与企业之间的各类事务所与公证机构。科学家协会、作家协会、果汁行业协会、消费者协会、银行业协会、自行车行业协会、钢铁行业协会等行业性组织，会计师事务所、审计师事务所与公证机构，婚姻介绍所、房屋租赁与购买中介，等等，都属于社会中介组织，可以说是五花八门、数量繁多，其功能大多来自政府职能精简与行政审批权改革，在发展中为适应公众需求也产生了一些新功能。政府将某些公共物品供给与维护功能分离给社会组织承担，在直接提高公共物品适配性、质量与效率的同时，逐渐改变社会运行结构与运行机制，真正推动政府角色从全能政府转向有限政府，完成从"掌舵"到"划桨"再到"服务"的转变。而社会中介组织的发展也为多元主体参与公共事务提供了一个平等的沟通交流平台，平衡多元主体利益，同时作为一个自律组织，维护本行业可持续性发展。

　　慈善类组织设立运行的目的不是获取财务利润，经营的净盈余不得分配给成员、管理人员和其他私人，具有独立、公共和民间性质，如壹基金、河仁慈善基金会、马云慈善基金会和乡村教师奖、福特基金会、比尔及梅琳达·盖茨基金会、中华社会救济基金会、大爱清尘公益基金会、嫣然天使基金，等等。这类组织与社会中介组织、行业组织最大的不同是非营利性，其组织建构具有显著的自愿性。公众按照各自的关注点和价值取向自发形成、自愿参与，其组织运行规则不遵循自上而下的科层官僚体制和行政命令模式，而是扎根于社区，其权力运行呈现双向或多向运作特征，以"草根组织"最为明显。一般意义上，慈善类组织职能主要表现为"如何在政府、捐款人和公众监督下，促进资源使用效率、提高组织经营竞争力，承接从政府那里转移过来的尽可能多的公共服务职能与公共产品提供功能"。按照结构功能论，慈善类组织宗旨的实现首先有赖于它们对组织功能的自我识别和自我认同，其次才能在满足外部公众的角色期待后，通过具体工具与手段履行职能。

　　2. 第三部门履行功能面临的挑战与机遇

　　慈善类组织能否自觉履行其功能，取决于所在环境的法律与政府监管，而来自捐赠者的怀疑与不信任是其发展的最大障碍。但公众质疑对提高慈善透明度是有积极意义的，面对公众诘问，慈善类组织最有效、最有利的回应方式是透明，而成立自律联盟、加强政社合作、走进公众视野等是推动透明的较好方法。2010 年，中民慈善捐助信息中心发布的《中国慈善透明报告》显示，全国仅 25%的慈善类组织信息透明度较高，但整体慈善类组织财务信息透明指数仅为 1.52，有九成受访者对慈善类组织财务透明度持不满意态度。经过 5 年的发展，2015 年《中国慈善透明报告》显示，慈善透明指数有所提高，样本机构透明度平均分为 35.49。虽然政府不断出台各种意见、法规规章敦促慈善行业加强透明度自律，并自觉接受社会监督，但慈善类组织善款去向等财物信息披露仍然表现不足。此时，只有捐赠者自身有能力迫使慈善类组织加强信息平台建设和信息披露机制。曹德旺首创了中国捐赠者对公益捐款的量化要求与问责制，他对中国扶贫基金会"西部五省 2 亿元捐款项目"的要求是"要在半年内将 2 亿元善款发放到近 10 万农户手中，且差错率不超过 1%，管理费不超过善款的 3%（远低于'行规'的 10%①）"，并聘请和组建了专业监督委员计算管理费、评估项目合格情况，他唯一的目的是监督并保证善款使用透明、高效，确保捐赠者能够放心。② 正因如此，公募基金会和非公募基金会比红十字会、民办非企业单位和其他社会团体的透明度指数更高。

造成这种局面的根本原因是中国第三部门发展历程与西方社会完全不同。20 世纪 70 年代，第三部门在西方社会的兴盛并不是一个从无到有的过程，而是早已存在大量已经得到民众信任的行业协会、慈善机构、社会中介组织等 NGO，持续的政府改革与行政体制改革将它们纳入到公共治理框架，参与治理贫困、救助儿童、改善医疗服务等公共事务领域，与其他主体之间是合作互补的关系。而中国社会组织 20 世纪 80 年代才开始萌芽，其合法性和作用长期得不到承认，按照 1989 年《社会团体登记管理条例》，社会组织需遵循严格的"双轨制管理"，即社会组织想要拥有合法资格，除了向社会组织登记管理机关登记注册外，还必须寻找一个业务主管机构托管。这就意味着，社会管理的权力和资源几乎垄断在政府手中，社会组织需要"争"才能获得生存空间与发展机会。

在双轨制管理模式下，大量社会组织被清理整顿，1994 年才出现了第

---

① 《基金会管理办法》规定管理费最高占比是 10%。
② 林萧：《当基金会碰上慈善"钉子户"曹德旺》，载《中国青年报》，2011-03-09。

一家真正意义上的第三部门——自然之友（Friends of Nature）。1995 年，北京世界妇女大会传递出"社会公众可以通过自我组织的方式参与全社会公共事务"的信号；2008 年，"汶川地震"充分激活了中国社会组织的公益性与高机动性。[①] 不过，到 2009 年经民政部登记的社会组织也仅有 43 万个。受人口规模、老龄化率、外来人口比例、人均 GDP、捐赠占比、政府态度与支持、政府对第三部门角色定位、政策法律环境等因素的影响，到 2018 年年底，全国已有 81.6 万个注册的社会组织（图 4-2）。但组织数量、类型与西方差距甚大，每万人拥有注册民间组织数量仅约 5.82 个，发展潜力与空间仍旧比较大。

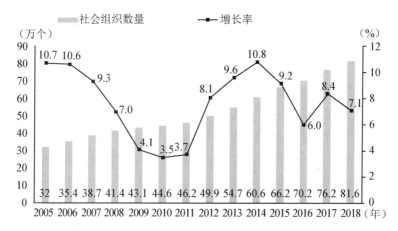

图 4-2    2005—2018 年中国社会组织数量增长情况

资料来源：2004—2009 年《民政事业发展统计报告》、2010—2017 年《社会服务发展统计公报》、《2018 年 4 季度民政统计季报》，转引自：黄晓勇、蔡礼强、何辉：《规范与发展：社会组织高质量发展的转型——〈中国社会组织报告〉(2019)》，北京，社会科学文献出版社，2019。

在众多草根 NGO 的积极努力下，北京、广东、深圳、东莞、顺德以"社会管理创新"名义改革社会组织管理体制，以 2010 年"壹基金"脱离中国红十字会转制为"深圳壹基金公益基金会"并面向社会公开募集善款单独运作为标志，社会组织管理逐步变成"无主管登记"。[②] 北京市 2011 年 2 月规定对工商经济类、公益慈善类、社会福利类、社会服务类等社会组织实行民政部

①  仅在震后一小时，"爱白成都青年同志活动中心"通过网络向灾民发出自救、避难服务、临时避难所等信息；壹基金当晚与各大网站联合发起募捐；乐施会往灾区运送妇女卫生用品、奶粉、牛奶等物资，并充分估计到妇女、儿童和当地穆斯林灾民的特殊需求。

②  钟晓慧：《NGO 松绑：以行动争得社会空间》，载《时代周报》，2011-03-03。

门直接登记，要求公务员逐步退出社会组织，取消官员挂职，实行"一口审批"绿色通道；同年 11 月，广东省通过《进一步培育发展和规范管理社会组织的方案》，明确表示 8 类社会组织可以直接向民政部门申请登记。① 特别地，政府对慈善事业的定调是"政府推动、民间运作、社会参与、各方协作"，这意味着慈善事业主体是在民间，政府作用的重点是通过有利于行善的法律和捐赠退税等财税政策。

不过，在社会组织登记管理松绑、捐赠退税政策实施后，中国社会组织特别是慈善组织并没有如愿迎来一个新的发展时代，"郭美美事件""尚德诈捐门"，以及河南宋庆龄基金会、儿童慈善基金会的财务问题等事件的爆发使得与善款募集、善款去向直接相关的慈善组织公信力问题再也难以回避。2012 年福布斯中国慈善榜数据显示，上榜企业和企业家捐赠从上一年的 81.2 亿元直线下降到 47.9 亿元，报告明确指出中国慈善机构信任危机、公众捐款热情降低与"郭美美事件"等类似事件的发酵直接相关。

但是社会管理创新的动力作用正在逐步显现，降低社会组织登记门槛、松绑社会组织管理，将公权力从民间组织撤离、提高政府对社会组织的服务意识、政府购买社会组织服务力度加大等措施，表明政府重新审视与第三部门关系、让渡部分社会管理空间的强大意愿，而众多社会组织② 在自然灾害应对、弱势群体保护中展现出来的灵活性、行动力、资源动员能力和资源配置有效性，绝不是"郭美美们"能够阻碍的。2018 年《志愿服务条例》正式实施，为中国慈善事业的发展带来巨大发展机遇，培育社区社会组织首次成为国家重点政策，互联网公益也从单独的热情理想走向成熟理性，社会组织的国际化策略性正逐渐增强，尝试开展跨国跨区域合作，参与"促进区域命运共同体"建设③，慈善专业性与伦理化建设也提上日程，从追求数量增长转型为追求质量与效益。

在政府职能精简过程中，中国社会组织经历了 4 个发展阶段，即注重"公民社会"理念的 1.0 版，强调政治中立、专业化服务与科学精神的 2.0

---

① 彭国华：《广东进一步降低社会组织登记门槛》，载《南方日报》，2011-11-23。

② 例如，关注麻风病康复者的汉达康复协会、救助脆骨病等罕见病儿童患者的瓷娃娃协会、改善贫困山区孩子教育环境的麦田计划、关注长江源生态环境的环保组织绿色江河、为女性提供法律援助的妇女法律研究与服务中心，等等。

③ 杨团：《慈善蓝皮书：中国慈善发展报告（2019）》，北京，社会科学文献出版社，2019。

版，打通社会组织与政府之间核心通道的3.0版和第三部门实现稳定运行生态化的4.0版。[①] 每一个阶段都表现出突出的解决问题的自主治理特征，从依赖政府权威到自主解决利益分配中的公正性问题，从零和博弈的对抗到探索互利共赢的和谐格局，都离不开政府治理的变化，特别是政府治理工具的恰当使用起到了积极推进作用，其中最常使用、效果最好的是"政府购买公共服务"。

从2009年12月财政部招标"白血病患儿医疗救助项目"这一首例正式"政府财政资金购买NPO服务"[②]开始，到2012年中央财政每年预算2亿元专项资金支持社会组织参与社会服务，"政府购买公共服务"这一治理工具成为最重要的政策引导者与资源配置者，它能将社会组织力量毫不突兀地纳入政府职能履行范畴："凡适合社会组织提供的公共服务，尽可能交由社会组织承担"，促动其向专业性、科学性与治理性方向转变，同时引入"第三方评估"工具确保其独立性。总体而言，目前有关社会组织发展的政策方向已经非常明了。[③] 政府购买公共服务的资金、政策与规章也基本到位，社会组织再一次迎来了发展机遇，但其能否真正成为"良治"体系的一个构成，还要取决于它们自身能力的提升，在去行政化、规范化、专业化、财务透明性、行业化与社会化中获取生存与发展空间。

## 4.4.6　政府与市场、社会关系的再判断

在公共治理范式当中，政府、市场与企业、公众与第三部门等多元主体之间相互依赖，彼此形成相互信任的伙伴关系，在持续的互动中增进公共利益。然而多元主体参与公共事务管理，必然涉及沟通协调、协商妥协、平衡各方利益的诉求，只有以"公共价值"为指引，才能兼顾公平与效率，形成一种全新治理结构。而这一目标与格局的实现并不简单，既离不开重新认识政

---

① 陶传进：《当代中国社会组织的四重演变》，载《文化纵横》，2018(2)。

② 2009年12月，财政部按照投标规定拨款5 000万元给中国红十字基金会"小天使基金"，作为等待救助的1548名白血病患儿的医疗救助金(人均约3万元)。这是首例正式"政府用财政资金购买NPO服务"，有着开创性的示范意义。

③ 2013年9月《国务院办公厅关于政府向社会力量购买服务的指导意见》(国办发〔2013〕96号)发布；2016年财政部民政部联合发布《关于通过政府购买服务支持社会组织培育发展的指导意见》(财综〔2016〕54号)；2020年1月3日财政部公布《政府购买服务管理办法》(财政部令第102号)。

府角色、政府过程的公共选择论与新公共管理范式引导的政府职能精简重组、向市场赋权、放松管制的市场化，也离不开公共服务动机理论和新公共服务理论回归"公民第一"对过度企业型政府的矫正。一个追求秩序稳定、经济效率和社会效率的"善治"体系，必然是在既定政治秩序和政府合法性权威框架下，让市场充分发挥其实现经济效率的工具优势，让社会发挥其达成社会效率的价值优势。

在这样一个全新治理范式下，政府与市场企业、社会组织之间在具体公共事务领域通过对话协商形成合作伙伴关系，但它们都必须接受既定法律的强制约束，且相互监督、相互约束。在全新治理范式下，市场与企业介入公共领域（如共享单车、环境保护、普惠金融、慈善救助等），社会组织承接政府职能，除了为市场和社会运行创造更好的法律与政策环境，"如何有效监管市场、适度干预社会"成为政府面临的新问题。方兴未艾的"第三方评估"能否在政府与市场、社会之间发挥打破壁垒、畅通桥梁的作用还需拭目以待。

在这些问题有结论之前，政府与其他主体之间在公共物品供给、公共资源配置等公共事务管理方面至少应该达到"合理分工"共识。在国防、治安、公共卫生、基础教育、安全生产、应急管理等领域，公共规制、行政手段等依靠政府权威动员社会资源、自上而下的命令服从模式效果会更好，企业与社会组织服从配合并"拾遗补缺"；而在人文文化、扶贫慈善、养老服务、临终关怀、职业病患者关爱、邻里关系、社区环境等社区性公共事务领域，社会自治机制与社会组织等能实现更好的治理效果，政府则通过服务购买、财政补贴、荣誉激励等方式给予外部激励。

在具体公共事务治理过程中，重视公众认知与认同也同样重要，财务透明与规范对公众认知与认同有极强的形塑作用，在"互联网公益"已成为中国公益新生态的背景下尤其如此。① 多样化、便捷性的互联网公益创造了一种新的公益资源配置方式，为社会组织创造了政府购买服务之外的筹资渠道。但是，网民是否点击、关注与参与，公益组织、用户、商家、爱心企业能否形成公益合力，仍然取决于其规范化、财务透明度、善款使用效率等。幸运的是，阿里、腾讯等互联网平台已经对自身的影响力和公信力有深刻认知，

---

① 黄晓勇、蔡礼强、何辉：《规范与发展：社会组织高质量发展的转型——〈中国社会组织报告〉(2019)》，北京，社会科学文献出版社，2019。

它们已经对公益组织利用互联网筹资提出了"规范的财务披露"和"财务年报审核合格"这两项要求，也表明数字时代的公共事务治理主体更加多样化，其监督者和管理者角色的履行工具更为数字化和网络化，政府在这一领域的角色从公益组织监管者转化为互联网平台监管者。

一个善于治理、高效能的"有限政府"必然伴随发达、活跃和高质量的经济市场和"第三部门"。在承认公共物品供给首先仍然是政府的一项基本职能的前提下，无论是赋权市场还是创新社会管理，都旨在既定法律法规、公共政策与道德规范等正式规则、非正式规则约束下，激发政府管理人员和公众的公共服务动机，并创造不对称激励机制避免"搭便车"行为，提高多元主体的自治能力、专业化水平和参与能力，从而成为治理过程中"负责任的利益相关者"，最终促进集体行动从一个概念转化为一种现实。

# 第 5 章
# 新时代政府治理创新何处去

政府治理内容、工具和逻辑的演进轨迹表明：不确定、混乱乃至无序是公共管理学科发展与理论创新的不竭动力。1929 年大危机开启了政府强力干预时代，20 世纪 70 年代信任危机、管理危机和财政赤字危机推动各国政府转向市场寻求出路，20 世纪 90 年代复杂问题、政府与市场双失灵促使人们探寻政府与市场之外的"第三条道路"，政府治理环境呈现从确定到不确定的整体趋势。每一个时代的公共与社会问题都催生了对应时代的政府管理实践与理论创新，且从追求一般性规律逐渐转向追求与本土语境、实际需求一致的适配性原则。这一变化与全球化进程密切相关。全球化是资本主义及相关制度在全球范围内的扩张，它使各种文化相互激荡、彼此冲击，形成新思维、新观念、新价值和新的社会习俗，最终都会反映到公共问题、公共政策和政府治理工具当中，也会反映在市场失灵、政府失灵与志愿失灵的疗方探寻当中，治理现代化理论无疑是其中最有代表性的政府治理本土化创新成果。

## 5.1 新时代各国政府治理实践

20 世纪 60 年代以来，公共管理理论与政府治理实践相互促进，基本呈现出政府职能精简并向社会、市场转移，行政审批权下放、政府干预减少、管制放松等主流趋势，公共领域的市场化实践重新界定了政府与市场、政府与社会、政府与公众之间的边界，有限政府、服务型政府、公共利益与公共价值等理念已经得到广泛认同，为 21 世纪更复杂治理环境下的政府治理创新铺垫了一片沃土。如果说此前各国政府机构改革与公共事业领域还有比较清晰的"市场化"主导思维，后发展国家可以向先发展国家学习借鉴政府治理经验，但半个世纪过去了，科技日新月异，社会更趋多元，经济增长在改善物质生活、消灭短缺和极度贫困的同时，又遇到了环境污染、气候变暖、社会冲突、恐怖袭击、人口老龄化、疾病控制等新的社会问题，科技副作用等"看不见的风险"日益暴露，各国政府治理面临着前所未有的不确定性。每个国家都有自己的独特问题与麻烦需要应对，没有先行经验可资借鉴，只能根据本国历史、政治、经济与社会发展状况探索适合自己的政府治理之路。

## 5.1.1 英国后撒切尔时代的政府治理坚守市场偏好

撒切尔夫人主张"小而美"的政府，强调在政府机构内部强化竞争，实行绩效考核与绩效工资制度，降低税率刺激投资，减少社会福利。撒切尔夫人1991年卸任内阁首相后，英国政府先后迎来梅杰、布莱尔、布朗、卡梅伦、特蕾莎·梅和鲍里斯·约翰逊等执政者，尽管他们有保守党与工党之分，但在政府干预与规制方面却一致延续了亚当·斯密以来的自由竞争精髓，坚持政府最少干预、放松管制的同时，平衡"左"与"右"之争。

梅杰沿袭撒切尔夫人的施政框架，在竞选纲领《公民宪章》中提出4个主题，即提升公共服务质量、公民有更多选择公共服务的机会、公民可以知晓服务标准和确保经费运用的合理性。在具体行动中，继续改革社会保障制度，通过《住房及建房控制法》推进公有住房自有化运动，同时在全国大力推行社会服务承诺制度，提高公共服务质量。

布莱尔虽然凭借"新工党，新英国"的口号竞选成功，宣称将"市场"和"社会主义"结合起来，但同样坚持减少政府干预经济生活，主张私有化、放松市场管制和限制工会权利，与实业界建立伙伴关系，以顾客为导向。其施政纲领《政府现代化》白皮书明确提出"以公共服务的使用者而非提供者为中心，确保公共服务更符合民众需要，确保公共服务供给的高效率和高质量"，并为此创建渠道便于公众参与公共政策制定，提高公共服务与公众需求的衔接性，发展电子政府提高政府回应性，改革公务员制度，提高民众满意度。他继承了梅杰政府提出的社会服务承诺制度，在吸收公众与各界意见的基础上制定了《服务第一：新的承诺方案》，明确中央政府和地方政府职能部门、司法系统、国有企业特别是垄断性国有企业必须实行该制度，对行政机关和公共服务机构提出明确规制：服务标准明确清晰、信息公开、选择性协商、礼貌便民、及时纠错、追求资金使用价值；各部门向社会公开承诺；设立投诉电话，接受社会监督；如果违诺，要求对收费性服务给予一定赔偿。

布朗则将教育和生态作为重点投资领域，并在医疗、住房、就业和预防犯罪等领域实行新政策，实施减税、反贫困，力图在"左"与"右"之间寻求均衡的"第三条道路"，旨在维护和扩充英国传统价值观，创造条件充分发挥每个人的潜能，将英国建设成为一个更加公正、更加强大的国家。

卡梅伦竞选时以民生为中心，淡化保守党右翼色彩，反对工党的税收与福利政策，改革教育和医疗系统，承诺降低遗产税和房屋交易印花税。执政后提出在"自由、公正和负责"原则下组建一个有力、稳定、果断的政府，首先降低巨额的政府财政赤字，其次全面改革福利、税收和学校教育。但这一届联合政府开始受"脱欧"问题困扰，2016 年卡梅伦辞职，提前大选，特蕾莎·梅继任首相。

特蕾莎·梅入主唐宁街 10 号是英国政府进入新时代的标志，其议题不再局限于政府建设和公共服务体系等国内问题，还需要应对脱欧谈判、后脱欧时代的复杂局面。针对前者，梅提出"国家不能仅仅服务于那些少数派，更需要服务于我们每一个人，还要给民众更多的生活自主权，共同建立一个更美好的英国"，围绕"大社会"理念对公立学校、就业、收入分配和住房问题进行系统性改革，如大学生免学费、增加 80 亿英镑改善社会福利、增加医疗服务、提高工人权利，试图在"左"和"右"的保守主义分歧中寻求平衡，给民众想要的"安全感""稳定感"。针对后者，在"脱欧"问题上强调尊重多数选民决定，希望带领英国找到新的方向，"不管每个人当初是赞成还是反对脱欧，现在都必须团结一致，向世界展现英国精神。这个精神将继续带领我们繁荣富强"[1]。然而，同样受"脱欧"问题困扰，特蕾莎·梅在政府机构与公共服务体系建设上一直缺乏明确的实质性行动，于 2019 年 6 月被迫辞职，约翰逊接任首相。

约翰逊是一个坚定的"脱欧派"，但愿意给议员充足的时间就"脱欧"问题进行辩论；对内施政纲领强调"为人民服务"，更贴近穷人、低收入者或其他弱势群体；主张"政府必须对英国基础建设和经济投资"；"通过快速为英国公共健康服务融资"来兑现"脱欧"承诺；增税，特别是对大型科技公司征收特别税，如数字税。在政府机构方面，继续向"大部制"迈进，将计划国际开

---

① 《脱欧谈判正式启动英国内忧外患难占上风》，http://www.cnr.cn，2020-09-30。

发事务部并入外交和联邦事务部。这一计划受到前首相布朗的严厉批评。①②在"脱欧已成英国国家安全问题"③的情况下，虽然大家都明白只有就"脱欧"达成一致同意的协议，才能处理国内的"生活费、国家医疗服务体系、暴力犯罪和环境等其他优先事项"④，但达成"脱欧"协议后，英国政府治理创新之路也很难推测，在理论创新上同样如此。英国政府对新冠肺炎疫情的应对证明了这一点。

## 5.1.2　美国后克林顿时代的政府治理延续历史传统

克林顿政府以政府精简、向市场赋权、在公共服务领域引入市场机制等为政府治理核心，但并不是简单用市场替代政府，而是强调政府具有独特作用，可以通过与市场、社会的协作得到重建。其后，奥巴马（Obama）、特朗普（Trump）政府因美国社会面临前所未有的金融危机、恐怖袭击、经济发展、贸易争端、移民等社会经济问题，新的政府治理道路逐渐向政府干预倾斜。

奥巴马以"改变"为竞选口号，首次采用互联网众筹模式筹集竞选资金，并使用社交媒体塑造个体形象。面对严重金融危机带来的就业、经济下行等衰退难题，他号召突破僵化的新自由主义框架约束，采用新观点和新技术改革政府、税制和教育，沿袭罗斯福"新政"的做法，对通用公司暂时国有化帮助其渡过危机，以降低医疗成本方式实现全民医疗保险，削减联邦赤字，认为政府在技术创新、经济公平、扶助中产阶级、加强社会保障、帮助弱势群体方面有不可替代性。⑤

奥巴马政府的治理核心侧重于国内事务，特别是在促进经济服务和稳定就业方面。①通过《美国复苏与再投资法案》，实施联邦税收优惠、扩大失业救济、消费补贴和其他社会福利措施，注重高铁、公路桥梁、通信信息与互

① 英国前首相：《约翰逊机构改革方案将破坏英国国际影响力》，载《参考消息》，2019-07-26.

② ［英］戈登·布朗：《鲍里斯·约翰逊与英国影响力可能的终结》，法国《回声报》网站，2019-07-23。

③ ［英］恩盖尔·伍兹：《脱欧已成英国国家安全问题》，引自奥地利《标准报》网站，2019-03-10。

④ 约翰逊宣布达成新脱欧协议，英议会还会说"不"吗。环球时报在线，2019-10-18。

⑤ 刘元玲：《美国问题研究报告（2011）：美国的实力与地位评估》，北京，社会科学文献出版社，2011。

联网设施、教育、医疗等基础设施投资；重振制造业，侧重发展高端制造业、节能产业和智能信息产业；实施"绿色新政"，研发风能、太阳能和生物燃料等清洁能源，创造就业，振兴出口促就业，促进经济复苏。②支持全面医疗改革法案，致力医疗改革，提高覆盖范围至 95%，通过控制成本、削减联邦医疗保障计划和医疗改革补助计划费用、扩大税收范围等措施筹措医疗资金。③推动金融改革法案，遏制金融危机，推进金融稳定计划，包括银行压力测试、启动支持消费信贷项目、设立公私合营投资基金消化银行不良资产，实施"房主负担能力和稳定性计划"和"居者有其屋"住房援助计划，政府提供补贴弥补商业银行损失。通过《多德-弗兰克华尔街改革与消费者保护法》完善金融监管体系，包括：金融稳定监管委员会专司检测和处理威胁国家金融稳定的系统性风险；成立新的消费者金融保护局，专司监管提供信用卡、抵押贷款和其他贷款的消费者金融产品及服务的金融机构；将金融衍生工具纳入监管，限制银行自营交易和高风险衍生品交易；设立新的破产清算机制，要求大型金融机构提前风险拨备；监督企业高管薪酬水平；对美联储加强监管。④对富人和企业增税，反对减税，反对业主社会，反对政府市场化，强调税收是政府为公共利益服务的杠杆，国家的力量要为公共利益服务，削减国防、供暖补贴和为社区发展拨款，主张将资金用于教育，改善人力资本投资，其中医疗保险和社会保险是预算最多的两项公共服务开支。

在国际事务上，奥巴马政府没有显著成就，《美国清洁能源和安全法案》未通过、拒绝签署《京都议定书》、贸易保护主义抬头、美联储"量化宽松"货币政策已经初步显露出美国反全球化倾向，到特朗普执政后突出表现为连续"退群"。①

如果说奥巴马执政具有罗斯福"新政"的特点，那么特朗普则在一定程度上具有里根"新自由主义"倾向，但在某些领域又强化了政府规制，具体有以下几点。①偏好实施低利率降低基础建设投融资成本，刺激长期投资。②主张"小政府"，通过大规模减税和放松监管刺激经济，个人所得税累进档从7个简化为3个(12%、25%和33%)，企业所得税由39%降为15%，对回迁企业海外所得仅征10%的一次性税，废除遗产税，14岁以下美国少年儿童享有托儿费免税；增加居民实际收入，刺激消费。③逆全球化，实施贸易保

____

① 特朗普执政两年内，美国先后退出《跨太平洋伙伴关系协定》《巴黎气候协定》、联合国教科文组织、《伊朗核问题全面协议》、联合国人权理事会、万国邮政联盟等多个国际组织和协定。2020年，美国又先后退出世界卫生组织和《开放天空条约》。

护政策，对中、日、欧等国家和地区的进口产品加征关税，引导产业回迁本土，增加就业，特朗普表示"贸易可以带来巨大的利益，但我希望为美国争取更好的贸易协定，帮助美国工人创造更多的就业岗位并增加收入"。④与奥巴马强化金融监管政策相反，主张放松监管，重新审视《多德-弗兰克法案》。⑤反对削减社会福利，计划减少某些政府开支包括海外军事投入及非国防项目、对外援助，通过增加关税来弥补医保和社保开支，但废除了奥巴马的医改方案。⑥排外的移民政策，在南方修建"边境墙"。⑦大规模重建道路、机场、桥梁、排水系统和电网等基础设施，增加国内军事投入，促进军工企业发展。⑧延续奥巴马制造业回归政策，通过减税和贸易保护引导产业回迁美国本土，增加就业岗位。

总体来看，美国政府的治理实践没有显著创新性，但其着眼国内经济问题的治理思路不可避免地损害多边或双边组织的利益，并导致出现逆全球化、贸易保护和排外主义现象。拜登当选总统亦不会改变这个大趋势。

## 5.1.3　法国力图摆脱"边缘化"的政府治理探索

法国政府治理 20 世纪 80 年代以来与英、美两国没有本质区别，行政管理体制和公共事业领域基本遵循新公共管理范式，引入市场机制，强调顾客导向和自由选择，但没有英国全面私有化那样极端。2007 年以来，从萨科齐(Nicolas Sarkozy)、奥朗德(François Hollande)到马克龙(Emmanuel Jean-Michel Frédéric Macron)，政府治理方向因国内外局势的变化而出现调整，旨在摆脱"边缘化"，重回国际治理体系中心地位。

萨科齐在治理逻辑上并不强调单一方略，而是有"左"有"右"，但总体偏右，具有市场偏好。①经济方面，豁免对超时工作和社会保险费用的征税，个人所得税减征 4%，减征社会负担费，增加国民收入；创新单一劳动合同，雇员权利随时间增长而增加，鼓励企业主雇佣更多员工，刺激就业；禁止高级管理人员"黄金降落伞"安排政策，企业高管和政府官员离任后不能享有特殊经济保障，股权买卖特权仅限于企业所有者；退休年龄为 60 岁，35 小时工作制，工人有权拒绝超时工作。②政府机构精简，引入市场竞争机制，减少工作人员数量，增加公务人员薪酬水平；削减公共项目，降低政府债务。③社会福利方面，提高退休人员待遇，特别对交通、能源部门退休人员实行优厚养老金政策；通过法案赋予全体国民房屋居住权，对暂时没有住房的国民提供居所。④教育方面，教育机构和大学享有更大自主权，国家博物馆全部免费。⑤强化法律规制,增加对青少年犯罪的量刑标准,推行法官负责制,实行选择性移民政策。但是,萨科齐总体向"右"的施政方略并没有多少创新,法国经济毫无起色,失业率攀升,债务危机更加严重,在贫富差距与社会冲突日渐累积时,他又试图转向财政紧缩、增税和保护主义的政府干预来构建"更强大法国",但法国民众最终选择了奥朗德。

奥朗德吸取萨科齐的教训,实行"中间偏左"方略,认为缺乏经济增长的单独财政紧缩反而会弱化国家经济活力,减少征税也无助于减少财政赤字。在政府治理上,他主张以下几点。①政府适度干预,增加就业岗位、提高收入、扶持中小企业和对富人增税,打击市场投机行为。②强化金融业监管,征收金融交易税,避免金融业过度控制经济。③适度增加公共支出,通过经济增长来削减赤字而不是减少公共支出项目。④增加社会公平和福利,扩大社会保障覆盖范围和力度,提倡机会均等,降低中小企业所得税税率,增加对大企业征税。由于市场和投资者对其"左"倾的担忧,以及难民潮、恐怖袭击、失业率和经济困境的极大挑战,法国民众另外选择了马克龙,希望法国能够避免继续被边缘化的命运。

面对国内经济困境、失业率攀升和持续尖锐的社会矛盾,以及难民潮、恐怖袭击局势,马克龙选择了"中间路线",以避免"左"与"右"的矛盾,"不左不右,既左也右",具体表现为经济政策"偏右",社会政策"偏左"。①进行公务员体制改革,精简政府规模,削减公务员职位,减少财政开支。②增加公共福利与社会保障开支,改革劳工法和失业保险,增加社会分摊金。③对全球化抱有更开放的态度,主张全球化、经济自由主义,对国有铁路市场化改革,对富人和企业减税,松绑自由职业,扩大行业竞争。④只接纳真正受迫害的难民。

然而,长久以来法国经济提振乏力,财政赤字和政府债务持续上涨,贫富差距进一步扩大,需要彻底改革其社会福利政策,马克龙修修补补的征税或减税根本无济于事,反而触动了一些人的既得利益,矛盾不断激化。2018年11月,政府加征燃油税的消息最终点燃了一场席卷多个国家的"黄背心运动",示威者来自郊区和乡村,多数是中低收入的文员、工人、农民和卡车司机,主要抗议收入不平等、水电煤气食物价格上涨、房租上涨、退休金萎缩、没有加班工资,混杂着居留许可、社会正义、言论自由、权利和尊严等诉求,但总体是对"赖以长大的福利社会消失了,政府不再属于人民"的抗议和抱怨，要求上涨最低工资、消除各种个人税等。[①] 虽然马克龙以谴责暴力行为、对自己的不当言论道歉、承诺最低工资提高100欧元、补偿警察加班费、彻底取消燃油税、对奖金和加班费不征税、对退休金低于2 000欧元/月者免收社保捐金等妥协措施暂时缓解了矛盾，但抗议者们仍然不满意，因为这么多年来，法国人一直在苦苦挣扎，他们需要更公平的财富分配和加薪。[②] 法国政府治理能力亟待提升已成为不争的事实。2020年法国教师斩首事件等恐怖袭击案加剧了这一诉求。

## 5.1.4 中国迈向新时代的政府治理创新实践

中国政府治理实践及其探索充分体现在毛泽东思想、邓小平理论、江泽民"三个代表"重要思想、胡锦涛"科学发展观"和习近平"新时代中国特色社会主义思想"构成的庞大理论与思想体系当中。

1978年以来的政府治理实践及其创新与社会主要矛盾的变化密切相关。1981年，中国共产党第十一届六中全会通过的《关于建国以来党的若干历史问题的决议》指出，在社会主义改造基本完成以后，我国所要解决的主要矛盾是"人民日益增长的物质文化需要同落后的社会生产之间的矛盾"。自那时起，中国政府治理实践的方向是将马克思主义的普遍真理与我国具体实践相结合，通过对内渐进式改革，以"经济建设"为中心，走自己的路，建设有中国特色的社会主义。[③] 中国逐渐实现从计划经济、有计划的商品经济到社会主义市场经济体制的转变；对外开放，主动融入全球化进程，通过持续不懈的谈判加入WTO，在世界范围内配置资源，运用国际规则维护自身权益。

在此过程中，政府机构以"大部制"为方向先后经历5次大规模精简重组，极大地解决了与"条块分割"相关的"扯皮"与低效，推行分税制和公务员制度，实行绩效管理与竞争上岗等激励约束机制极大地提高了行政效能，"门难进、脸难看"的现象逐步消失，"服务"逐渐成为政府机构运行与改革的主导理念；行政审批制改革持续深入，或取消，或向地方政府下放，或者向市场、社会赋权，极大极快地释放了市场和社会活力；国有企业股份制改革，引入战略投资者、先进生产技术和管理经验提高生产效率，并将其承担

---

① 汤立斌：《"黄背心"向多国蔓延，这场风暴如何收场？》，载《参考消息》，2018-12-17。

② 何律衡：《马克龙妥协 黄背心继续抗议：我们不要面包屑，要整个面包》，载《观察者网》，2018-12-05。

③ 中共中央文献编辑委员会：《邓小平文选》第3卷，北京，人民出版社，1993。

的住房、养老、医疗、教育等公共服务向市场和社会转移，非国有经济和民营企业在国民经济结构中的合法地位得到承认，民间组织、社会公益机构承接大量政府职能，间接促成了政府机构精简顺利完成。

与此同时，党和政府敏锐地注意到市场化改革带来的贫富分化、城乡割裂、社会阶层对立，以及国有资产流失问题[1]，开始加强再分配干预，包括义务教育"两免一补"[2]政策、免费师范生政策，取消农业税，推行新型农村合作医疗保险、新型农村养老保险，社会主义新农村建设战略，新型城镇化战略，成立国有资产委员会监管国有企业保值增值，诸多政府强力干预手段有效地缓和了公共领域市场化改革疏于社会效率的弊端。到 2015 年，中国人均 GDP 为 5.2 万元，约 8 016 美元，迈入了中等偏上收入国家行列，但全国居民人均支配收入不足 2.2 万元，不足人均 GDP 的一半。[3] 国内不同区域、省份和城乡之间收入与福利差距在不断拉大，环境污染、食品药品安全事件[4]频发，政府官员腐败现象日益严重，中国政府治理面临严峻挑战。

作为适应性调整，党的十八大明确提出坚持"科学发展观"、依法治国、权力运行制约与监督体系、深化行政体制改革、全面建成小康社会等目标；侧重扭转生态环境恶化趋势，推进城乡发展一体化特别是基本公共服务一体化，处理好政府和市场关系，更好地发挥政府监管作用；全面从严治党，加大反腐败力度，重视党风廉政建设，塑造"不敢腐、不能腐、不想腐"的氛围，形成"老虎""苍蝇"一起打的反腐"新常态"。在此基础上，党的十九大报告《决胜全面建成小康社会 夺取新时代中国特色社会主义伟大胜利》指出："中国特色社会主义进入新时代，我国社会主要矛盾已经转化为人民日益增长的美好生活需要和不平衡不充分的发展之间的矛盾。"正是在正确把握和理解新时代社会主要矛盾的基础上[5]，脱贫攻坚与精准扶贫战略、乡村振兴战略、财政转移支付和专项扶贫资金、统筹养老、雄安新区等系列战略与政策

---

[1] 高层管理者通过稀释国企股份、左手倒右手、国企私企混搭、斥资供佛、管理层收购等方式，将国有资产变成了私人企业资产或个人财产。参见：刘立民：《广西一国企老总侵吞巨额国资 屡被投诉仍安然无恙》，载《法治周末》，2013-03-27。

[2] 2003 年《国务院关于进一步加强农村教育工作的决定》（国发〔2003〕19 号）对农村义务教育阶段家庭经济困难学生免费提供教科书、免杂费并补助寄宿生生活费的一项政策。

[3] 李扬、张平、刘霞辉：《中国经济增长报告（2015—2016）：结构性改革与经济二次转型》，北京，社会科学文献出版社，2016。

[4] 最典型的是三鹿集团"三聚氰胺"事件、山西乙脑疫苗事件、长生生物狂犬病疫苗事件。

[5] 刘志明：《把握好新时代社会主要矛盾》，载《人民日报》，2017-11-09。

先后出台，"应急管理部""国家安全委员会""金融稳定委员会"等机构先后成立。在全球治理探索中，提出"一带一路"倡议，致力于与沿线国家共同打造政治互信、经济融合、文化包容的利益共同体和责任共同体。

但上述变化仅仅是新时代中国政府治理创新探索的一个方面。中国GDP总量虽然位居世界第二，但是人均GDP仍然比较靠后，城乡与地区差异显著。这是政府治理创新的出发点，但政府治理创新不能局限在经济层面，而应当以"美好生活"作为阐释逻辑。① 缓解区域和城乡发展不平衡、收入不平衡、落后地区发展不充分、生产力不平衡等问题的纲领是"美好生活"，不仅需要通过科技创新和创新驱动的供给侧结构性改革，提供质量和科技含量更高的消费品、创造更美好的生态环境，还需要加强和创新社会治理，打造"共治共建共享的社会治理格局""不断促进社会公平正义，形成有效的社会治理、良好的社会秩序，使人民获得感、幸福感、安全感更加充实、更有保障、更可持续"②；不仅需要继续坚持以经济建设为中心，提高全要素生产率，加快建设实体经济，还需要缓和分配不公，补齐民生短板，让民众共享改革发展成果实现共同富裕，注重解决社会公平正义问题。③

总体来看，中国政府治理创新从经济领域开始：以产权改革为主旋律、以经济效率为目标的经济体制改革，将市场从行政权力控制下释放出来，形成自主运行、自我调节和相对独立的经济体系；政府机构改革和行政审批制度改革逐渐明确政府与市场的关系，政府服务理念逐渐夯实。但政府在放权过程中对市场与资本趋利动机的忽视和监管缺失，引发了收入分配两极化、城乡差异扩大和内部分化、社会道德滑坡、权钱交易、看不起病、医患纠纷、国有资产流失、民族品牌消失等问题。④

可喜的是，党和政府及时介入，在制度层面夯实市场化基础，强化社会主义核心价值观，继续推进行政管理体制改革，进一步向市场和社会放权，让政府职能履行更加完美。由此，"如何增进民生福祉""如何促进社会公平

① 卫兴华：《应准确解读我国新时代社会主要矛盾的科学内涵》，载《马克思主义研究》，2018(9)。

② 习近平：《决胜全面建成小康社会 夺取新时代中国特色社会主义伟大胜利——在中国共产党第十九次全国代表大会上的报告》，北京，人民出版社，2017。

③ 中共中央文献研究室：《习近平关于社会主义经济建设论述摘编》，北京，中央文献出版社，2017。

④ 欧阳日辉、邹东涛：《中国经济发展和体制改革报告：No.1 中国改革开放30年(1978—2008)//发展与改革蓝皮书》，北京，社会科学文献出版社，2008。

正义，在幼有所育、学有所教、劳有所得、病有所医、老有所养、住有所居、弱有所扶上不断取得新进展""如何保证全体人民在共建共享发展中有更多获得感"实现美好生活目标，成为新时代中国政府治理实践及创新的基石和指引。一方面以服务、回应为导向，继续深化行政体制改革，进一步减少行政审批环节，扩大经济特区、自贸区等范围，推进"共治共建共享"的社会治理格局；另一方面则强化政府规制，在环境污染、食药安全、公共危机应急响应等领域发挥政府的独特价值。

# 5.2　以公共利益为锚

　　各国政府治理实践表明：如何认识政府角色，如何确定政府与市场、社会关系与边界，政府、企业和社会组织等多元主体如何被纳入公共事务治理当中等问题是政府治理实践创新的逻辑起点。无论是管制型政府、企业型政府、服务型政府还是有限政府、有效政府或回应型政府，都是这一逻辑起点下的政府治理创新成就。然而，在受历史文化、国情传统、经济社会与科技条件、面临挑战等方面的差异，各国在具体创新路径、方向和技术上也存在很大不同。但是，我们相信，无论是威尔逊-韦伯范式的机械效率追求还是新公共管理模式向市场汲取经济效率，无论是公共行政范式追求的社会正义或社会效率还是公共治理范式强调多元主体在正式或非正式规则引导下达成集体行动，其最终目的都是为了实现某种公共利益。那么，公共利益是什么？公共利益如何获取？它是通过规制管控被捕获，还是通过市场工具或荣誉等激励手段被俘获？梳理政府行动逻辑发现，政府治理逻辑、治理创新始终被"公共利益"这个锚所引导，只是不同学者看问题的视角与逻辑起点的差异导致了不同答案。

## 5.2.1　政府干预合理性争论

　　有关政府干预是否合理的争论古已有之，典型如"桑弘羊之问"。公元前81年2月，西汉武帝时期大农令桑弘羊及其下属与一群儒生辩论"盐铁行业是要放开民间自由竞争还是继续国营垄断"。儒家观点认为，国有专营造成绝对垄断、强买强卖、与民争利、豢养权贵，进而提出"愿罢盐、铁、酒榷、均输，所以进本退末，广利农业"的论点，而桑弘羊反驳说："先帝建铁官以赡农用，开均输以足民财；盐、铁、均输，万民所戴仰而取给者，罢之，不便也。"①如果不采取国有专营制度，"国家之用""边境之费"从何来，"内空府库之藏，外乏执备之用，使备塞乘城之士饥寒于边，将何以赡之？"②在这一强大逻辑之下，中国古代2 000多年都跳不出"桑弘羊陷阱"——几乎每一个王朝都极力垄断财政，巩固中央政权，但总是无力应对饥荒或战争，然后陷入崩溃。③ 有观点认为，导致这一陷阱的根本原因是法律权威缺乏和过于强调道德感召力："中国历代的皇帝，从来没有藏富于民，而是以各种冠冕堂皇的理由竭力削弱民间、做大中央政权。"④无论是王安石变法还是洋务运动的指向，从来都不是改善百姓民生和发展民间经济，而是通过强力干预维持中央政权的绝对优势。⑤

"政府干预"还是"政府放任"的论争贯穿了整个经济学发展历程，同样影响着公共管理学科的演进方向与具体路径。主张"适当国家干预"弥补"市场固有缺陷"的凯恩斯主义促进了"全能政府"和"福利国家的产生"，但带来了政府机构膨胀、运营效率低下和财政赤字高涨，反而损害了民众福利与公共利益。而主张减少政府干预、尊重个体选择、公共领域市场化改革的新自由主义促进了"有限政府""有效政府"和"回应性""服务型"政府的建设，也提高了公共物品的供给效率，但"企业型政府"理念却忽略了市场与企业管理本身的工具属性，以个人利益最大化和交易为名，将政府与市场、社会对立起来，混淆了"减少干预""放松监管"与"不监管"的区别，放弃了"保底线"等政府职能，同样是对社会正义与公共利益的背离。之所以出现这样或那样的问题是因为效率追求与分配宗旨之间存在本质差异，是两种不同价值范式的争论。尽管如此，公共管理仍然可能更多具有市场导向，包括排队论、使用者付费、政府购买服务等市场工具已经被证实了其在达成公共利益方面具有比较优势，未来需要的可能更多是政府在事前选择论证和事中监督过程中弥补不足。

以行政审批制度改革为例：行政审批包含批准、否定和备案3种行为，以行政权力为基础，具有较强约束力，是调节市场缺陷和资源配置的必要手

---

① （西汉）桓宽：《盐铁论》卷一，本议第一，中华书局，2015。

② （西汉）桓宽，《盐铁论》卷一，本议第一，卷五，国疾第二十八，中华书局，2015。

③ 先知书店：《税负之痛：为什么中国王朝两千年都跳不出"桑弘羊陷阱"》，载《千字文华》，2018-09-01。

④ ［美］黄仁宇：《黄仁宇作品全集》，北京，九州出版社，2007。

⑤ 马立诚：《历史的拐点：中国历朝变法实录》，北京，东方出版社，2016。

段，在协调与平衡市场秩序、公共利益和私人利益，在保护公民、法人和其他组织合法权益、保护生态平衡与自然资源等方面有积极作用。自 1978 年开始，各国都开始了"行政审批权的自我革命"：美国以《民航放松管制法》为开端，取消多个领域管制，缩小审查核准范围，简化审批程序，广泛采用"弹性审批法"；英国、法国以"所有权开放"为契机，大规模公共企业私有化，放松外国资本的审批限制，政府规模逐渐缩小，甚至成为不受重视的部门；日本以放宽限制，取消、转移和简化办事手续为核心改革行政审批制度，政府逐步淡化在微观经济领域的身影；新加坡放松审批限制，简化审批手续，实行"一条龙"服务；中国与新加坡相似，各级政府大幅度精简行政审批事项，规范审批程序，设定审批时限，公开审批内容，政务大厅实行"一条龙"服务。行政审批制度改革表现为简政放权，实际是明确政府定位和角色，把该管的事情管住管好，"保底线，强监管"。"最大的危险是不改革"[①]，现实中引起社会不公情绪的现象往往与行政审批权有关。行政审批权会持续改革下放但绝不会消失，某些领域的政府监管不仅不会取消反而会继续强化，特别是在非市场的公共事务领域，社会存在适当规模的公共部门是个"技术性问题"，确保平等、机会、公平、民主等重要价值也能成为政府干预依据。

单独从经济效率看，"像植物一样生长的个体"而不是"像工匠铸造模块一样的集体"才是经济繁荣的动力之源。[②] 然而经济效率仅仅是分配的基础，是公共物品与对应资源配置机制选择的先决条件。公共管理侧重点是整合各种力量，采用各种治理工具，提高政府治理能力，改善政府绩效和公共服务品质，在平衡利益诉求中增进整体社会福利。

在公共事务领域，政府强力干预或放松管制，沿用政府权威或引入市场机制，发展社会组织，都属于工具理性范畴，绝不能只从某个利益群体角度出发，而应当从多元主体集体行动角度来看待公共事务治理，以公共价值为指引，在正式与非正式规则中协商沟通并达成一个集体行动方案，与当时当地经济社会条件、拟解决问题属性相契合，以避免"像植物一样生长的个体"在自利动机驱使下的"搭便车"行为。在此语境下，公共事务治理只有更具弹性，包括组织的、财务的、人力资源的、田野实验等管理手段，才能应对日

---

① [新加坡]郑永年：《最大的危险是不改革》，载《上海采风》，2014(9)。

② [英]弗里德利希·冯·哈耶克：《通往奴役之路》，于明毅、冯兴元译，北京，中国社会科学出版社，1987。

益复杂的治理环境提出的挑战。

## 5.2.2  公共利益实现路径：争论中的演进

在政府干预合理性论辩中，实现公共利益的研究路径从管制、激励发展到管制与激励并重。[①] 作为唯一的合法性权威主体，现代政府对市场活动和社会行为施加管制是基于公共利益的需要，其广度和强度因治理范式差异而出现了放松管制(de-regulation)和重新管制(re-regulation)风潮。普遍而言，经济领域的经济性管制放松是大趋势，只是在具体游戏规则上有所转变；[②] 对市场"负外部性"如健康风险、环境损害、安全威胁等的社会性管制[③]（social reguletions)已然成为重点，表现在相关法规数量和执法强度上。[④] 有观点认为这是管制国家(regulatory state)的重新兴起。[⑤] 换言之，通过市场化改革和向社会赋权，政府职能精简方向并非简单的"小政府"，而是以"保底线、强监管"为核心功能的"有限政府"。

按照新自由主义学派的俘获理论和寻租理论，公共利益很难实现，政府失灵既有作为管制者的政府可能被被管制者俘获的原因[⑥]，也有特殊利益集团合法游说导致管制政策成为寻租结果的原因。[⑦] 新公共管理范式在将政府假设为自我利益最大化者的基础上，在减少政府干预、精简政府职能的同时，提出在公共领域引入市场机制以激励管制者治疗政府失灵，在某些政府

---

①  顾昕：《俘获、激励和公共利益：政府管制的新政治经济学》，载《中国行政管理》，2016(4)。

②  Steven K. Vogel, *Freer Markets*, *More Rules*: *Regulatory Reform in Advanced Industrial Countries*, Ithaca: Cornell University Press, 1996.

③  Robert Baldwin, Martin Cave, Martin Lodge. *Understanding Regulation*: *Theory*, *Strategy and Practice*. 2td ed. New York: Oxford University Press, 2011.

④  Marc A. Eisner, *Regulatory Politics in Transition*, 2th ed Baltimore: The Johns Hopkins University Press, 2000.

⑤  Roger King, *Regulatory State in an Age of Governance*: *Soft Words and Big Sticks*. New York: Palgrave Macmillan, 2007.

⑥  Stigler G J. *The Citizen and the State*: *Essays on Regulation*. Chicago: University of Chicago Press, 1975.

⑦  Buchanan J, Tollison R, Tullock G, *Toward a Theory of the Rent-Seeking Society*. College Station, TX.: Texas A & M University Press, 1984.

规制必须存在的领域，采取国家制定规则，私人机构执行规则的策略①，既能实现社会控制市场，又能发挥行政手段等政府规制在时效性、主动性和预防性等方面的效率优势②，确保公共利益得到保障。然而，"企业型政府"抽离了政府作为合法性权威的法理前提，抽离了公众的"公民"权利，导致政府在"掌舵"上日益偏执，出现政府与市场"双失灵"，重新找回公共利益或政府治理的"公益性"成为一种必然，政策制定中的管制俘获现象得到重新关注。以奥斯特诺姆为代表的布鲁明顿学派在实地调查和具体案例分析过程中发现，社群机制在有效自我监督和管制特定条件下能够抑制公共物品供给的负外部性。③ 他们对政府管制广度与力度的思考对重新找回政府治理的公益性非常具有启发意义。

以 2008 年全球金融危机为契机，以美国奥巴马政府对通用汽车"暂时国有化"为开端，出现了以托宾项目（the tobin project）为代表的"后管制俘获"学术研究，其基本结论是管制俘获不但可以得到诊断，还可以得到管控和预防。④ 前者的关键是辨识政策制定过程中的"行业特殊利益"与"超行业一般利益"之间的区别，以及"被管制行业龙头组织"因管制政策获得的潜在或实际有利影响；⑤ 后者关注政策执行，认为在司法审查、媒体监督之外，社会组织监督、独立专家和专司问责制机构是重点⑥，强调对管制者施加管制，让管制者变得更加人性化（humanizing）而不是简单依赖政府强制管控达成目标。⑦ 客观而言，"后管制俘获"研究试图寻找的是政府治理回到以公共利益

① Andrei S，"Understanding Regulation，"European Financial Management，2005，11（4）：439-451.

② Glaeser Edward L. and Andrei Shleif. "The Rise of the Regulatory State，"Journal of Economic Literature，2003，41(2)：401-425.

③ Elinor Ostrom. *Governing the Commons*：*The Evolution of Institutions for Collective Action*. New York：Cambridge University Press，1990.

④ 顾昕：《俘获、激励和公共利益：政府管制的新政治经济学》，载《中国行政管理》，2016(4)。

⑤ Carpenter D. Detecting and Measuring capture//Carpenter D，Moss D A. *Preventing Regulatory Capture*. Cambridge University Press，2013：57.

⑥ D. A. Moss，D. Carpenter. "A Focus on Evidence and Prevention，"in *Preventing Regulatory Capture*. Cambridge University Press，2013：451-465.

⑦ Cass R. Sunstein. *Valuing Life*：*Humanizing the Regulatory State*. Chicago：University of Chicago Pressing，2014.

为取向的价值理性的法理与哲学基础，是一种"新公益性管制理论"的探索。①

从英国前首相布莱尔质疑"幸福"标准开始，当其继任者卡梅伦提出"国民幸福观"时，当佩里和怀斯提出"公共服务动机"术语时，当丹哈特夫妇提出"公民第一""政府是服务而非掌舵"时，当奥尔森和奥斯特诺姆关注既定政治秩序下社群机制、多元主体参与公共事务的集体行动时，公共利益终于聚变成政府治理的核心逻辑基础。无论是政府管制、引入市场机制激励被管制者和管制者、鼓励社会参与管制管制者，都是一种皈依于穆尔"公共价值"的技术操作，"是以促进共善（the common good）为目的的慎议过程"②，既符合公共利益，也能实现效率。

## 5.2.3 政府管制不排斥激励

政府管制不仅仅通过各种约束机制确保公共利益，还通过政策执行中的"最优激励效应"产生作用。西蒙有关公共政策的量化研究证实，政府并非全知全能的道德圣人，虽然有将社会福利最大化作为自身职能、行政行为和公共政策追求目标的美好愿望，但在人是有限理性的前提下，任何政策方案的制定与选择只能遵循满意原则；而新自由主义芝加哥学派与奥地利学派更是将政府和企业都视为追求自身利益最大化的经济人，从而将公共利益实现的重点放置于放松管制上。然而，在法国图卢兹学派看来，在政府合法性权威广泛被认可的前提下，建基于人性假设的政府是否维护公共利益的争论都是没有意义的，还不如从管制者和被管制者之间的"信息不对称"切入（承认人是有限理性的），在委托代理框架中探索政策最优执行激励机制帮助政府达成公共利益最大化，将政府管制俘获的"负外部性"内化为"管制者激励"问题。③

在公共物品供给与资源配置机制选择方面，政府负有天然职责确保价格与质量满足供求双方受益最大化，但是将无数人心中的想法汇聚成一个理想

---

① 顾昕：《俘获、激励和公共利益：政府管制的新政治经济学》，载《中国行政管理》，2016(4)。

② Cass R. Sunstein. *After the Right Revolution：Reconceiving the Regulatory State*. Cambridge，MA：Harvard University Press，1990：11.

③ Jean-Jacques Laffont，Jean Tirole. *A Theory of Incentives in Procurement and Regulation*. Cambridge，MA：The MIT Press，1993.

政策方案需要克服信息、交易和行政三重约束，此时一个理想而适配的激励方案成为必须。图卢兹学派认为，在"固定价格合约"和"成本加成合约"这两个强弱极端的激励方案之间存在着一系列"线性最优激励合约"，政府通过"议价"方式与供给方达成最优执行方案①，根据关注对象及其同行业的公开信息等各种信息来源，有时增加"补偿上限"或"成本底线"等条款约束，采用"标杆竞争"方式改善信息不对称给公共物品供给造成的负面影响。②

从中央政府到地方政府，各层级之间存在着层层委托代理关系，不同政策执行层级管制者激励问题的解决遵循同样的原理，激励、监察与问责机制将其重心放置于"结果"而非"不作为"。③ 这样一种结果导向的激励机制虽然超越了传统监察与问责机制仅着眼"不作为"的局限，但公共部门奖金、晋升与声誉的获取可能更多受到政治等其他因素的影响，在某些政策执行过程中，下级代理人可能会以损害公共利益的方式完成上级委托人的要求，而在需要多个部门或多层级政府协调行动的政策执行过程中，则可能出现因信息沟通不畅、职能配置欠完备所致的"掣肘""卸责"等管制失灵现象。④ 为了激励代理人积极执行政策，"自由裁量权"等"官僚自主性（bureaucratic autonomy）"现象作为一种适应性调整结果而出现，政策执行者（即技术官僚）的"偏好与行为"最终主导着政策执行走向。⑤

既然"技术官僚"掌握了政策的制定与执行，那么能否寄希望于"官僚自主性"实现成功管制，达成公共利益呢？卡彭特（Daniel Carpenter）发现，当技术性要求比较高的政策领域有助于技术官僚积累专业声望时，相关机构会

---

① Jean-Jacques Laffont，Jean Tirole. "Using Cost Observation to Regulate Firms，" Journal of Political Economy，1986，94(3)：614-641.

② Jean-Jacques L，Tirole J. *A Theory of Incentives in Procurement and Regulation*. Cambridge，MA：The MIT Press，1993.

③ Weingast B R，Moran M J. "Bureaucratic Discretion or Congressional Control：Regulatory Policymaking by the Federal Trade Commission，"Journal of Political Economy，1983，91(5)：765-800.

④ Miller G J，Whitford A B. "The Principal's Moral Hazard：Constraints on the Use of Incentives in Hierarchy，"Journal of Public Administration Research and Theory，2006，17(2)：213-233.

⑤ Charles R. Shipan. "Regulatory Regimes，Agency Actions and the Conditional Nature of Congressional Influence，"American Political Science Review，2004，98(3)：467-480.

呈现官僚自主性，抵抗特殊利益群体的影响、避免被管制对象俘获①，从而实现公共利益。该论点在一定程度上呼应了佩里等人通过"内在报酬"强化公共服务动机的看法，也催生了市场主体、社会第三部门在公共价值指引下参与公共事务治理，对管制者形成监督与制约，确保公共利益实现的公共治理范式。

综上，无论是通过合法性权威机构的管制政策，还是引入市场机制的激励政策，抑或是纳入社群机制抑制管制者被俘获，甚或是多元并举，公共利益达成路径从剖析传统命令服从模式的政府失灵出发，探索政府难以确保公共利益的根源：一是自利的管制者被被管制者俘获，二是信息不对称。前者引出了激励被管制者的管制放松方案，后者则得出提升官僚自主性和引入社会组织监督管制者的激励与管制并重方案，政府治理能力整体是在夯实"公益性"基础上呈螺旋式上升，且出现了结合本土语境的治理创新潮流。

# 5.3 跨越美好生活路上的失灵陷阱

为了解决"人民日益增长的物质文化需要同落后的社会生产之间的矛盾"，政府治理长期以释放市场活力、提升经济效率为中心，先后实施的行政审批制改革、政府职能重组与大部制、国有企业改制、民营企业发展、公共事业市场化、结果导向的绩效考核……确实有效地增进了政府效能，政府公信力和民众满意度有明显改善。但环境污染风险、食品安全风险、经济与社会发展不平衡不充分、民众利益诉求多样化等给政府治理提出了新挑战。社会主要矛盾在新时代变成了"人民日益增长的美好生活需要和不平衡不充分的发展之间的矛盾"，政府治理也从追求效率的工具理性逐渐转变为追求民主、法治、公平、正义、安全、环境等在内的价值理性，不仅追求"全体人民共同富裕"，还强调"不断促进人的全面发展"，最终建设成一个蕴含公共价值的美好社会。

## 5.3.1 通往"美好"路上的陷阱

"美好生活"与"美好社会"成为新时代政府治理价值的取向，是公共价值

---

① Daniel Carpenter，*The Forging of Bureaucratic Autonomy：Reputations，Network and Policy Innovation in Executive Agency 1862—1928*，Princeton，Princeton University Press，2001.

和公共利益的具体化。在加尔布雷思(J. K. Gallbraith)看来，美好社会包括充分就业、改善生活的机会、可靠的经济增长、教育平等、家庭温暖、弱者安全保障、成功机会、禁止损人利己手段、消除通胀威胁，等等，其本质都是确保"每一个成员不论性别、种族或族裔来源，都能过一种有价值的生活"。① 因此，美好生活、美好社会与公共利益具有本质上的一致性，政府治理能力特别是"跨越失灵陷阱的能力"对美好社会的实现至关重要。

人们对市场失灵和政府失灵比较熟悉，且广为接受，从而将希望寄托在以"第三部门"为主体的社会组织层面，希冀创建"社会资本"跨越政府与市场双失灵陷阱。然而，正如公共治理理论并非灵丹妙药一样，社会组织也只能在一定范围内在某些条件下发生效用，且同样会出现"社会失灵"或"慈善失灵"，如"伪慈善""诈捐""把慈善当成牟利工具"，以及受助者的道德滑坡与精神堕落，等等。河北武安市的"爱心妈妈"案就是其中之典型(专栏5-1)。

**专栏 5-1**　　　　　　　　　　**河北武安"爱心妈妈"案**

　　据媒体公开报道，河北省武安县李丽娟(身份证名"李艳霞")从 1996 年开始收养弃婴和孤儿，到 2018 年"倾尽全力"先后收养了 118 个弃婴；2006年李丽娟因其善举被评选为"感动河北十大人物"，2011 年因"入不敷出，不得以卖掉别墅，在原来的矿井边上修建了现在的爱心村(即民建福利爱心村)"。然而，2018 年 5 月 4 日武安县民政局宣布撤销登记民建福利爱心村，74 名孤儿、弃婴全部被当地民政部门重新安置。同一天，李丽娟因涉嫌敲诈勒索、扰乱社会秩序罪被警方刑事拘留。经调查发现，李丽娟名下各类账户 45 个，存款 2 000 余万元，主要来自讹诈、骗取与恐吓。2011 年以来，李艳霞以伪造印章的方式非法保留了武安县白家庄村北铁矿的探矿权，采取虚构隐瞒手段骗取城镇低保补助金 568 493.2 元，伙同他人以虚假入股、信访举报、滋扰堵路、威胁恐吓等手段勒索 784 000 元；利用民建福利爱心村未成年人、残疾儿童聚众阻拦工程施工，扰乱社会秩序，为非作恶。2019年 7 月 24 日，武安县法院公开宣判：对被告人李艳霞以聚众扰乱社会秩序罪、伪造公司印章罪、敲诈勒索罪、诈骗罪 4 项罪名数罪并罚，判处有期徒

---

① ［美］约翰·肯尼思·加尔布雷思：《美好社会——人类议程》，王中宏、陈志宏、李毅译，南京，江苏人民出版社，2009。

刑 20 年，剥夺政治权利 5 年，并处罚金人民币 267 万元。

资料来源：《河北"爱心妈妈"涉恶案一审宣判 李艳霞获刑二十年》，新华网，2019-07-24。

这个案例最引人关注的是李艳霞利用爱心村孤儿与弃婴，骗取城镇低保资金、聚众讹诈实施犯罪，将慈善视为敛财手段，将孤儿与弃婴当成敲诈勒索的工具。与之类似的还有以"为转业军人谋福利"为名从地方政府敛财的"中国转业军人福利基金委员会"及其下设的"中国军民融合发展局""中国军创人才战略联盟委员会""国家安全战略与军民融合发展管理委员会""中国转业军人福利基金委员会投资发展中心""中国转业军人福利基金委员会南方工作委员会""中国转业军人福利基金委员会军创文化艺术中心""军民融合大学""军民融合教育公益基金""中国转业军人福利基金委员会创业服务局""中国市值战略研究院"等。① 这些组织的套路都是打着社会服务、为军人服务、慈善救助、爱心援助、助残养老等旗号，建立"学雷锋服务站""爱心服务站""惠民之家""雷锋之家""志愿者服务站""儿童益智"等，早期会从事一些实际活动积累名声，然后借政府从社会组织购买公共服务良机，与地方政府、街道社区、企业和其他社会组织签订"合作协议"，开展不存在的社会服务项目，或者开展一些低质量的公益项目，骗取财政补贴和社会爱心捐款。

公共选择论让人们认识到政府并非天使，并非一定为公共利益服务，但新公共管理运动的教训表明政府有其独特作用，是"善治"治理体系中的指引者与秩序维护者，要充分动员和发挥社会力量参与公共事务有效治理。"爱心妈妈"等案例表明，政府认同社会组织、第三部门与社群机制在公共事务领域的独特治理作用仅仅是充分发挥社会力量的充分条件，倘若急于推进社会治理创新而又对社会组织有失监管，则很容易陷入社会失灵、政府重新强力干预的回头路，政府-市场-社会的治理体系与结构很可能荡然无存。携程亲子园虐童事件就是一个明证：

携程公司为了解决员工的后顾之忧，提供资金和场地，成立携程亲子工作室，但早期因未达到上海市《普通幼儿园建设标准》而无法开办。为了响应上海市政府 2017 年的实事项目——"公共托育服务"中的"上海市职工亲子工作室"，携程通过招投标机制，选择第三方教育机构——"为了孩子学苑"，

① 倪伟：《这家非法组织号称服务转业军人 专找地方政企敛财》，载《新京报》，2017-11-09。

建立了亲子中心、家长与"为了孩子学苑"的三方机制，在购买公众责任险后正式开班。这原本是一个政府牵头规范、企业出资、职工省心、社会组织出力，各方通力合作提供"公共托育服务"的动人故事，也可以为其他社会服务领域提供一个完美典范。然而，虐童事件发生了。调查表明，"为了孩子学苑"这个所谓的第三方教育机构并不是一个具有法律意义的实体公司，也没有运营幼儿园或幼儿教育管理机构的经验，更不具备幼托资质。①

携程亲子园是企业承担社会责任的表现，但虐童行为的发生并非市场力量、社会组织作为工具本身存在问题。梳理事件过程以及事件所涉上海市妇联、上海市总工会、长宁区妇联、长宁区教育局、卫健委、环保局、财政局、食药监局、消防支队、《现代家庭》杂志、为了孩子学苑、携程亲子园、携程公司及其员工等主体之间的关系，显然主管部门责任不清、审批不严、未经备案、程序不合规等监管缺失是事件主因。

社会与市场之间并非毫无关联，简单的美好愿望和宏大理想不足以确保社会组织承接政府职能，从而创造了资本以"慈善""服务社会""献爱心"为名介入社会组织的机会，"一旦有适当的利润，资本就大胆起来"，铤而走险，敢于"践踏一切人间法律""犯任何罪行"。罗一笑事件、红黄蓝幼儿园虐童事件、携程亲子园虐童事件等一系列不美好事情的发生都是通往"美好"之路上必然需要跨越的陷阱，这些事件警示人们：市场与企业发展不能游离于政府监管之外，社会组织发展同样不能以所谓的"慈善之心"游离于政府监管之外。因此，政府职能精简、发展社会组织、强化社会管理创新，并不意味着政府职责轻了，而是对以政府监管为核心的政府治理能力提出了更高要求。

## 5.3.2 提升地方政府整体治理能力

自治理和多中心治理理论乃至公共治理理论都旨在强调公共事务治理主体多元性、治理内容综合性与复杂性，在政府向市场和社会赋权、中央政府向地方放权已成定局的条件下，地方政府成为元治理的核心角色，政府治理能力提升的重点在地方政府，在政府、市场和社会三个维度上应分别遵循理性化逻辑、适应性逻辑和协同性逻辑。②

---

① 吴若：《携程对"亲子园事件"作详细说明：已向警方提供视频》，人民网，2017-11-10。

② 沈荣华：《提升地方政府治理能力的三重逻辑》，载《中共福建省委党校学报》，2015(9)。

在理性官僚制框架下，地方政府处在纵向权力服从关系和横向行政协同关系构成的网络结构中，高质高效执行中央顶层决策不仅有赖于地方政府对中央政策意图的理解力、判断力、执行力、纠错力和创新力，也取决于地方政府对行政辖区内政策对象的了解程度和选择适配性政策执行工具的能力，特别是根据社情民意观测政策效果、及时调整执行节奏的能力。政府信息公开、政务微博和微信公众号等电子政务渠道的开通，为地方政府充分了解基层社会情况创造了技术条件，也为地方政府因地制宜创新政策执行手段提供了信息依据。中央政府通过行政审批制改革已经释放了足够空间供地方政府纳入所在地区多元主体创新公共事务治理，使其真正成为地方经济与社会发展的主导力量。但也因此导致地方政府之间的竞争性割裂与分离，在跨区域的环境污染、食药安全、道路交通、河道管理、犯罪预防矫正、流动人口、医疗养老等治理上缺乏有效协作，从而影响了地方政府整体治理能力的提升。

地方政府整体治理能力的提升关键是摆脱"碎片化"治理走向合作治理，协同处理跨区域、复杂性和综合性难题，填补官僚过程中职能与专业藩篱所致的治理空白。达此目标首先需要打破信息孤岛、共享有效信息、消除认知隔阂，其次是创新激励机制，将更多组织吸收到"官方伙伴关系合作契约安排"之中，按照比较优势原则分担信息获取、项目设计、方案谈判、利益协商、执行管理、资源支持、规则优化等职责。通过往复循环的此类操作，各参与主体的权限与责任日益清晰，跨区域问题通过"在一个复杂规则、规定和标准的系统中协作以及对各种机会利用"的跨政府合作得到有效治理，反过来"政府间的交往随着项目和规制的增加"也不断扩展，并持续向"无缝隙政府（Seamless Government）""整体政府（Whole Of Government，WOG）"趋近。

"无缝隙政府"强调以顾客为导向、以结果为导向、以竞争为导向再造政府组织结构，使之回到最初的无缝隙的商业和政府机构，解决官僚化和各自为政的现象，提高行政效率。[①]"整体政府"是对"无缝隙政府"的推进，是英国前首相布莱尔 1997 年提出的施政理念。1999 年英国现代化政府白皮书（modernising government white paper）提出在政策制定、公共服务供给、

---

① ［美］拉塞尔·M. 林登：《无缝隙政府：公共部门再造指南》，汪大海、吴群芳译，北京，中国人民大学出版社，2013。

电子政务和公务员管理等方面，通过横向和纵向协调方式打造"整体政府"。具体内容为：排除相互破坏的政策情境，消除不同政策方案的重叠与冲突，充分利用资源，促使某一政策领域的政策执行主体化解矛盾、加强协作，以对抗政府运行中的部门主义、山头主义、各自为政现象，解决犯罪、环境保护、社会排斥与弱势保护等跨部门问题，为公众提供"无缝隙而非碎片化"的服务。① 相对来看，"无缝隙政府"的侧重点在政府组织结构调整，"整体政府"则偏重于公共政策执行，但都主张跨越不同地方政府的组织边界协同行动，形成各种联盟与伙伴关系。由此可见，回应综合复杂公共事务治理需要的"无缝隙整体政府"是地方政府整体治理能力提升的基本方向。

从政府和市场关系角度看，地方政府整体治理能力提升体现为建立统一开放、竞争有序的市场体系，使市场在资源配置中起决定性作用，这不仅意味着要减少政府干预，更强调政府职能履行的规范性，依法治国、依法行政，明确以法律形式确定政府与市场间的边界和各自的责任、权利、义务。行政审批制度改革非但是中央政府放权、地方政府扩权，更是通过责任清单、负面清单、权力清单等方式推动地方政府逐步回归其服务和监管本质。

从政府和社会关系角度看，地方政府整体治理能力还体现为协调利益相关者关系，实现与社会协作治理的协同共治。② 政府治理能力与社会组织发展是一体两面的问题，两者并不矛盾。在政府有效规制与秩序的前提下，专业化社会组织和其他第三部门的力量通过政府服务购买这一治理工具汇聚到公共物品领域，能显著改善公共治理绩效，社会自治理与自组织能力也在具体公共事务治理过程中得到提升。这一理想目标的实现需要政府治理实践创新和理论创新的相互促进。

# 5.4　政府治理创新的关键议题

新自由主义大厦在 2008 年金融危机的打击下崩塌了，此后以新自由主义为指导的新公共管理范式也不再占据政府治理舞台的核心地位，当今世界进入一个多元发展时代，每个国家都面临着自身独特的问题与前所未有之治

---

① Massey Andrew，*The State of Britain：A Guide to the UK Sector*（MPA），1999，7-18.

② 王鼎：《英国政府管理现代化：分权、民主与服务》，北京，中国经济出版社，2008。

理困境，既没有先行者可以追随，也没有最佳方案可供选择。在新时代诸多复杂问题构成的治理环境当中，及时有效回应并平衡多元主体多元化诉求直接考验政府的治理能力。问题基础、本土化语境和治理现代化方向因而成为政府治理创新面临的三个关键议题。

## 5.4.1 厘清问题基础

中国政府治理变革与市场化改革相互呼应，但公共管理理论研究相对比较滞后，基本以引介与阐释西方理论为主，或者以西方理论指引政府治理实践。但随着收入分配、人口红利、教育公平、社会公平、安全生产、劳工保护标准、食品药品安全、公共卫生、节能减排、物价调控、土地资源、房地产调控、环境保护、社会组织、民间团体、反贫困、弱势群体保护、传统文化遗产保护等诸多本土发展中展现出来的公共与社会问题不断引起关注，需要政府做出强有力的回应。结合本土语境创新政府治理、提高治理体系和治理工具与所面临公共问题的契合程度，既是政府治理能力提升的不二法门，也是发展中国特色公共管理理论的问题基础。

问题导向或问题取向是政府治理创新的重要特征，其出发点和最终目标都是关心、解决或改善社会问题、公共问题。但是，相对于问题的解决，问题的挖掘和确认更为重要。爱因斯坦说："问题的性质与特征远比问题的解决方法更为基础，因为问题的界定与呈现本身蕴含着问题的解决思路和办法。"[1]哈耶克认为在建构理性经济秩序之前，必须首先理解社会所面临的问题的性质与特征。

对决策者而言，"用一个完整而优雅的方案去解决一个错误问题对其机构产生的不良影响，比用较不完整的方案去解决一个正确的问题大得多"[2]。如果问题基础建构出现了错误，真正需要解决的问题被搁置起来，那么为错误问题决策必然浪费宝贵的政策资源。"政策分析人员常常因为他们解决的是错误的问题而导致失误，而非因为他们为正确的问题找到了一个错误的方案。政策分析中最致命的错误是第三类错误（EⅢ），即当应该解决正确的问

---

① Albert Einstein，Infeld L. *The Evolution of Physics：The Growth of Ideas from Early Concepts to Relativity and Quanta*. Touchstone，1967.

② ［美］J. S. 利文斯顿：《受良好教训管理者的神话》，载《哈佛商业纵览》，1971（1），转引自张金马：《政策科学导论》，北京，中国人民大学出版社，1992。

题时，却解决了错误的问题。"①其结果必然不是治理创新，而可能是"致命的治疗方法"。②

　　明确问题基础及其建构必须依托"问题建构方法论"③，从众多"要求解决的需要和不满"④当中，依照"问题—社会问题—社会公共问题—公共政策问题"⑤的问题链顺序，析厘出沿用既有治理工具无法解决的公共问题。这些问题呈现出多重嵌入与互相依赖性、动态演化性、主观建构性、自组织临界性和不确定性等基本特征，属于开放性问题（open-ended problem）、复杂问题甚至是恶劣问题（wicked problem）。因其结构不良、因果关系不清、涉及人员众多、应对方案很多但后果不可预知，所以需要从整体系统、人文关怀、利害关系、问题情境等多元角度思考新的治理思路和方略。

　　然而，政府治理创新的问题基础建构并非简单的决策过程，需要公众的广泛参与、政府对相关利益的精准判断和分析人员的技术确认，既需要丰富、良好的信息做基础，也需要权衡价值、掌握方向，避免让决策者个人偏见、常识和直觉，以及强大舆论干扰和驱使政府治理。

　　良好信息对治理的重要性永远都不会被低估，问题在于信息极少是真实状况的反映，更多是当事人、观察者和研究者的解释与说明。而且获取信息也是一项成本高昂的活动。在以往公共事务治理实践中，一些参与者因为比其他人掌握了更多的信息资源而获取了博弈的优势地位，还有一些参与者凭借其所拥有的权势与地位采取隐瞒、控制信息披露等方式让自己在政府治理中获益。正如斯通（Debroah A. Stone）所说："由于政治受到人们对信息所做解释说明的驱动，所以许多政治活动就是为操纵这种解释而做的努力。"⑥

　　IT、互联网与社交媒体技术的发展，在一定程度上改变了以往少数人掌

---

　　①　［美］威廉·N. 邓恩：《公共政策分析导论》，谢明等译，北京，中国人民大学出版社，2002。

　　②　Hogwood B W, Peters, B C, *The Pathology of Public Policy*. London and New York：Oxford University Press，1985.

　　③　Dunn，W.，*Public Policy Analysis：An Introduction*，Englewood Cliffs，N. J.：Prentice-Hall，1994.

　　④　Charles O. Johns, *An Introduction to the Study of Public Policy*. Harcourt College Pub，2001.

　　⑤　张亲培：《公共政策基础》，224 页，长春，吉林大学出版社，2006。

　　⑥　［美］德博拉·斯通：《政策悖论——政治决策中的艺术》，顾建光译，北京，中国人民大学出版社，2006。

控信息决定政府治理走向的情形，但信息似乎变得更加难以掌握。回顾政府治理逻辑的演进过程，公众在政府治理中的角色变迁与每一次信息传播技术的进步都密不可分。从口耳相传、平面媒体、广播电视、互联网平台再到社交媒体，信息筛选、排列与把关从新闻媒体逐渐转移到公众自身，人们在有效参与政府治理、表达自身诉求、维护自身权益之前，必须学会自己从各类相互竞争的信息渠道获取、筛选和甄别信息，在政治领导人讲话、公共突发事件、针对某一论题的争议、对某项政府行为的抵制等构成的舆论中判断：什么是可信的，什么是谣言和小道消息，什么是重要新闻，什么是鸡毛蒜皮的花边新闻，等等。在此背景下，政府治理参与者能够批判性解读和使用媒体，能够独立和批判性思考所拥有的信息比以往任何时候都更加重要和紧迫，① 否则就会陷入"认知偏见"和"惰性"的陷阱，漠视真相，从而无法逃脱被谎言和虚假信息操纵的命运。②

获取甄别信息只是第一步，政治领袖、政府官员、利益团体、公众个体、各类传媒基于政治原则、价值体系、公众表达方式、公共资源承受能力等因素对信息的使用才真正决定着政府治理的走向，因此政府治理具有主观性。"绝大多数重要的决策难题是如此复杂，以致不可能透彻地分析它们""决策有赖于判断——包括关于困境特性的判断、关于事情可能性的判断和关于结果满意度的判断。因此决策在本质上是主观的"。③ 任何一个公共问题及其治理方案的取舍都是一个负载着政治和社会价值的过程，都是寻求共同价值基础争取足够政治与社会支持的过程，存在"递归性（recursiveness）"，一个变量对公共问题的影响机制依赖于其他变量对问题的影响机制，对问题的理解与描述受到支持者及其价值观念的影响，一旦变化，解决方案也会随之变化。

围绕政府治理与公共问题互动的逻辑假设、命题、方法和关系的研究构成了理论创新的起点，若形成与此前完全不同的理论，那么这种新理论便是理论范式的一种演进或革命。④ 这种新理论反过来会帮助人们理解和认识公

---

① ［美］迈克尔·帕特里克·林奇：《失控的真相：为什么你知道得很多，智慧却很少》，赵亚男译，北京，中信出版社，2017。

② ［美］比尔·科瓦奇、汤姆·罗森斯蒂尔：《真相：信息超载时代如何知道该相信什么》，陆佳怡、孙志刚译，北京，中国人民大学出版社，2014。

③ Robert D. Behn and James W. Vaupel. *Quick Analysis for Busy Decision Makers*. New York：Basic Books，1982.

④ L. E. Lynn. "The Myth of the Bureaucratic Paradigm：What Traditional Public Administration Really Stood for,"Public Administration Review，2001，61(2).

共问题，构建有效应对或化解公共问题的公共领域的理性秩序和制度安排，形成新的治理体系和治理能力。

任何一个社会所面临的公共问题都具有社会性和文化嵌入性，时空依赖性，知识、理性和技术依赖性。但随着全球化、工业化和城市化不断深化，科学技术、经济社会环境呈现出更动态复杂的变化，其公共问题与传统公共行政理论、新公共管理理论和公共治理理论所设定的公共问题相比，无论是性质还是结构，都已完全不同。在现代交通技术、网络技术和通信技术的依托下，不同问题的"共时性"日渐突出，不同发展水平的社会被纳入同一交往与碰撞的共时空框架中，形成日益敏感的共振系统。①

特别是对后发展国家而言，要同时面临和解决发达国家不同历史时期的社会问题、国内问题与国际问题、发展过快与过慢问题。东南亚金融危机、利比亚危机与叙利亚危机均表明，政府治理如果追求以"普世价值"为名的标准化与一致性，必然陷入"范式移植灾难"②以及"本土化"改革与输入发达国家之间的复杂博弈冲突之中，危及社会稳定性和国家竞争力。面对前所未有的治理挑战，面对"百年未有之大变局"，政府治理特别是后发展国家治理必须寻求新的治理体系、治理工具，正确理解复杂动态公共问题，提高其与所面临公共问题之间的契合度；③ 使之向"能动的政府"趋近，迈进由"透明政府""能力型政府"和"服务型政府"构成的政府 3.0 时代。④ 由于其更具灵活性、广泛参与性、强大能动性、协同性、自组织性和大胆试验性等复杂适应性特征，因此能适应以信息科技、人工智能为核心的第四次工业革命发展需求。

## 5.4.2  结合本土语境

正确理解和解决不同于以往的复杂公共问题是现在与未来政府的新职

---

① 杨冠琼、刘雯雯：《公共问题与治理体系——国家治理体系与能力现代化的问题基础》，载《中国行政管理》，2014(3)。

② 陈宇、罗中华、廖魁星：《治道变革中的中国政府治理范式创新》，载《甘肃行政学院学报》，2006(1)。

③ 杨冠琼、刘雯雯：《公共问题与治理体系——国家治理体系与能力现代化的问题基础》，载《中国行政管理》，2014(3)。

④ ［韩］金允权：《政府 3.0：后 NPM 时代的政府再造》，陈潭译，北京，中国社会科学出版社，2019。

能，"网络化时代需要一种完全不同于过去 100 年来人们已经熟悉与习惯的公共管理"①。过去一个多世纪以来，公共组织间的相互依赖性日益增强，公共行政人员已经认识到"必须努力构建与其他组织或机构不可或缺的联系"②，推动政府从"有限政府""服务型政府"向"能动的政府"方向演化，超越政府与市场、社会和公众之间关系的讨论，探索网络化治理结构、公共参与、利益相关者权衡、公共价值最大化、社会协同、信任互惠与合作、跨部门新型伙伴关系等融入新治理体系的可行路径。新时代各国"摸着石头过河"的政府治理实践表明，无论是市场与企业管理偏好，还是向左向右走中间路线，似乎都无法应对老龄社会、移民难民、恐怖袭击、逆全球化等新社会问题，也难以有效提振经济和改善就业，从而促使人们思考如何创新政府治理、提高政府治理能力。

得益于社会自治理与多中心理论、公共治理理论范式促进多元主体参与公共事务治理积累的实践经验，人们已经广泛认识到既定条件下通过"协同""合作"与"协调"实现公共价值最大化的价值。但对如何建构协同、合作与协调的结构、机制与过程这一问题的回答离不开具体历史与现实环境。③ 政府治理不是抽象的概念，而是依托于具体行政管理要素和行政管理运行机制才能达成最基本的管制、服务、维护和扶助功能，国家体制、政治体制和官僚制度等基本框架更是不可或缺的外部既定变量。从政府治理的问题基础来看，公共问题独特的社会性、文化嵌入性与时空性更是与所处国家或地区的自然风貌、历史沿革与现实民情密切相关。相应地，公共问题解决方案的探索、确定与执行同样受特定经济、社会、政治、文化、历史传统、风俗习惯等具体情境的影响与制约，呈现出多元化和有机性特征。

然而，20 世纪 80 年代以来，新自由主义占据主流并催生出一场几乎囊括所有国家与地区的"新公共管理运动"，在全球化进程驱使之下，政府治理似乎陷入了一个不得不遵守的"一元化"标准，即政府减少干预、政府企业化、公共领域引入市场化、实行顾客导向的竞争机制，等等。"许多国家在筹划一条通向未来繁荣的道路时，决定推行越来越资本主义的政策——放松

---

① Stephen Goldsmith and Wilia m. D. Eggers. *Governing by Network：The New Shape of the Public Sector*. Washington D. C.：Brookings Institute Press，2004.

② K. J. Meier. *Politics and the Bureaucracy：Policymaking in the Fourth Branch of Government*. 4th ed. Fort Worth：Harc ourt College Publishers，2000：1.

③ 侯志峰：《公共价值：范式变迁、本土语境与实现策略》，载《行政与法》，2017(8)。

国家对银行、利率以及货币走向的控制，从而面向市场力量开放其经济"①，却丝毫不考虑具体国家或地区是否具备市场化改革条件，也不考虑政府和政府人员是否具有监管市场和资本的能力，将公共领域市场化改革等同于私有化，将政府减少干预等同于不干预，甚至陷入"市场原教旨主义"偏执。比如，日本经济学家中谷岩认为"如果日本也能像美国那样进行自由经济活动、转变成市场机制发挥机能的社会，日本人就能变得像美国人那样富裕、幸福"，因此，其在参与政府决策时力主引入美国的经济体制、政策和结构。② 与此同时，也有学者对此表示警惕和担忧，认为一些非西方国家的公共行政学者试图将自由化、市场化等西方思维引入自己国家的政策制定会导致严重负面后果。③

　　大多数发展国家的市场化改革结果表明，"过于天真地相信资本主义全球化和市场至上主义的价值"带来了严重的后果，缺乏约束地、不加区分地对公共领域实行市场化甚至私有化改革不仅不能解决公共物品低效问题，还会导致贫富分化加剧、社会动荡不安。政府干预失败并不是市场完美的证明，市场同样失灵。2008 年次贷危机及其引发的全球金融危机戳穿了西方治理模式有关资本主义、自由竞争、政府放任、放松监管的神话与迷信。一系列的反思与批判随之出现，诸如"眼下发生的事情令人难以置信！这是我所说的市场原教旨主义这一放任市场和让其自动调节理论作用的结果。危机……是体制给自己造成了损失。它发生了内破裂"④；"人们绝对可以说，当前的资本主义制度不再适合当今世界""当今主导地位的英美模式将被其他模式所取代"⑤"西方资本主义已经步入老年，充满活力的资本主义已经向东转移"⑥；"这场危机凸显了资本主义制度——甚至像美国这样先进的制度——内在的不稳定性。因此，资本主义的美国版本即使没有完全丧失信誉，最起码也不再占据主导地位"⑦。

---

　　① David Pilling，"Capitalism in Crisis：Perilous Path to Prosperity，"Financial Times，January 16，2012.

　　② ［日］中谷岩：《资本主义为什么会自我崩溃》，郑萍译，北京，社会科学文献出版社，2010。

　　③ ［美］全钟燮：《公共行政的社会建构：解释与批判》，北京，北京大学出版社，2008。

　　④ ［美］乔治·索罗斯：《放任市场导致金融危机》，载《新京报》，2009-09-23。

　　⑤ 丁冰：《失灵的药方——看西方学者如何批评新自由主义》，载《红旗文稿》，2009(3)。

　　⑥ 江涌：《资本主义：病情严重，但气数未尽》，载《当代世界》，2013(2)。

　　⑦ Nancy Birdsall and Francis Fukuyama，"The Post-Washington Consensus Development After the Crisis，"Foreign Affairs，March/April 2011，90(2)：45-53.

　　以市场原教旨主义为指导的新公共管理范式的根本错误在于政府企业化，混淆政府与市场边界，将市场价值的"非道德性"不适宜地延伸到社会其他领域，让政府迷失在市场丛林的"达尔文主义"当中，宣称在"价值中立"下追逐经济效率，忽略公平、道德与正义等社会效率的价值进而将涉及公众福利并不适合纯粹市场化运营的行业如医疗、住房、教育、保险、食品药品监管、公共交通和公共安全等完全交给市场和资本掌控。这样一种明显不符合逻辑的政府治理思路能够得逞的根源在于，公共选择理论以探究政府失灵为名对政府官员完成了"自私自利"经济人的"污名化"，一方面恶化了政府官员作为代理人的问题，另一方面给予了个人利益和利润动机以道德许可，允许其取代诚实、正直和为他人着想等传统美德，"使得非道德的市场行为被赋予了道德特性，将个人利益的追求转变为一种美德……间接地服务于公共利益"①，进而以"放松监管"为名丧失了对市场行为及其边界做控制的监管意识与能力。

　　种种反思最终都将矛头对准了新自由主义的"一元化"，"如果说这场全球金融危机让任何发展模式受到审判的话，那就是自由市场或新自由主义模式"，学者们对"政府放松监管"这一理念发生了根本动摇，认为"有必要大声反对追随美国那种抛弃弱者型的结构改革"②，重新正视公共利益、公共价值、伦理道德等在政府治理与公共领域市场化改革中的引领价值，超越新公共管理范式倡导的政府与市场、政府与社会之间的对立思维，转而寻求政府、市场与社会的协同与合作，探索行政手段、市场工具和社会方法在公共利益达成上的适配性与组合性，超越"一元化"思维框架，结合本土历史与现实语境，创新与本土公共行政生态更适宜的政府治理实践与理论。

　　此时重温弗雷德·里格斯（Fred Riggs）等人的生态行政学是有价值的，它强调行政系统与自然生态系统之间实现哲学意义上的协调与平衡，政府既然是在这一生态系统中生存和运行的，那么政府治理（含政策制定）的起点和终点必须适应自然生态系统的平衡与稳定。③ 虽然生态行政学着眼遏制危及生态环境的行政系统与政策行为不当，但它启发的生态行政管理理念却是本土语境

---

①　［美］乔治·索罗斯：《开放社会及其价值困境》，载《绿公司》，2010-10-25。

②　［日］中谷岩：《资本主义为什么会自我崩溃》，郑萍译，北京，社会科学文献出版社，2010。

③　Fred W Riggs，*The Ecology of Public Administration*，House London：Asia Publishing. 1961.

下政府治理的发端。① 其重视自然环境、政治体制、政府框架、公务员管理、经济水平、政治价值、人文历史、公众素质(含道德情感、公平正义)、管理手段等本土要素对政府治理及其创新的影响，从而使新时代政府治理呈现出显著的灵活性、弹性和有机性，达到和而不同、美美与共的和谐共治格局。

随着市场经济体制改革持续推进，经济结构、文化观念、价值准则都发生了深刻变革，先后出现"利益主体和利益诉求多元化""资源配置非均等化"和"市场失灵"等现象②，对政府治理提出了价值、结构、方式和能力等方面的新要求。无论是协调多元主体利益、整合多元主体力量，还是在公共资源有限约束条件下兼顾社会公正与整体福利，都必须回归到公共性这一本质属性，但在经济调节、市场监管、社会管理和公共服务等细目上则必须与本土语境相结合，调和并消解相互冲突的政府目标，有效表达和实现公共价值，建构具有本土特色的政府治理理论。

"有效解决公共问题固然是政府的责任(与职能)，但政府管理在规范性问题上的使命则是进行价值管理和维护，是通过具体的公共问题(解决)去维护、实现某些公共价值"③，建构本土化政府治理理论离不开对规范性问题的回应。换言之，政府治理具有问题解决特质，而公共价值的理念恰恰蕴含其中。④ 公共问题是具体而真实的、受时空限定的一种现实构成状态，与自然、生态、社会、历史、经济、技术、人口、心理等因素不可分割，如果在挖掘与确认等问题建构过程中将其结构化为几个变量或关键变量，无论多么精准都会扭曲其原来的真实面貌，按照这种方式制定的政策方案具有偏向性的(biased)，仅仅能解决构成公共问题的一个小问题，其方向与大小能否趋近公共价值还取决于政府治理机制、治理工具、社会开明程度、价值取向、时间偏好和资源可用程度等因素。"一个社会对自身及其问题的理解——它的认同感和目的——是一种主要凝聚力量，它把社会成员整合起来并促使他们有效地共同行动以解决其面临的问题"⑤，其中的关键是最小化公共问题

① 高小平：《落实科学发展观加强生态行政管理》，载《中国行政管理》，2004(5)。
② 何艳玲：《中国公共行政学的中国性与公共性》，载《公共行政评论》，2013(2)。
③ 孔繁斌：《中国公共行政学：叙事转换中的发展》，载《公共行政评论》，2013(3)。
④ Alford John, Hughes Owen, "Public Value Pragmatism as the Next Phase of Public Management," The American Review of Public Administration. 2008，38(2)：130-148.
⑤ ［美］布莱克：《现代化的动力：一个比较史的研究》，景跃进、张静译，杭州，浙江人民出版社，1989。

解决有偏性，以及最大化公共问题所蕴藏的公共价值性。本土语境让公共价值不再抽象，而是具有多元性、时态性、领域性、地域性、层次性和包容性等特质。①

政府治理的每一次转型与创新都伴随对公共价值认知的变化。偏执于技术主义和工具理性的传统公共行政理论造就了传统威权型政府治理模式，强调效率来自合法性权威和理性服从来自权威的命令，最好使道德保持缄默。② 偏好市场与企业管理工具的新公共管理理论造就的是企业型政府治理模式，注重通过与"顾客"互动兼顾效率与公平。而考虑公平、正义、参与、民主等人文主义诉求与价值理性的公共治理理论则推动政府治理向"社会本位"趋近，在注重服务性、有限性、透明性、法治性、责任性、参与性与回应性的同时，道德不再缄默，风俗习惯、村规民约、诚实信用等约定俗成的"非正式规则"拥有了与法律规章等"正式规则"同等或相似的约束力，对行政主体产生了强烈的伦理诉求，并推动道德规范内化为相对稳定的道德人格和道德德性，对遏制官僚主义和预防腐败、公共权力滥用等形成一种内在担保性。

所有的公共问题都是具体时空条件下与个体切身利益、价值或情感诉求直接相关的问题，包括医疗卫生、食品药品、养老、教育、公共交通、社会安全等，虽然其出现具有历史阶段性与特殊性，但实际上都是某一特定历史阶段各种社会现实条件的综合产物。人们可以借鉴其他国家与地区在类似问题上探索解决方案的经验，但绝对不能采取脱离本土历史与现实语境的"拿来主义"方案作为问题求解思路，而是必须在历史传统、文化习俗、自然地理、经济社会条件和治理体系构成的本土化语境中寻找具有"契合度"的政策方案。

## 5.4.3 以现代化为方向

正确认识现代化（modernization）是理解以现代化作为政府治理创新方向的前提条件。从基本词义看，"现代化"是16世纪特别是工业革命以来人类文明的革命性变化，是农业经济向工业经济的转变、农业社会向工业社会的

---

① 乔耀章、芮国强：《多质态社会行政价值散论》，载《学术界》，2013(1)。
② ［英］齐格蒙·鲍曼：《现代性与大屠杀》，南京，译林出版社，2011。

转变、农业文明向工业文明的转变。① 现代化作为一个世界性的历史过程，是指人类社会从工业革命以来所经历的一场急剧变革，这一变革以工业化为推动力，导致传统的农业社会向现代工业社会的全球性大转变，使工业主义渗透到经济、政治、文化、思想各个领域，引起深刻的变化，包括流水线、城市化、人口流动、权利平等、政治参与、法治化、教育普及等，进而将高度发达的工业社会的实现作为现代化完成的一个主要标志。② 但是现代化是一个没有终点的、不可逆的动态过程，高度发达的工业社会并非人类文明的终点，后资本主义社会、后工业社会、后现代社会、知识社会、信息社会、网络社会、数字化社会等概念③的先后提出，表明不同于工业革命的信息革命推动人类社会从第一次现代化向第二次现代化转变。在继承、发展和否定第一次现代化成果的基础上，第二次现代化以知识、信息与网络为内核，创新管理理念和新技术解决工业革命导致的城乡割裂、贫困、环境污染、生态恶化等问题和危机，核心目标从经济增长转向增加人类幸福和生活质量改善，追求个性化和文化多样化④，以"新经济""新文明"和"新社会"的实现作为完成标志(图 5-1)。

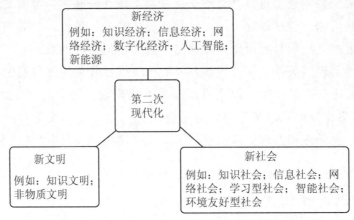

图 5-1　信息革命推动的第二次现代化及其实现标志

---

① Lerner D. *The Passing of Traditional Society：Modernizing Middle East*，New York：Free Press of Glencoe，1958.

② 罗荣渠：《现代化新论：世界与中国的现代化进程》，北京，商务印书馆，2004。

③ 何传启：《中国现代化报告 2011：现代化科学概论》，北京，北京大学出版社，2011。

④ R Inglehart，*Modernization and Postmodernization：Cultural，Economic and Political Change in 43 Societies*，Princeton，NJ：Princeton University Press，1997.

从政策含义看，现代化是适合现代需要的新变化。其实现离不开以现代化为指引的政府治理现代化。政府治理现代化与现代化一样，也是一个没有终点的动态变化过程。当现代化被理解为落后的农业文明向先进的工业文明转变的时候，政府治理现代化的重点是探寻更有效的治理工具以快速动员和高效配置资源，推进工业化和城市化，确保经济持续快速增长。西方发达国家在19—20世纪的工业化成功经验表明，只有强调合法性权威、价值中立、理性服从、专业分工、流程管理的传统公共行政范式才能适应这一要求。某些学者因为西方国家取得了工业化成果而将其视为实现现代化的典范标杆。[①] 因此，当落后国家与地区面对如何实现工业化问题时，他们自动将问题简化为追赶西方发达国家，在借鉴西方国家工业化时期以效率为核心的政府治理经验的基础上，以唯一的政府合法性权威为依托，以产业政策、经济规划、国有企业为直接手段，以城市为中心配置资源，实施（重）工业优先战略，以期快速提高工业化水平进入现代化国家序列。

当20世纪六七十年代出现政府失灵时，后发展国家同样追随西方国家政府治理变革经验，精简政府职能和缩减政府规模，但不幸的是同样陷入精简—膨胀—再精简—再膨胀的怪圈。理性服从并未带来预期的效率，日益高耸的政府机构层级、无所不在的政府控制和干预窒息了市场与社会活力，国有企业垄断的公共物品数量奇缺，供不应求且质量低劣，服务态度欠佳。

在后发展国家全力"赶英超美"提升工业化水平之际，西方发达国家二十世纪七八十年代却逐渐兴起了知识革命和信息革命。为了适应信息革命带来的挑战，促进高新技术与知识产业的发展，英美法德等国家以"放松管制"为特征的政府治理改革登上历史舞台，企业型政府、有限政府、责任政府、回应型政府、透明政府、服务型政府，种种新概念不一而足，均旨在发挥市场自主选择与竞争机制在打破垄断、促进竞争方面的优势。这一变化虽然给后发展国家带来工业化和信息化双重压力，但它们仍然普遍以西方国家的政府和公共领域市场化改革作为参照模板，遵循新公共管理范式教义。

然而，第二次现代化不仅要求放松管制，释放市场与社会活力应对政府失灵，还要求强化管制，跨越市场失灵和社会失灵的"双重失灵"陷阱。这既是来自新公共管理范式导致政府治理丧失公共性的教训，也是因为第二次现

---

① ［美］罗斯托：《经济成长的阶段：非共产党宣言》，郭熙保、王松茂译，北京，中国社会科学出版社，2001。

代化转型包括经济知识化、信息化、全球化、社会网络化、人工智能化、学习终身化、文化多样化与个性化发展提出来的新要求。面对如何实现第二次现代化的问题，西方国家因为经济衰退、失业、恐怖袭击、难民潮、移民墙、公共债务、环保、能源、欧洲一体化逆转、老龄社会、贸易争端等难题缠身，每个国家每一届执政者都试图解决其中的一个或两个问题以回应公众，但似乎都未能完全超越新自由主义框架，无法为后发展国家提供可资借鉴的模板。

造成这一局面的重要原因是第二个现代化转型期间公共问题具有突出的复杂动态性、共时性和传递性，与过去 500 年来一直以物质索取和对外扩张为方向与基调的现代化所面临的问题完全不同。交通技术、信息技术与互联网技术在显著增进不同时空沟通便利性的同时，也将不同发展阶段社会纳入同一时空的社会网络当中，导致社会系统高度不稳定。人的知觉稳定性可能受"流瀑效应（cascading effects）"的影响，因为发生非连续裂变而变得不稳定。① 当价值理性和道德伦理不再缄默的时候，人们可能会因为一个看似微小的问题而变得更强烈要求改变整体现状，可能导致此前针对某一个问题的解决方案在执行中出现"反转"而变成当下的公共问题，甚至会促发更严重的社会问题。如"黄背心运动"，原本是政府实施一项基于环保需要而加征燃油税的政策，却引发加薪要求和更公平财富分配的大规模抗议活动；"占领华尔街运动"在全球范围内的扩展与演化也是基于同样的原理。

在此情境下，政府治理必须超越以传统公共行政范式非人格化、专业化和标准化为特征的效率逻辑，也必须超越新公共管理范式明确政府与市场边界建构有限政府或服务型政府的效率逻辑，根据公共问题的现代化特性做出适应性调适，变得更加现代化和能动性，才能找到新的路径，且错误和挫折在所难免。

对于处在第一个现代化转型不同阶段的后发展国家而言，它们面临的治理情境更为复杂，必须首先回答：是继续追赶西方，以工业化为目标确定政府治理模式；还是另辟蹊径，根据自身国情、社情、民情选择不同的政府治理模式？有观点认为，这些国家比较合理的选择是同时进行第一次现代化和第二次现代化，工业化与知识化并举。也就是说，这些国家要一面加速实现城镇化、

---

① Bikhchandanis, Hirshleifer and I. Welchi. "Learning from the Behavior of Others: Conformity, Fads, and Informational Cascades," Journal of Economic Perspectives, 1998, 12(3).

工业化、农业商品化、义务教育普及化、政治民主化和社会保障福利化；一面推动知识化、网络化、信息化、全球化，保护文化多样性和生态环境平衡。[①]显然，这是一个没有先例可寻的选择，因而出现政府管制（regulation）、政府放松管制（deregulation）和政府再管制（reregulation）等多种政府治理并存局面，一些领域放松管制而另一些领域强化管制成为常态，复兴传统文明、农业社会、自然主义等思想对政府治理也产生了显著影响。

现代化是一个没有止境的动态过程，每一阶段出现的公共问题既有可能是全新的，也有可能是前一阶段解决方案埋下的隐患。以问题解决为导向的政府治理必须以现代化转型期出现的问题为基础，结合本土国情历史、社情与民情，以现代化为指引方向，在本土语境中创建"能动的政府""有机的政府"。

# 5.5 治理现代化理论的中国探索

中国政府治理模式及其变迁与现代化进程密切相关，从全面规制到放松管制、从被动回应到主动调适、从单一主体管理到多元主体共治，社会治理从单向管理到共建共治共享，治理工具从僵化单一到灵活多样，每一次变化都是政府针对现代化要求对所出现的问题的积极回应。

## 5.5.1 中国现代化进程是小康社会建设进程

中华人民共和国成立之初，百废待兴。[②] 社会主义制度为现代化注入了新动力，中国开始了真正意义上的大规模工业化进程，逐渐从农业国向工业国转变。中国的现代化进程可以划分为两个阶段，即计划经济体制下的社会主义工业化建设时期（1949—1978 年）和市场经济体制下的社会主义工业化建设时期（1978 年至今）；从现代化标志看，它也可以划分为两个阶段，即工业化阶段（1949—2003 年）和知识化、信息化阶段（2003 年至今）。

---

[①] 何传启：《中国现代化报告 2011：现代化科学概论》，北京，北京大学出版社，2011。

[②] 从 19 世纪中叶洋务运动开始，中国社会的工业化或为了救亡图存或为了民族自立，基本上是以西方工业化国家为参照来推进工业化、民主化，普及教育、改善民生，但这一过程不时因内忧外患而中断。到中华人民共和国成立初期，原本就不多的现代工业基础几乎全部被战争破坏。

1949—1978 年，中国现代化在计划经济体制下的基调是采取政府直接投资、国家指令性计划配置资源、优先发展重工业等"集中力量办大事"的措施，虽然有诸多不顺利的因素，但也基本完成了煤炭、钢铁、铁路、航空、纺织、原油、水电站、"两弹一星"、机械等重工业为主体的工业体系建构。① 1978—2003 年，在已有工业体系基础上，中国特色社会主义工业化重心逐步转向了由市场配置资源，实行联产承包责任制以促进农业商品化，同时为工业化提供了大量剩余劳动力；实行低成本出口导向的开放型经济和产业结构升级、重工业与轻工业并举以适应城乡居民消费结构升级等战略。2003 年中国明确提出以信息化带动工业化、以工业化促进信息化，实行资源消耗低、环境污染少的新型工业化战略，提出新型工业化、新型城镇化、信息化与农业现代化"四化"同步发展，一个新的工业化建设时期随之而来。这应该视为第二次现代化和第一次现代化并举的战略。

用"中国式现代化"评价标准——"小康社会"②的目标来看，中国现代化进程就是建设小康社会的进程，基本可以划分为 4 个阶段。

1. 解决温饱问题（1980—1990 年）

邓小平于 1979 年第一次用"小康"这一术语为中国现代化确定了目标和标准："四个现代化是中国式的现代化……是'小康之家'。到本世纪末……要达到第三世界中比较富裕一点的国家的水平，比如国民生产总值人均1 000 美元。"③1984 年他将这一标准调整为"年人均达到 800 美元"④，并提出现代化"三步走"的根本战略。⑤ 1987 年党的十三大报告详细阐述了小康社会"三步走"战略（图 5-2）："第一步，实现国民生产总值比 1980 年翻一番，解决人民的温饱问题。这个任务已经基本实现。第二步，到 20 世纪末，使国民生产总值再增长一倍，人民生活达到小康水平。第三步，到 21 世纪中叶，人均国民生产总值达到中等国家水平，人民生活比较富裕，基本实现现代化。"

---

① 黄群慧：《新中国 70 年工业化进程的历史性成就与经验》，载《光明日报》，2019-07-09。
② 中央史献研究室：《邓小平年谱 1975—1997（上）》，302 页，北京，中央文献出版社，2004。
③ 中共中央文献编辑委员会：《邓小平文选》（第 2 卷），163、192 页，人民出版社，1994。
④ 中共中央文献编辑委员会：《邓小平文选》（第 3 卷），54 页，北京，人民出版社，1993。
⑤ 中共中央文献编辑委员会：《邓小平文选》（第 3 卷），226 页，北京，人民出版社，1993。

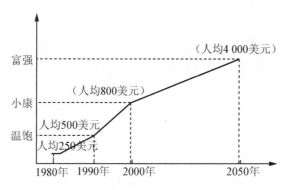

图 5-2 中国小康社会建设"三步走"战略

2. 迈进小康社会(1990—2000 年)

党的十三届七中全会正式确定"奔小康"的战略决策。1992 年党的十四大明确提出要"加快改革开放和现代化建设步伐,夺取有中国特色社会主义事业的更大胜利"。在 1995 年国民生产总值提前 5 年实现"翻两番"进入小康社会的情况下,党的十四届五中全会制定了"跨世纪"发展蓝图,经济体制向社会主义市场经济体制转变,经济增长从粗放型向集约型转变。在人均国民生产总值再次提前实现"翻两番"的背景下,1997 年党的十五大提出"使人民的小康生活更加宽裕"的历史任务,并提出 21 世纪前半叶社会主义现代化建设的"新三步走"战略(图 5-3),即 2000—2010 年实现国民生产总值比 2000年翻一番,人民的小康生活更加富裕,社会主义市场经济体制比较完善;2010—2020 年,到建党 100 周年时,使国民经济更加发展,各项制度更加完善;2020—2050 年,到建国 100 周年时,基本实现现代化,建成富强、民主、文明的社会主义国家。

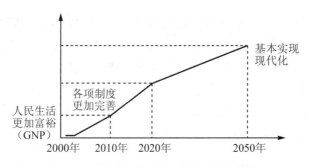

图 5-3 中国特色社会主义"新三步走"战略

### 3. 全面建设小康社会（2000—2020 年）

十五届五中全会明确指出"从新世纪开始，我国将进入全面建设小康社会，加快推进社会主义现代化的新的发展阶段"。2002 年党的十六大报告《全面建设小康社会 开创中国特色社会主义事业新局面》制定了具体任务、目标和战略部署："在本世纪头 20 年，集中力量，全面建设惠及十几亿人口的更高水平的小康社会，使经济更加发展、民主更加健全、科教更加进步、文化更加繁荣、社会更加和谐、人民生活更加殷实……再继续奋斗几十年，到本世纪中叶基本实现现代化，把我国建成富强、民主、文明的社会主义国家。"2007 年党的十七大报告《高举中国特色社会主义伟大旗帜 为夺取全面建设小康社会新胜利而奋斗》提出了更高要求：增强发展协调性，努力实现经济又好又快发展；扩大社会主义民主，更好保障人民权益和社会公平正义；加强文化建设，明显提高全民族文明素质；加快发展社会事业，全面改善人民生活；建设生态文明，基本形成节约能源资源和保护生态环境的产业结构、增长方式、消费模式。

2012 年，党的十八大提出要"坚定不移沿着中国特色社会主义道路前进，为全面建成小康社会而奋斗""确保 2020 年全面建成的小康社会，是发展改革成果真正惠及十几亿人口的小康社会，是经济、政治、文化、社会、生态文明全面发展的小康社会，是为实现社会主义现代化建设宏伟目标和中华民族伟大复兴奠定了坚实基础的小康社会"。[1] 十八届五中全会公报重申了"全面建成小康社会"新的目标要求，包括经济增长、2020 年城乡居民人均收入比 2010 年翻一番，现行标准下农村贫困人口实现脱贫等，并首次提出"创新、协调、绿色、开放、共享"的发展理念，作为全面建成小康社会目标的保障。

2017 年党的十九大报告《决胜全面建成小康社会 夺取新时代中国特色社会主义伟大胜利》强调："从现在到 2020 年，是全面建成小康社会决胜期。要按照十六大、十七大、十八大提出的全面建成小康社会各项要求，坚定实施科教兴国战略、人才强国战略、创新驱动发展战略、乡村振兴战略、区域协调发展战略、可持续发展战略、军民融合发展战略……使全面建成小康社会得到人民认可、经得起历史检验。"

---

[1] 《新思想·新观点·新举措》，北京，学习出版社、红旗出版社，2012。

4. 基本实现现代化(2020—2035 年)

在全面建成小康社会基础上,建设富强、民主、文明、和谐、美丽的社会主义现代化强国。这一现代化的基本内涵是:人均 GDP 达到 20 000 美元(不考虑汇率情况下),现代科技、工业、商业、农业和教育都比较发达,人均可支配收入较高,社会保障、基础设施、城市水平比较现代化。为了在 2035 年提前实现这一目标,除了跨越"中等收入陷阱"之外,需要通过全面深化改革,完善和发展中国特色社会主义制度,充分调动社会力量,推进国家治理体系和治理能力现代化。[①] 十九届五中全会提出到 2035 年基本实现社会主义现代化远景目标,开启全面建设社会主义现代化国家新征程,向第二个百年奋斗目标进军。

## 5.5.2 中国政府治理在为现代化服务的过程中不断趋向现代性

1949—1978 年,以计划体制、集中资源发展重工业和管控社会流动性为特征的传统政府治理模式,适应了当时国内外复杂情势下建构现代化工业体系的基本要求,但也造成了物资极度短缺的温饱问题,严重危及社会稳定。1978 年改革开放后,政府治理逐步从僵硬向柔性过渡,中国对现代化标准的探索对政府治理产生了直接影响。1987 年以来,"小康"和"小康社会建设"被作为中国式现代化标准和新战略指引,不仅得到历次党的代表大会的确认,更是成为政府治理改善的指路明灯。在持续响应不同阶段小康社会建设对政府治理、政策制定和公众参与提出新要求的过程中,在主动回应现代化发展阶段所面临严峻挑战的过程中,政府治理理念、治理体系、治理工具和治理能力不断趋近现代化,有关政府行为、市场行为和社会行为的制度与程序也日渐规范和完善,呈现出有机、协调、动态和整体运行特征。

中国政府治理先后在传统公共行政、新公共管理和公共治理范式指导下,以"大部制"为基础,持续精简行政审批权、政府机构和政府职能,在治理理念上实现了从管控到服务的转身,在治理主体上出现从单一向多元主体的发展趋势,在治理工具上呈现"刚性"向"柔性"的过渡,行政系统也从政出多门、部门主义和地方主义的"碎片化"运行转向追求整体系统性,政府行为和政策行为也从追求短期目标转变为追求长期目标,基本满足并促进了小康

---

① 2013 年党的十八届三中全会公报《中共中央关于全面深化改革若干重大问题的决定》。

社会建设进程，随后开启全面建设社会主义现代化国家的新征程。①

党的十九大站在新的历史起点上，综合分析国内外形势和发展条件，对原定于 21 世纪中叶、中华人民共和国成立 100 周年时基本实现现代化的目标做了调整，提前到 2035 年实现，并将"富强、民主、文明的社会主义国家"这一现代化目标的内涵扩展为"富强、民主、文明、和谐、美丽的社会主义现代化强国"。在这一新形势下，新挑战、新问题、新要求必然要求更具"现代性"的政府治理，是与工业、农业、国防、科技等"四化"同等重要的"第五个现代化"②，旨在为新型工业化、新型城镇化、信息化和农业化等"新四化"提供支撑。

所谓"现代性"是一种持续进步的、合乎目的性、不可逆转发展的时间概念，是一种看待历史与现实的思维方式与态度，是在重新规划社会组织制度、新的法治体系、世俗化价值观念和审美认知方式等方面展开的长期社会变革与精神变革。③ 吉登斯（A. Giddens）将现代性视为"后传统的秩序"，包括欧洲建立、20 世纪具有世界性影响的社会生活、组织模式以及资本主义；④ 结构功能论者如帕森斯（T. Parsons）认为现代性是在工业化推动下发生全面变革而形成的"一种属性"，表现为民主化、法制化、工业化、都市化、均富化、福利化、社会流动性、世俗化、教育普及化和知识科学化。⑤ 哈贝马斯（Jürgen Habermas）将现代性视为"一种新的社会知识和时代"，强调个人自我选择实现主体价值的自由，"现代性首先是一种挑战。从实证的观点看，这一时代深深地打上了个人自由的烙印，这表现在三个方面：作为科学的自由，作为自我决定的自由，还有作为自我实现的自由"⑥。福柯（M. Foucault）则把现代性理解为"一种态度"，涉及某个社会居于主流性的道德与价值观念、思想与行为

---

① 李慎明：《专家解读新征程：全面建设社会主义现代化国家》，载《人民日报》，2017-10-22。

② 施芝鸿：《国家治理体系现代化是"第五个现代化"》，载《国家智库》，2015(Z1)。

③ 汪民安：《现代性》，南京，南京大学出版社，2012。

④ ［英］安东尼·吉登斯：《现代性的后果》，田禾译，南京，译林出版社，2000。

⑤ Talcott Parsons, *The System Of Modern Societies*, Englewood Cliffs, NJ: Prentice-Hall, 1971: 4-8。

⑥ ［德］尤尔根·哈贝马斯：《现代性的哲学话语》，曹卫东译，南京，译林出版社，2005。

方式，以及政治、经济与文化制度安排与运作方式。① 布莱克（C. E. Black）认为现代性是"用于表述那些在技术、政治、经济和社会发展诸方面处于最先进水平的国家所共有的特征"，现代性来自现代化，现代化的过程是一个传统性不断削弱和现代性不断增强的过程，且没有止境，因为每个社会都有其传统性，"每个社会的传统性内部都有发展出现代性的可能，因此，现代化是传统的制度和价值观念在功能上对现代性的要求不断适应的过程"②。

从中国小康社会建设情况看，中国政府治理正是在为现代化服务的过程中，自身也不断趋近于现代性，不仅能适应第一次现代化和第二次现代化转型要求，更能适应中国式现代化要求；不仅通过政府适度干预刺激经济增长，满足现代社会以 GDP 为代表的物质标准，而且通过政府放权和赋权、结合本土情境创新治理工具，促进知识增长、政治发展、社会动员、心理调适和社会伦理道德塑造，关注治理体系、政治制度、社会结构与经济发展与现代化之间的关系。

现代化在促进生产力发展、促进物质财富增长、实现社会富裕的同时，必然伴随不同社会阶层和利益群体之间的利益调整与分配诉求。③ 中国式现代化得以顺利推进的关键就在于中国共产党领导下的政府治理从一开始就设计了社会各阶层从改革中获取收入和其他利益的激励机制，如农村联产承包制和价格双轨制；通过持续行政审批制度改革精简政府职能，推进依法行政，有效制约与监督公共权力；厘清政府与市场边界，明晰所有权并确定社会行为契约化、规范化、程序化与专业化，建构以诚信和法律为基础的市场良性竞争机制，增进市场参与者的积极性和安全感；纳入公众有序参与政策制定的社会主义民主，逐步完善了"一站式"服务、政府问责与听证等制度。

总体来看，政府治理基本打破了碎片化与短期化桎梏，"解决了许多长期想解决而没有解决的难题，办成了许多过去想办而没有办成的大事"④，但在系统性、战略性、透明性、互动性和能动性上仍然不足，在应对自然灾

---

① ［法］米歇尔·福柯：《规训与惩罚》，刘兆成、杨远婴译，北京，生活·读书·新知三联书店，2012。

② ［美］C E 布莱克：《现代化的动力：一个比较史的研究》，景跃进、张静译，杭州，浙江人民出版社，1989。

③ 陈嘉明：《"现代性"与"现代化"》，载《新华文摘》，2004(4)。

④ 许志峰、吴秋余、王珂、林丽鹏，《全面深改 5 年间，办成了哪些过去想办而没有办成的大事》，载《人民日报》，2018-12-31。

害、工业技术副作用和克隆技术、生物遗传技术等新技术"潜藏副作用"方面有些乏力。产业结构不合理、城乡差距扩大、贫富分化加剧、环境污染、能源紧张、生态劣化、核战争威胁、核泄漏威胁、社会矛盾与冲突多发、恐怖袭击、道德滑坡、诚信缺失、公共价值失范等问题是实现现代化、建设美好生活首当其冲的挑战和威胁。

上述问题的产生与强调"自由"的现代性有关。第一次现代化转型过于追求和释放个体自由，从"压抑个性"极端走到了"放纵自我"极端，导致个人理性和个人价值凌驾于公共理性和公共价值之上，说明政府治理能力滞后于现代化进程。倘若放任其进一步发展，必将妨碍21世纪中叶中国既定现代化目标的实现。幸运的是，"人的现代观随着信念的不同而发生了变化。此信念由科学促成，它相信知识无限进步、社会和改良无限发展"①。只要唤醒公共理性、建构公共价值就能推动知识进步、社会改良，推动政府治理更趋现代性。

## 5.5.3 以"美好生活"为指引的中国政府治理现代化之路

党的十八届三中全会首次在中央文件中提出"推进国家治理体系和治理能力现代化"的命题，要求建构新体制机制、新法律规范，实现党、国家和社会各项事务治理的制度化、规范化和程序化②，就是对新时代复杂问题与挑战的积极回应。党的十九大对"人民日益增长的美好生活需要和不平衡不充分的发展之间的矛盾"的精准判断，以及"建设富强、民主、文明、和谐、美丽的社会主义现代化强国"目标的提出，再次凝聚了中国人民对进一步社会变革的渴望和诉求，表达出新的经济物质条件下有关人的尊严、价值和目的性的新意愿，对政府治理现代化提出了更高要求。变革和调整旧的行政权力结构、政府职能、行政组织结构和行政管理方式，建设依法行政、清正廉洁、诚信透明、服务基层、结构合理、富有活力、协作整合的政府③，是衡量政府治理现代化的最基本标准，在更广泛意义上还包括公共权力运行的制

---

① ［德］尤尔根·哈贝马斯：《现代性的哲学话语》，曹卫东译，南京，译林出版社，2005。

② 2013年11月12日，习近平在党的十八届三中全会第二次全体会议上的讲话。

③ 曹堂哲：《当代中国政府治理现代化的核心进展研究》，载《广东行政学院学报》，2018(5)。

度化与规范化、民主化、法治、效率和协同等标准。[①] 政府治理现代化既是决胜小康社会和基本实现现代化的必然要求，本身也是政治现代化的构成和表征，但在具体达成现代化的路径选择上深受本国历史文化与传统现实的影响。

中国政府治理现代化必须从中国的特点出发。[②] 中国是社会主义国家，历史文化传统悠久，人口众多又幅员辽阔，不同地区的社会生活各个方面的发展很不平衡，民族行为、心理和观念深受历史传统和文化习俗的影响。如果说现代化是中国式现代化，政府治理现代化同样也是"中国式的政府治理现代化"，意味着必须在认清并正确理解中国现代化进程面临的问题性质及其反映出来的人民意愿的前提下，始终坚持党的领导和中国特色社会主义道路，在历史传承、文化传统、经济社会发展基础上渐进式地改善治理体系[③]，坚守社会主义核心价值观[④]，全面从严治党[⑤]，系统性、整体性重构党和国家的组织结构和管理体制[⑥]，发展生产力、增强社会活力和促进人的全面发展，破除利益固化樊篱，清除妨碍生产力发展和社会进步的体制机制障碍，保证人民平等参与、平等发展权利，促进社会公平正义，增进人民福祉。近年来，充分发挥巡视组在反腐败和政府清廉建设中的作用[⑦]、尝试挖掘基层党组织的应急管理"桥角色"[⑧]都是与中国本土实情一致的政府治理创新。

任何制度安排都是一种有偏向性的社会动员、激励和约束。不同制度安排必然导致社会的制度化分割，进而形成不同的联盟倡导，在决定公共问题议程和问题解决方案时发挥决定性作用，从而不可避免地导致不同联盟之间的冲突。倘若缺乏一种统合不同联盟利益、情感或信仰诉求的战略性制度安排，势必难以将不同力量整合到现代化道路上来。坚持党的领导和中国特色

---

① 俞可平：《衡量国家治理体系现代化的基本标准》，载《北京日报》，2013-12-09。

② 中共中央文献编辑委员会：《邓小平文选》（第2卷），163页，北京，人民出版社，1994。

③ 2014年2月17日，习近平在省部级主要领导干部学习贯彻十八届三中全会精神全面深化改革专题研讨班的讲话。

④ 2016年10月21日，习近平在纪念红军长征胜利80周年大会上的讲话。

⑤ 2018年12月13日，习近平在十九届中央政治局第十一次集体学习时的讲话。

⑥ 2019年7月5日，习近平出席深化党和国家机构改革总结会议并发表重要讲话。

⑦ 程惠霞：《巡视组反腐败动力机制及其增强路径》，载《南京师大学报（社科版）》，2017(4)。

⑧ 程惠霞，魏淑敏：《基层党组织应急管理"桥角色"：理论阐释与实现进路》，载《中国行政管理》，2019(6)。

社会主义道路，以"美好生活"和"社会主义核心价值观"为指引，能最大限度地唤醒公共理性、建构公共价值。面对新时代公共问题独特的复杂性、互动性和"共时性"，契合度、适配性而非最优化转而成为政府治理的内核，以理性、专业、机械、监管、管控为核心的规制型政府治理模式没有过时甚至还需要强化，强调放权、竞争、自主、放松管制为内核的市场化政府治理模式在释放市场、社会活力时有独特优势，而主张多元主体参与、协商一致行动的公共性政府治理模式在幅员辽阔的基层社会中也许会结出累累硕果，加快公共管理理论的中国化进程。

面对新时代新问题，政府治理不可避免地受传统儒家学说和非传统西方理论的影响，其现代化探索呈现三种可能，即引入非传统的西方公共管理理论、源自中国传统文化的新思想以及中西兼具并包的创新思想。在这个过程中，遵从西方理论和批判西方理论、批判传统和回到传统的争论始终不绝。有论点认为"源自传统的新思想，在中国不必然有生命力，因为它依然存在适应新环境的难题；但不建基于传统的新思想，在中国必然没有生命力"[1]。那么，兼容中西、吸纳传统与非传统理论能完成政府治理现代化吗？

必须承认，中国传统政治文化中的"修身、齐家、治国、平天下"理念具有独特魅力，与公共选择理论从个人主义出发思考政府角色的逻辑起点是基本一致的，虽然在政府失灵上两者方案迥异，前者认为明君、清官可治天下，而后者却认为"政府官员不是天使"，应当削减和约束其干预权力。此外，温良恭俭让、礼义仁智信、父慈子孝、兄友弟恭、三从四德等儒家教义确立的社会交往基本准则与家庭成员权利义务，宗族、祠堂、家规与乡约在现代化进程中转化成的风俗礼仪民情民约，是公共治理理论关于"非正式规则"约束力的有力注脚。专注于中国传统文化的学者在批判公共行政理论和新公共管理范式缺陷的基础上，反对实证主义（不反对实证方法）和西方普世主义，主张发掘传统文化优点，改善管理文化理念[2]；"在细碎的民间物事里"寻找"传统文化基因"，找回"那一张张中国人该有的脸"，重视邻里村落关系的重要性[3]。

从公共空间视角看，传统社会以亲缘、血缘、族缘和地缘为基础建构信任关系和熟人社区，村头大树、集市贸易、城镇广场、祠堂庙会等公共空间

① 姚中秋：《现代中国的立国之道——以张君劢为中心》，北京，法律出版社，2010。
② 吴琼恩：《文化的重建：迈向盛世中国最后一里路》，北京，九州出版社，2017。
③ 薛仁明：《人间随喜》，北京，同心出版社，2012。

与生存资源是面对所有人平等开放的。但快速工业化和城市化进程中，人们住进高楼大厦的同时，缺乏对应的公共空间、社区心理与文化建设，成为"熟悉的陌生人"，人们彼此疏离防备，直到"广场舞"这一独特的社区现象出现，为共建共治共享的社会治理格局创造了条件；志愿组织、社会团体的发展也为"乡贤"与"能人"参与社区治理提供切实依托与规范。

不过，向传统借道、接续中国传统文化和乡土社会根基，创新本土公共管理理论需要回答一些关键问题，比如，回到传统能否为现代公共问题寻找到合适出路？现代政府治理中"德治"与"法治"之间的关系如何权衡？风俗、传统、村规、民约等非正式规则与正式规则之间的关系如何权衡？这些问题的本质是"理论创新"重要还是"实践创新"重要？

一类观点认为理论创新更重要，因为新时代的复杂问题必须通过深化改革才能解决，就像"大象感冒，不能只拿小勺喂药"，在没有参照系和更好的答案之前，只能通过降低"体制性成本"为深化改革提供动能。[1] 另一类观点则认为在现代性、法治化基础上借鉴传统的实践创新更稳妥，"当解决方案中的任何一种都不能得到各个社会利益群体的普遍认可时，人们能做的就是暂时放下政治领域的一些观念分歧，回到最基本的理性共识上来"[2]。虽然实际上不一定能达成共识，但可以通过一些管理工具在技术上扩展共识空间，兼顾工具理性和价值理性，为更多变革做好基础准备，推动问题逐步乃至最终解决。[3]

目前中国在基层治理方面取得了一些基于本土语境的实践创新，典型代表是协商民主建设和参与式预算。[4] 前者以民主恳谈会为主流做法，以浙江温岭最为完善，从 20 世纪 90 年代末的一种工作方法演化为一种稳定的制度安排，根据情况发展出民主沟通会、决策听证会、决策议事会、村民议事会、党代表建议回复会、重要建议听证会和村民代表监督管理会等多种形式，坚持党的领导、依法办事、民主集中和注重实效等原则，在出现争议与冲突时，由党委主导裁决。后者由民主恳谈会发展而来，以浙江温岭、云南

---

① 刘玉海：《改革开放 40 周年，周其仁再谈改革："大象感冒，不能只拿小勺喂药"》，载《经济观察报》，2018-02-22。

② ［美］约翰·罗尔斯：《正义论》，何怀宏、何包钢、廖申白译，北京，中国社会科学出版社，2001。

③ 李铁：《公共治理是个技术活》，载《南方周末》，2012-11-08。

④ 竺乾威、朱春奎、李瑞昌：《公共管理导论》，北京，中国人民大学出版社，2019。

盐津为代表，首先由村委会和村民小组推选群众议事员，政府确定群众参与预算资金总额后，提出项目，群众参与讨论，由群众议事员投票决定项目，政府将决议通过的项目纳入政府预算草案，人大通过后执行预算，群众议事员负责监督，基本体现出"公民权利的制度特色"。协商民主建设和参与式预算都处在协同治理的初级阶段，是一种实践层面上的工具创新，还没有上升到制度层面，面临可持续性、可复制性与可推广性问题。

但无论如何，中国各级政府治理的实践创新已经证实：任何公共问题的方案确定与执行都是一场平衡多元主体利益、情感或其他诉求的集体行动，任何一次集体行动从设想成为现实都需要良好的社会建构与社会途径设计。这种工具理性的有效实施离不开多元参与主体的通力合作，要求政府及其管理者"超越公共行政统治和管理模式的局限性，通过沟通行动和公众参与来探索建构社会的富有意义的可选择途径"①；或者将道德伦理融入工具理性，纠正和约束市场"非道德性"在公共领域的不当扩展；或者将工具理性融入道德伦理，从技术上弥补"宗旨善良"之儒家学说的不足。两者均强调以美好生活或实质性公共价值为依托，关注人的价值、社会伦理和商务道德，将利益相关者纳入社会网络，通过较大范围的自上而下、自下而上或左右互动的对话、协商与沟通，建构多元社会主体之间的信任互惠合作关系，化解社会矛盾与冲突，在共建共享共治的治理新格局中，在社会成员协同一致的集体行动中，"以达成内部个体的普遍满足和幸福为核心"②。

---

① 包国宪、王学军：《以公共价值为基础的政府绩效治理：缘起、架构与研究问题》，载《公共管理学报》，2012(2)。

② 何哲：《"善治"的复合维度》，载《广东行政学院学报》，2018，30(4)。

# 结　语

　　任何一种理论，其适用范围越大就越抽象，理解和运用的时候必须将其放到具体的语境当中，避免生搬硬套。[①] 从古老的政治与行政两分法、理性官僚制模型，到新公共管理理论、公共服务动机理论与新公共服务理论，再到多中心与社会自治理论、公共治理理论，每一种理论在今天都有其应用范围，或应用于政府组织，或政策制定，或政府职能，或公共事务，或公共权力，每一种分析范式都曾经担负着解释和解决现实问题的重任。但每一种理论分析范式都存在缺陷，因而在批判与辩驳中催生了另一种新理论，以解决上一种理论的漏洞与弊端。逐渐地，新问题又出现，再次催生出另外一种新理论……总体而论，每一种公共管理理论都来自政府治理实践及其所面临的问题。虽然它们都是一种发现、解放和进步性力量，但绝不可能解释和解决所有现实问题，只能一再地"回到开始"[②]，"回到事物本身"[③]探寻出路。

　　鉴于新公共管理范式缺乏道德伦理约束导致政府治理公共性丧失的教训，不再缄默的价值理性与道德伦理在新时代受到了前所未有的重视，人们急切地盼望政府治理能够走出一条全新之路，而结合本土语境、历史传统和经济社会现实条件创新政府治理成为新时代各国必然的时髦之举。特别地，对曾经以"后发优势"追赶西方发达国家现代化为目标的中国等后发展国家而言，随着自身经济与科技实力的提升，面对再一次现代化转型而发达国家难以提供可供借鉴的政府治理现代化经验的情况，寻求本土化的政府治理现代化之路成为一种必然。

---

　　① [英]伊斯雷尔·M. 柯兹纳：《米塞斯评传：其人及其经济学》，朱海就译，上海，上海译文出版社，2010。

　　② [美]爱德华·W. 萨义德：《开端：意图与方法》，北京，生活·读书·新知三联书店，2014。

　　③ [美]哈罗德·布鲁姆：《如何读，为什么读》序言，黄灿然译，南京，译林出版社，2011。

曾经因为历史与国情原因，中国公共管理学科的发展呈现"乘过山车"或"跳摇摆舞"的状态并且经常突然转向，理论研究与政府治理实践之间一度存在脱节现象，导致学科发展存在"边界模糊，视野狭窄，基础不牢，知识体系不完整，研究方法陈旧，知识创新不足，理论研究落后于实践发展，针对性、应用性不强"等问题。① 直到 20、21 世纪之交，对高效、协调、规范公共管理的要求将公共管理人才培养提升到国家战略层面②（MPA 专业学位），情况才逐渐好转。2001 年，首届全国公共管理理论与教学研讨会③的召开，标志着中国公共管理学界消化吸收西方公共行政思潮和就学科归属关系达成共识后，开始对中国政府机构改革、公共企业市场化改革与社会组织发展的实践成果做理论阐释，逐渐夯实了公共管理理论中国化的概念基础。

学界普遍认为，中国的公共管理学科发端于行政管理，而名义上是"行政管理"实际上是"政府管理"，经过历次变革后出现了管理主体的变化和政府权力的下放。管理主体从政府发展为包括政府、非政府公共组织在内的多元主体。政府权力下放则指通过市场化改革，将一部分对社会公共事务管理的权限下放给社会组织、中介组织、行业组织等，甚至允许私人企业通过招投标方式介入部分公共产品的生产与供给。④ 在此条件下的公共管理是政府与非政府公共组织，在运用所拥有的公共权力处理社会公共事务的过程中，以及在向民众提供所需的公共产品时所进行的管理活动，它不以营利为目的，旨在追求有效地增进与公平地分配社会公共利益。⑤ 为此，以政府为核心的公共部门有权力整合社会各种力量，并广泛应用政治、经济、管理和法

---

① 陈振明：《公共管理的学科定位与知识增长》，载《行政论坛》，2010(4)。

② 1997 年，国家决定培养公共管理专业研究生（Master of Public Administration, MPA）。1999 年 5 月，国务院学位委员会第十七次会议审议通过"公共管理硕士专业学位设置方案"；2000 年 8 月，国务院学位委员会办公室下发了《关于开展公共管理硕士（MPA）专业学位试点工作的通知》；2001 年秋季 24 所试点高校首次招生，至今在教育部直属高校和地方院校都实现了 MPA 的招生与培养工作。与此同时，与其他国家或地区的学校（包括美国哈佛肯尼迪政府学院、新加坡南洋理工大学、香港中文大学）及相关部门进行合作，定期选派高级官员前往深造培训。

③ 会议于 2001 年 12 月 21 日在广东湛江召开，由北京大学、中国人民大学、中山大学、国家行政学院、《光明日报》理论部、《中国行政管理》杂志社、湛江海洋大学等七家单位联合主办，由湛江海洋大学承办，会议达成的一些共识对于我国公共管理理论研究与实践产生了良好影响。

④ 陈庆云：《公共管理基本模式初探》，载《中国行政管理》，2008(8)。

⑤ 陈庆云：《强化公共管理理念 推进公共管理的社会化》，载《中国行政管理》，2001(12)。

律等工具，强化政府治理能力，提升政府绩效和公共服务品质。

正是在对公共管理概念的认识中，中国公共管理学科的自我意识开始觉醒。随着政府职能转化、市场化改革推进和全球化进程加快，西方公共管理理论越来越难以承担中国现代化进程中的公共问题成因解释与治理对策分析的重任，全面深化改革、决胜小康社会和现代化建设急需政府治理创新，"建树适合中国本土化的公共管理理论，并达到在国际舞台上与他国学者平等对话与交流，商讨全球公共管理领域诸多共性问题"①成为摆在中国公共管理学界面前的重大任务。

在知识与信息（大数据）时代，无论是跨越中等收入陷阱、塔西佗陷阱和风险社会，还是建设小康社会、美好社会，都需要塑造一种不同于西方传统政府治理和市场导向政府治理的公共管理思维与架构。历史、现实和未来不可能分割，全球化与本土化并存勾连，新的公共管理思维与架构的塑造既离不开政府规制、行政效率、多元主体、善治、集体行动、公共价值等过往理论精华的影响，也离不开总结、提炼和逻辑化公共管理的中国故事。然而，基于CSSCI分析的中国公共管理研究热点与趋势②表明，主题不明确、重心不稳定、理论研究跟风现象较为严重；学术概念沿用西方理论的情况没有显著改善，且受国家政策战略、突发公共事件、项目或基金激励导向等的直接影响，倾向实用主义对策研究；研究方法多学科化和精细化，但集中于应用研究而非基础理论研究。

这一现实表明，公共管理中国化、建构有中国特色的公共管理理论体系是一个漫长而曲折的过程，必须平衡历史与现实、传统与现代、中国与西方、本土化与全球化、民族性与世界性之间的关系。在一时看不清前路的地方，专注现实问题基础、紧扣中国国情、追随现代化方向，坚持党的领导和中国特色社会主义制度，回到原点探索"政府应该做什么（what）""政府如何做（how）"和"政府为什么这样做或那样做（why）"等核心问题，是比较理性而审慎的选择。在这条道路上，除了勇气，没有别的好盘算；除了扎根于中国人脑海的信仰、面孔和希望，没有别的好思索。③ 终有一天，"踏遍青山人未老，风景这边独好"会成为中国政府治理体系和治理能力现代化的独特风貌。

①　娄成武：《中国公共行政学本土化研究：现状与路径》，载《公共管理学报》，2017(3)。
②　陆远权，尹克寒：《我国公共管理学研究热点与趋势——基于CSSCI的分析》，载《长安大学学报（社会科学版）》，2013(1)。
③　［英］柏瑞尔·马卡姆：《夜航西飞》，陶立夏译，上海，上海文艺出版社，2013。

# 附录 1
# 图表索引

# 附录 2
# 专有名词中英对照表

公共管理学 Public Management

公共行政学 Public Administration

政党分赃制 spoils system

政府治理 government governance

政府能力 government capacity

供给侧结构性改革

supply-side structural reform

公共服务小康指数

public service well-being index

服务型政府 service-oriented government

国民幸福总值

Gross National Happiness(GNH)

国民幸福指数

National Happiness Index(NHI)

中等收入陷阱 middle-income trap

基尼系数 gini coefficient

保底线 keeping the bottom line

强监管 strengthened regulation

政府公信力 government credibility

责任政府 responsible government

塔西佗陷阱 Tacitus Trap

公权力 public power

公权力异化 the alienation of public power

私权利 private rights

政府本质 the nature of government

有限政府 limited government

功利主义 utilitarianism

政府角色 the role of government

政府职能 government functions

诺斯悖论 North Paradox

经济人 economic people

交易 transaction

平静的危机 a calm crisis

福利国家 welfare state

非福利国家 non-welfare state

全能政府 all-powerful government

凯恩斯主义 Keynesianism

新自由主义 Neoliberalism

华盛顿共识 Washington Consensus

政府失灵 government failure

市场失灵 market failure

掌舵而非划桨 steering, not rowing

放松管制 deregulation

绩效管理 performance management

政府再造 reinventing government

新治理 new governance

企业型管理规范

the entrepreneurial management paradigm

社会组织 social organization

非营利组织 nonprofit organization(NPO)

非政府组织

nongovernmental organization(NGO)

多元治理框架 multi-governance framework

政府规制 government regulation

政府干预 government intervention

产业政策 industrial policy

公共财政 public finance

民生指数 people's livelihood index

治理 governance

治理工具 governance tools

治理能力 governance capacity

公共物品 public goods

资源配置机制

resource allocation mechanism

向左走 to left

向右走 to right

外部性 externality

可获得性 availability

公众偏好 public preferences

使用者付费 users to pay

社会资本 social capital

公共规制 public regulation

基于经验的治理 evidence-based governance

合宜性 commensurability

政府服务购买

purchase of government services

市场化治理工具

market-based governance tools

志愿者 volunteers

特许经营 franchise

价格管制 price regulation

威尔逊-韦伯范式 Wilson-Webber paradigm

行政系统 administrative system

理性权威 rational authority

合法性权威 legitimate authority

理性服从 rational obedience

效率 efficiency

政治与行政二分法

politics-administration dichotomy

文官制度 civil servant system

官僚制 bureaucracy

理性官僚制 rational bureaucracy

非人格化 depersonalized

大部制 super ministry system

公务员聘任制

civil servant appointment system

新公共行政范式

the new paradigm of public administration

社会公平 social equity and justice

公共性 publicity

公共政策 public policy

满意原则 satisfied principle

有限理性 limited rationality

渐进主义决策模型

incrementalism decision-making model

公众参与 civic engagement

公平参与 fair participation

垃圾桶模型 the garbage can theory

新公共管理范式

new public management paradigm

公共选择学派

public choice theory

新公共管理理论

New Public Management(NPM)

经济市场 economic market

政治市场 political market

阿罗不可能定理

Arrow's impossibility theorem

寻租 rent-seeking

官僚主义 bureaucratism

集体行动 collective action

非市场决策的经济研究

economic research on non-market decisions

公私伙伴关系 Public Private Partnership
(PPP)

管理主义 managementism

私有化 privatization

政府服务外包

government service outsourcing

政府职能精简

the streamlining of government functions

简政放权 simple decentralization

企业型政府 entrepreneurial government

顾客导向 customer orientation

产出控制 output controls

公共服务导向 public service orientation

契约/合同关系 contractual relationship

组织压扁 flat organization

公共服务动机

Public Service Motivation(PSM)

自利性 self-interest

自我牺牲 self-sacrifice

公共利益 public interest

利他主义 altruism

公民第一 citizen first

新公共服务理论 new public service theory

服务而非掌舵 serving，not steering

行政审批制度

administrative approval system

行政审批权 administrative approval authority

社区自治 community autonomy

公共治理范式

the paradigm of public governance

自治理 self-governance

多中心治理 multi-central governance

基层社会 grass-roots society

乡村治理 rural governance

搭便车 free-rider

公共地悲剧 tragedy of the commons

公共池塘 common pool

善治 good governance

政府中心论 government centralism

自发性集体行动

spontaneous collective action

公共价值

Public Value or Public Values(PV or PVs)

第三部门 the third sector

负责任的利益相关者

responsible stakeholders

政府治理创新

innovation in government governance

现代化 modernization

现代性 modernity

治理现代化 modernization of governance

工业化 industrialization

第一次现代化 the first modernization

第二次现代化 the second modernization

知识化 intellectualization

本土化 localization

中国式现代化 Chinese-style modernization

小康社会 affluent society

中国式治理现代化

modernization of Chinese-style governance

治理体系现代化

modernization of the governance system

治理能力现代化

modernization of governance capacity

美好生活 a good life

共建共享共治

co-building，co-shared and co-governance

志愿失灵 volunteer failure

社会失灵 social failure

无缝隙政府 seamless government

整体政府 Whole Of Government(WOG)

责任清单 list of responsibilities

传统文化 traditional culture

拿来主义

mechanical borrowing without thought of appropriateness

公共管理中国化

public administration discipline with Chinese characteristics